आपके अवचेतन मन की शक्ति

Hindi Translation of the International Bestseller
The Power of Your Subconscious Mind

लेखक
डॉ. जोसेफ मर्फी
अनुवादः मंजुला डोभाल

FiNGERPRINT!

पुनर्संस्करण: 2026

FiNGERPRINT! HINDI
प्रकाश बुक्स

Fingerprint Publishing
@FingerprintP
@fingerprintpublishingbooks
www.fingerprintpublishing.com

ISBN: 978 81 7599 366 2

लेखक का परिचय

डॉक्टर जोसेफ मर्फी दैवीय शक्तियों के ज्ञाता और सुप्रसिद्ध लेखक थे। उनका जन्म आयरलैंड में हुआ था। उनके पिता एक प्राइवेट स्कूल के हेडमास्टर थे। उनका लालन-पालन एक रोमन कैथोलिक की तरह हुआ। उन्होंने पादरी बनने की शिक्षा प्राप्त की और यीशू संघ में सम्मिलित हो गए। बीस वर्ष की उम्र पार करने पर उन्हें प्रार्थना द्वारा उपचार करने का अनुभव प्राप्त हुआ। इस अनुभव ने उन्हें यीशू संघ छोड़ने और अमेरिका जाने के लिए प्रेरित किया।

डॉक्टर मर्फी ने पूरे विश्व में व्याख्यान दिए और अपने श्रोताओं के लिए पुस्तकें लिखीं। व्याख्यानों में उन्होंने अपने पाठकों का ध्यान इस तथ्य की ओर खींचा कि किस प्रकार लोग उनकी अवधारणाओं के विशिष्ट पहलुओं को अपनाकर अपने जीवन में अभूतपूर्व सुधार ला सकते हैं।

विषय सूची

कैसे यह पुस्तक आपके जीवन में चमत्कार ला सकती है?

मैंने पूरे विश्व में पुरुषों एवं महिलाओं के जीवन में चमत्कार होते हुए देखे हैं।

चमत्कार आपके साथ भी हो सकते हैं, जब आप अपने अवचेतन मन की चमत्कारिक शक्ति का उपयोग करने लगते हैं। इस पुस्तक का ध्येय आपको यह सिखाना है कि किस प्रकार आप स्वाभाविक सोच और काल्पनिक अवधारणाओं को अनुकूल बनाकर अपने भाग्य का निर्माण कर सकते हैं, क्योंकि मनुष्य अपने अवचेतन मन में जो कुछ सोचता है, वैसा ही होता है।

क्या आप इन प्रश्नों का उत्तर जानते हैं?

क्यों एक व्यक्ति दु:खी है और दूसरा व्यक्ति प्रसन्न? क्यों एक व्यक्ति प्रसन्नचित्त और संपन्न है और दूसरा व्यक्ति निर्धन एवं चिंतित? क्यों एक व्यक्ति डरा हुआ, व्याकुल और दूसरा आत्म-विश्वास से भरा हुआ और आश्वस्त है? क्यों एक व्यक्ति के पास एक खूबसूरत और आलीशान घर है और दूसरा व्यक्ति एक झुग्गी-झोंपड़ी में कठिनाइयों के साथ जीवनयापन कर रहा होता है? क्यों एक व्यक्ति हर प्रकार से सफल है और दूसरा पूर्ण रूप से असफल? क्यों एक वक्ता प्रकांड और अति लोकप्रिय है और दूसरा औसत दर्जे का और लोकप्रिय नहीं है? क्यों एक व्यक्ति अपने कार्य और पेशे में प्रतिभावान है, वहीं दूसरा व्यक्ति अपनी पूरी जिंदगी पसीना बहाते हुए और बिना कुछ सार्थक उपलब्धि पाए गुजार देता है? क्यों एक व्यक्ति लाइलाज बीमारी से भी ठीक हो जाता है, वहीं दूसरा नहीं हो पाता?

ऐसा क्यों होता है कि कई दयालु धार्मिक व्यक्ति बुरी तरह से मानसिक और शारीरिक यातनाओं को झेलते हैं? क्यों कई अनैतिक और अधार्मिक व्यक्ति सफल, फलते-फूलते और अच्छे स्वास्थ्य से परिपूर्ण रहते हैं?

क्यों एक महिला खुशहाल शादीशुदा जिंदगी गुजार रही है, वहीं उसकी बहन बहुत दु:खी और कुंठित है? क्या आपके चेतन और अवचेतन मन में इन प्रश्नों का उत्तर है? हां, वहां निश्चित रूप से इनका उत्तर है।

इस पुस्तक को लिखने का कारण

उपर्युक्त एवं कई अन्य प्रश्नों के उत्तर और उनके कारणों को स्पष्ट करने हेतु मुझे यह पुस्तक लिखने की प्रेरणा मिली। मैंने आपके मन में चल रहे आधारभूत सत्य को सरलतम भाषा में समझाने का प्रयास किया है। आपके मस्तिष्क एवं जीवन के बुनियादी, मूलभूत, मौलिक नियमों की रोजमर्रा की भाषा में व्याख्या करना निश्चित रूप से संभव है। इस पुस्तक की भाषा को आप अपने दैनिक अखबारों, सामयिक पत्रिकाओं, व्यावसायिक कार्यालयों, अपने घर और दैनिक कार्यशाला में देखते-सुनते हैं। मैं आपसे इस पुस्तक को पढ़ने और इसमें उल्लिखित तकनीकों को प्रयोग में लाने का अनुरोध करता हूं। जब आप इसे प्रयोग में लाते हैं, तब मैं पूर्ण रूप से आश्वस्त हो जाता हूं कि आप चमत्कारिक कार्य-शक्ति पर नियंत्रण करके पाएंगे, जो आपको अनिश्चितताओं, परेशानियों, अकेलेपन और पराजय के भाव से ऊपर उठाएगी और आपको आपकी सही जगह पहुंचाएगी। आपकी कठिनाइयों का समाधान करेगी, आपको भावनात्मक और शारीरिक बंधनों से दूर रखेगी, आपको आजादी, खुशी और मानसिक शांति के राजसी मार्ग की ओर ले जाएगी। आपके अवचेतन मन की चमत्कारिक कार्य-शक्ति आपको बीमारियों से रोगमुक्त करेगी, आपको फिर से जीवंत और शक्तिशाली बना देगी। अपनी आंतरिक शक्तियों को सीखते समय आप अपने डर के द्वार खोल देंगे और जिस प्रकार का वर्णन पॉल ने परमेश्वर के पुत्रों की स्वतंत्रता का किया था, आप उसी प्रकार के जीवन में प्रवेश करेंगे।

चमत्कारिक कार्य-शक्ति का उत्सर्जन

अवचेतन शक्तियों द्वारा अपना व्यक्तिगत उपचार अब तक का ठोस प्रमाण होगा। बयालीस वर्ष पूर्व मैंने एक असाध्य बीमारी, जिसे चिकित्सा शब्दावली में

सारकोमा कहा जाता था, का इलाज अपने अवचेतन मन की उपचार-शक्ति द्वारा किया–वह अवचेतन शक्ति जिसने मेरा निर्माण किया और अब भी मेरे सभी महत्त्वपूर्ण कार्यकलापों को संभालती और नियंत्रित करती है। जिस तकनीक का प्रयोग मैंने किया, उसका मैंने विस्तृत रूप से इस पुस्तक में वर्णन किया है और मैं सुनिश्चित हूं कि यही अनंत आरोग्य करने की क्षमता जो सभी मनुष्यों के गहरे अवचेतन में स्थित है, उस पर सबको विश्वास करने में मदद मिलेगी। मेरे एक डॉक्टर दोस्त के अनुभवों से मुझे अचानक अहसास हुआ कि यह धारणा बहुत स्वाभाविक है कि रचनात्मक बुद्धिमत्ता, जिसने मेरे सभी अंगों की रचना की, मेरे शरीर को आकार दिया, मेरे हृदय को स्पंदित किया, वह अपनी रचना का उपचार भी कर सकती है। बहुत स्वाभाविक एक प्राचीन कहावत है, "एक शिक्षक घाव पर पट्टी बांधता है और ईश्वर उसे भरता है।"

दिल से प्रार्थना करते हैं, तो चमत्कार होते हैं

एक वैज्ञानिक प्रार्थना में मन के चेतन और अवचेतन स्तर के बीच एक सामंजस्यपूर्ण आदान-प्रदान होता है, जिसे विशेष ध्येय के लिए विज्ञानसम्मत दिशा दी गई होती है। यह पुस्तक आपको वैज्ञानिक तरीका सिखाएगी कि किस प्रकार आप अपने अंदर की अनंत शक्ति के द्वारा अपने जीवन का लक्ष्य पा सकते हैं। इस चमत्कारिक शक्ति का उपयोग करना शुरू करें और अपने दैनिक कार्यकलापों को सुगम बनाएं, व्यावसायिक कठिनाइयों को सुलझाएं और अपने पारिवारिक संबंधों में लयबद्धता लाएं। सुनिश्चित करें कि इस पुस्तक का अध्ययन कई बार किया जाए। इसके कई अध्याय आपको अहसास दिलाएंगे कि किस प्रकार यह अद्‌भुत शक्ति अपना कार्य करती है और किस प्रकार आप अपने अंदर छिपी हुई प्रेरणा और ज्ञान को बाहर निकाल सकते हैं। अवचेतन मन को प्रभावित करने वाली सरल तकनीकों को सीखें। अनंत भंडार का दोहन किस प्रकार करना है, इसके लिए नए वैज्ञानिक तरीकों का अनुपालन करें। इस पुस्तक को सावधानीपूर्वक, ध्यान और प्रेम से पढ़ें। किस प्रकार ये अद्‌भुत तरीके आपकी मदद करते हैं, यह स्वयं को प्रमाणित करके दिखाएं। यह सब हो सकेगा और मेरा विश्वास है कि यह आपके जीवन में एक नया मोड़ लाएगा।

सभी प्रार्थना करते हैं

क्या आपको पता है कि किस प्रकार प्रार्थना प्रभावशाली ढंग से की जाए? कितने समय से आप इसे अपनी नियमित क्रियाओं की तरह से कर रहे हैं? किसी आकस्मिक घटना, किसी खतरे या परेशानी, बीमारी और जब मौत का खतरा मंडरा रहा हो, तब आप और आपके मित्रों की प्रार्थनाओं का तांता लग जाता है। ऐसा जानने के लिए बस आप अपने दैनिक अखबार पढ़िए।

खबर है कि एक असाध्य बीमारी से ग्रस्त बच्चे के लिए, देशों के बीच शांति के लिए, सुरंग में पानी भरे जाने की वजह से उसमें फंसे खनिकों के समूह के लिए देश-भर में प्रार्थना की जा रही है। बाद में खबर आती है कि सुरक्षित बच जाने पर खनिकों ने कहा कि वे बचाए जाने के लिए प्रार्थना कर रहे थे; एक हवाई जहाज का पायलट कहता है कि वह सफल आपातकालीन लैंडिग के लिए प्रार्थना कर रहा था। निश्चित रूप से कठिनाई के समय प्रार्थना हमेशा सहायता के लिए उपस्थित रहती है, लेकिन प्रार्थना को अपने जीवन का अविभाज्य और रचनात्मक अंग बनाने के लिए किसी कठिनाई का इंतजार नहीं करना चाहिए। प्रार्थना द्वारा नाटकीय उत्तर सुर्खियां बनते हैं एवं प्रार्थना की प्रभावशीलता का साक्ष्य बनते हैं। बच्चों की विनम्र प्रार्थनाएं, हर रोज की जानेवाली साधारण अनुग्रह की प्रार्थनाएं, श्रद्धा से की गई प्रार्थनाएं जिसमें व्यक्ति केवल ईश्वर के साथ वार्तालाप करता है–ये सब क्या हैं? मेरा लोगों के साथ काम करना मुझे बाध्य करता है कि मैं प्रार्थना करने के विभिन्न पहलुओं का अध्ययन करूं।

मैंने अपने निजी जीवन में प्रार्थना की शक्ति का अनुभव किया है और कई व्यक्तियों के साथ काम और बातचीत की है जिन्होंने प्रार्थना की मदद का आनंद लिया है। साधारणतया लोगों को यह बताना कि प्रार्थना किस प्रकार से की जाए–यह समस्या है। वे लोग जो कष्ट में हैं, उन्हें सही ढंग से सोचने तथा समझदारी से कार्य करने में कठिनाई होती है। उन्हें एक सरल विधि को अपनाने की जरूरत है। एक कार्य करने योग्य ढांचा जो सरल और विशिष्ट है, अक्सर उसका उपयोग आपात स्थिति में किया जाना चाहिए।

इस पुस्तक की अनूठी विशेषता

इस पुस्तक का व्यावहारिक होना ही इसकी अनूठी विशेषता है। इसमें आपको सरल और सहज रूप से की जाने वाली तकनीक और विधियां बताई गई हैं, जिन्हें

आप आसानी से अपनी दैनिक कार्य-शैली में लागू कर सकते हैं। मैंने इन साधारण तरीकों को पूरे विश्व में पुरुषों और महिलाओं को सिखाया है; हाल ही में लॉस एंजेल्स की एक विशेष कक्षा में हजारों विभिन्न धार्मिक आस्थाओं वाले पुरुषों और महिलाओं को इस पुस्तक में दी गई मुख्य बातों से अवगत कराया। हजारों मील दूर से वे इस कक्षा में भाग लेने आए थे। इस पुस्तक में उद्धृत विशेषताएं आपका ध्यान खींचेंगी, क्योंकि वे आपको दिखाती हैं कि अक्सर आप जो भी प्रार्थना करते हैं, उसका उल्टा आपको मिलता है और ऐसा क्यों हुआ–उस तथ्य को आपके सामने लाती हैं। विश्व के सभी हिस्सों से लोग हजार बार मुझसे पूछते हैं, "ऐसा क्यों होता है कि मैं प्रार्थना-पर-प्रार्थना करता हूं, लेकिन मुझे उनका उत्तर नहीं मिलता?" इस पुस्तक में इस सामान्य शिकायत का कारण मिलेगा। अपने अवचेतन मन को प्रभावित करने और सही जवाब पाने के कई तरीके इस पुस्तक को असाधारण और मूल्यवान बनाते हैं, जो मुसीबत के समय हमेशा सहायता के लिए उपस्थित रहते हैं।

आप किसका विश्वास करते हैं?

यह वस्तु नहीं है जो व्यक्ति की प्रार्थना का जवाब देती है, जब व्यक्ति के मन में बैठी तस्वीर या विचार पर उसका अवचेतन मन प्रतिक्रिया देता है, तब उसकी प्रार्थनाओं का उत्तर मिलता है। यह विश्वास का नियम, विश्व के सभी धर्मों को संचालित कर रहा है और यही कारण है कि यह सब मनोवैज्ञानिक तौर पर सही है। बौद्ध, ईसाई, मुस्लिम और यहूदी सभी को अपनी प्रार्थनाओं का उत्तर इसलिए नहीं मिलता, क्योंकि वे विशेष जाति, धर्म, जुड़ाव, अनुष्ठान, समारोह, सूत्र, मरणोपरांत, जादू, बलिदान या प्रसाद का भोग लगाते हैं, बल्कि इसलिए मिलता है क्योंकि विश्वास या मन से स्वीकृति और ग्राह्यता पर उन्हें पूर्ण विश्वास है और उसे वे मन में स्वीकार कर चुके हैं।

जीवन का नियम विश्वास का नियम है और विश्वास को संक्षिप्त रूप से मन का विचार भी कहा जा सकता है। जिस तरह से व्यक्ति सोचता, महसूस करता और विश्वास करता है, उसी प्रकार की स्थिति मन, शरीर और परिस्थितियों की होती है। एक तकनीक, एक कार्य-प्रणाली जिसका आधार वह है, जो आप कर रहे हैं और क्यों कर रहे हैं–यह आपको अपने जीवन की सभी अच्छी वस्तुओं को अवचेतन अवतार में लाने में मदद करती है। अनिवार्यत: प्रार्थना का उत्तर आपके दिल की इच्छा को फलीभूत करने के रूप में मिलता है।

इच्छा ही प्रार्थना है

हर एक व्यक्ति अच्छे स्वास्थ्य, प्रसन्नता, सुरक्षा, मानसिक शांति और सही अभिव्यक्ति की कामना करता है, लेकिन बहुत से लोग स्पष्ट रूप से परिभाषित परिणाम प्राप्त करने में असफल हो जाते हैं। हाल ही में एक विश्वविद्यालय के प्रोफेसर ने स्वीकार किया, "मुझे पता है कि यदि मैं अपने मानसिक स्वरूप को बदल दूं और अपने भावनात्मक जीवन का आयाम बदल दूं, तो मेरा अल्सर फिर नहीं होगा, लेकिन मेरे पास ऐसी कोई तकनीक, प्रक्रिया या ऐसा कुछ करने का तरीका नहीं है। मेरा मन मेरी कई समस्याओं पर आगे-पीछे होता रहता है। मैं विचलित, पराजित और अप्रसन्न महसूस करता हूं।" यह प्रोफेसर एक उत्तम स्वास्थ्य की कामना करता था; मन किस प्रकार कार्य करता है, उसे उस ज्ञान की जरूरत थी, जिससे वह अपनी इच्छा को प्राप्त कर सके। इस पुस्तक में दी गई उपचार विधियों का अभ्यास करके वह संपूर्ण और उत्तम बन गया।

सामान्यतः सभी व्यक्तियों के व्यक्तित्व में एक ही मन होता है—इमर्सन

आपके और मेरे जन्म से पूर्व, किसी भी चर्च (गिरजाघर) अथवा दुनिया के अस्तित्व में आने से पूर्व आपके अवचेतन मन की चमत्कारिक कार्य-शक्ति का अस्तित्व था। इस प्रकार यह महान शाश्वत सत्य और जीवन का सिद्धांत सभी धर्मों से पूर्व ही घटित हो गया था। इन सब मन के विचारों को ध्यान में रखते हुए मैं आपसे याचना करता हूं कि ऐसी अद्‌भुत, चमत्कारिक परिवर्तन लाने वाली शक्ति जो मानसिक एवं शारीरिक घावों को बांधेगी, भय से भरे हुए मन को आजादी दिलाएगी और आपको गरीबी, पराजय, परेशानियों, कमियों और हताशा से पूर्ण रूप से मुक्ति दिलाएगी। आपको केवल स्वयं को मानसिक एवं भावनात्मक रूप से उन अच्छाइयों, जिनकी आप चाहत रखते हैं, उन्हें जोड़ना है। अभी से शुरू करें, आज ही और अपने जीवन में चमत्कार होने दें।

इसे तब तक करना जारी रखें, जब तक कि दिन न निकल जाए यानी उजाला न हो जाए और अंधेरा भाग न जाए।

1

आपके अंदर निहित खजाना

यदि आप अपने मन की आंखें खोलें तो आपके चारों ओर अनंत धन नजर आएगा, आप इस अनंत खजाने को अपने अंदर निहारें। आपके अंदर सोने की खान है, जिसमें से आप अपनी जिंदगी को भव्यता, आनंददायक और भरपूर रूप से जीने के लिए कुछ भी निकाल सकते हैं।

कई गहरी निद्रा में हैं, क्योंकि वे अपने अंदर मौजूद इस अनंत बुद्धिमत्ता और असीमित प्रेम के बारे में अनभिज्ञ हैं। आप जो कुछ भी चाहते हैं, इसमें से निकाल सकते हैं। एक चुंबकीय स्टील का टुकड़ा अपने वजन का बारह गुना भार उठा सकता है और यदि आप इस स्टील के टुकड़े को चुंबक रहित कर दें तो यह अपने वजन से कम को भी नहीं उठा सकता है। इसी प्रकार दो प्रकार के मनुष्य होते हैं। एक चुंबकीय मनुष्य जिसमें आत्म-विश्वास और आस्था है। वह जानता है कि उसका जन्म विजयी और सफल होने के लिए हुआ है। दूसरी ओर वह मनुष्य है, जो चुंबकीय नहीं है। वह डर से भरा हुआ, शंकित और दुविधाग्रस्त है। उसके सामने मौके आते हैं और वह कहता है, "मैं फेल हो सकता हूं; मैं अपना धन गंवा सकता हूं; लोग मुझ पर हंसेंगे।" इस तरह का मनुष्य अपने जीवन में बहुत आगे नहीं जा सकता, क्योंकि उसे आगे जाने में डर लगता है, वह जहां है, वहीं रहता है।

एक चुंबकीय व्यक्ति बनें और जन्म-जन्मांतर के गूढ़ रहस्य को खोजें और उस पर महारत हासिल करें।

प्राचीन काल का मुख्य रहस्य

आपके विचार से प्राचीन काल का मुख्य रहस्य क्या है? क्या यह परमाणु शक्ति का रहस्य है? क्या तापीय नाभिकीय ऊर्जा है या न्यूट्रॉन बम या ग्रहों के बीच की यात्रा? नहीं, इनमें से कुछ भी नहीं।

फिर गूढ़ रहस्य क्या है? यह कहां मिल सकता है और इसके साथ संपर्क और इसे कार्यान्वित कैसे किया जा सकता है? इन सबका जवाब बहुत सरल है। इसका रहस्य है आपके अवचेतन मन की चमत्कारिक कार्य-शक्ति, वह जगह जहां व्यक्ति शायद ही खोजते होंगे।

आपके अवचेतन मन की अद्‌भुत शक्ति

अपने अवचेतन मन की छुपी हुई शक्ति के साथ संपर्क साधकर और उसके उद्‌भव से आप अपने जीवन में ज्यादा संपत्ति, स्वास्थ्य, प्रसन्नता और आनंद ला सकते हैं।

आपको इस शक्ति को हासिल करने की आवश्यकता नहीं है, यह आपके पास पहले से मौजूद है, लेकिन आप इसका उपयोग करना सीखना चाहते हैं; आप इसे समझना चाहते हैं, जिससे आप इसका उपयोग अपने जीवन के सभी पहलुओं पर कर सकें।

जब आप इस पुस्तक में लिखी सरल तकनीक और प्रक्रियाओं का अनुपालन करेंगे तो आप जरूरी ज्ञान और समझ पा सकेंगे। एक नया प्रकाश आपको प्रोत्साहित करेगा और आप एक नई शक्ति उत्पन्न कर सकेंगे, जो आपकी अपनी आशाओं एवं आपके सभी सपनों को साकार कर सकेगी। आप अपने जीवन को और बड़ा, भव्य, समृद्ध और पहले से शानदार बनाने का निश्चय करें।

आपके अवचेतन की गहराई में अनंत बुद्धिमत्ता, अनंत शांति और हर वस्तु जो आपके लिए जरूरी है, उसकी असीमित आपूर्ति मौजूद है और वे विकास और अभिव्यक्ति का इंतजार कर रही हैं।

आपके अवचेतन मन में निहित अनंत ज्ञान हर क्षण और हर जगह आपकी हर जरूरत का समाधान निकालेगा, जो आप जानना चाहते हैं, बशर्ते आप उसे खुले मन से स्वीकारें और ग्रहण करें। आप नए विचार और कल्पना पा सकते हैं जिनकी वजह से आप नई खोज, नए आविष्कार ला सकते हैं या पुस्तक और नाटक लिख सकते हैं। यही नहीं, बल्कि आपके अवचेतन मन का अनंत ज्ञान

आपको मौलिक प्रकृति का अद्‌भुत ज्ञान दे सकता है। यह आपको जीवन में सही अभिव्यक्ति और सही जगह दिखा सकता है।

अपने अवचेतन मन के चातुर्य के द्वारा आप आदर्श साथी को आकर्षित कर सकते हैं, साथ ही सही व्यापारिक सहयोगी अथवा पार्टनर पा सकते हैं। यह आपके घर के लिए सही खरीददार उपलब्ध करा सकता है और आपकी जरूरत के हिसाब से समुचित धन दे सकता है, साथ ही अपनी हार्दिक इच्छा पूरी करने के लिए आर्थिक स्वतंत्रता भी दे सकता है।

आपको अपने अंदर के विचारों, भावों, शक्ति, प्रकाश, प्रेम और सुंदरता को इस दुनिया में खोजने का अधिकार है। अदृश्य होते हुए भी इसकी शक्ति विशाल है। अपने अवचेतन मन के अंदर आप हर मुश्किलों का हल पाएंगे और इनकी वजह भी, क्योंकि आप अपनी छुपी हुई शक्तियों को बाहर निकालकर उन शक्तियों पर वास्तविक अधिकार और ज्ञान प्राप्त करते हैं, जिनसे आप पूर्ण रूप से सुरक्षा, प्रसन्नता और प्रभुत्व पाकर आगे बढ़ सकें। मैंने अवचेतन मन की शक्ति को लोगों को पंगु अवस्था से उठाकर संपूर्ण, शक्तिवान और एक बार फिर से मजबूत बनाते हुए देखा है और उन्हें पूरी दुनिया में खुशी, तंदुरुस्ती और खुशनुमा भावों का अनुभव करने के लिए आजाद होते हुए देखा है। आपके अवचेतन में चमत्कारिक उपचार करने की शक्ति है, जो परेशान मन और टूटे दिलों को ठीक कर सकती है। यह जेल रूपी मन के द्वार खोलकर आपको आजाद कर सकती है और आपको सभी प्रकार के सांसारिक और भौतिक बंधनों से मुक्त कर सकती है।

कार्य के आधार की जरूरत

कार्य के आधार की अनुपस्थिति में किसी भी क्षेत्र में किए गए प्रयास में समुचित प्रगति असंभव है–यह तथ्य सार्वभौमिक है।

आप अपने अवचेतन मन के कार्यान्वयन में कौशल प्राप्त कर सकते हैं। जिस प्रकार का ज्ञान आपको इसके सिद्धांत का है और जिस प्रकार आप एक विशेष ध्येय और परिणाम पाना चाहते हैं, उसके अनुपात में आप इसकी शक्तियों का अभ्यास करके सटीक परिणाम पा सकते हैं।

एक पूर्व रसायनशास्त्री/कैमिस्ट होने के नाते मैं बताना चाहूंगा कि यदि आप हाइड्रोजन और ऑक्सीजन को मिलाएं जिसमें उनका अनुपात दो और एक का हो तो परिणाम में पानी बनेगा। इस तथ्य से आप परिचित हैं कि एक अणु

ऑक्सीजन और एक अणु कार्बन मिलकर कार्बन मोनोऑक्साइड बनाते हैं, जो एक जहरीली गैस है, लेकिन यदि आप इसमें एक अणु ऑक्सीजन का जोड़ दें तो आपको कार्बन डाई ऑक्साइड एक हानि रहित गैस प्राप्त होगी, इसी प्रकार विशाल रासायनिक यौगिकों में प्रक्रियाएं होती रहती हैं।

आपको यह नहीं सोचना चाहिए कि रसायन शास्त्र, भौतिक शास्त्र एवं गणित का सिद्धांत आपके अवचेतन मन के सिद्धांत से अलग है। एक सामान्यतः स्वीकृत सिद्धांत को लें:

"जल अपना स्तर स्वयं ढूंढता है।" यह एक सार्वभौमिक तथ्य है, जो हर जगह के जल पर समान रूप से लागू होता है।

एक अन्य सिद्धांत को लें, "पदार्थ गरम करने पर फैलते हैं।" यह कहीं भी, किसी भी समय एवं हर परिस्थिति में सत्य है। आप एक स्टील के टुकड़े को गरम करें, यह फैलेगा–चाहे यह स्टील चीन, इंग्लैंड अथवा भारत का हो। यह एक सार्वभौमिक सत्य है कि पदार्थ गरम किए जाने पर फैलते हैं। यह भी एक विश्वव्यापी सत्य है कि आप अपने अवचेतन मन से जिस चीज की छाप छोड़ते हैं, वह अंतरिक्ष के पटल पर एक परिस्थिति, अनुभव और एक घटना की तरह दिखती है।

आपकी प्रार्थनाओं का उत्तर मिलता है, क्योंकि आपका अवचेतन मन एक सिद्धांत है और इस सिद्धांत से मेरा तात्पर्य है कि जिस प्रकार से चीजें काम करती हैं–उदाहरण के तौर पर, विद्युत का सिद्धांत है कि यह उच्च क्षमता से निम्न क्षमता की ओर कार्य करता है। जब आप बिजली का प्रयोग करते हैं, तब इसके सिद्धांत को नहीं बदलते, लेकिन प्रकृति के साथ सहयोग करके आप अद्‌भुत आविष्कार और खोजों को आगे ला सकते हैं। ये सब मानवता को अनगिनत तरीकों से आशीर्वाद देंगे।

आपका अवचेतन मन एक सिद्धांत है और विश्वास के नियम के अनुसार चलता है। आपको ज्ञात होना चाहिए यह विश्वास क्या है और क्यों व कैसे यह काम करता है। बाइबिल इसे सरल, स्पष्ट और सुंदर तरीके से बताती है: *मैं सच में तुम्हें कहता हूं, जो कोई व्यक्ति भी इस पहाड़ को यह कहता है, जाओ, अपने को समुद्र में फेंक दो और अपने हृदय में वह किंचित भी शंकित नहीं है, बल्कि उसका दृढ़ विश्वास है कि वह जो कुछ कहेगा, वैसा ही होगा। मार्क 11:23।*

मन का नियम विश्वास का नियम है। इसका तात्पर्य है कि जिस प्रकार आपका मन काम करता है, उस पर आपका अटूट विश्वास होना चाहिए। आपके मन का विश्वास ही आपके मन का विचार है। इसके अलावा कुछ नहीं।

आपके सभी अनुभव, घटनाएं, परिस्थितियां और क्रियाएं अवचेतन मन की

प्रतिक्रियाओं के स्वरूप हैं। याद रखें, यह वस्तु नहीं है जिस पर आपका विश्वास है, वरन् यह आपके मन पर आपका विश्वास है जिसकी वजह से परिणाम मिलता है।

झूठे विश्वासों, विचारों अंधविश्वासों और मानव जाति की आशंकाओं पर विश्वास करना छोड़ दें। शाश्वत सत्य और जीवन के सत्य पर विश्वास करना आरंभ करें, जो कभी नहीं बदलते, तभी आप आगे, ऊपर और ईश्वर की ओर बढ़ेंगे। जो भी व्यक्ति इस पुस्तक को पढ़ता है और इसमें लिखे अवचेतन मन के सिद्धांतों को लागू करता है, वह अपने एवं दूसरों के लिए वैज्ञानिक और प्रभावशाली ढंग से प्रार्थना कर सकेगा। आपको अपनी प्रार्थना का उत्तर क्रिया-प्रतिक्रिया के सार्वभौमिक नियम के अनुसार मिलेगा। विचार एक क्रिया है। प्रतिक्रिया आपके अवचेतन मन का प्रत्युत्तर है, जिसका संबंध आपके विचार की प्रकृति से है। अपने मन को समरस, स्वस्थ, शांत और शुभचिंतक की तरह व्यस्त रखें, तब आपके जीवन में चमत्कार होने लगेंगे।

मन के दो रूप

आपके पास केवल एक मन है, परंतु आपके मन के पास दो स्पष्ट विशिष्टताएं हैं। आज इन दोनों के बीच की विभाजन रेखा के बारे में सभी पुरुषों और स्त्रियों को भली-भांति जानकारी है। आपके मन के ये दोनों कार्य एकदम विपरीत हैं। हर एक अलग और विशिष्ट गुण और शक्ति वाले हैं। आपके मन के इन दो विशिष्ट गुणों और कार्यों की विभिन्नता को पहचानने के लिए इनका नामकरण किया गया है–वस्तुनिष्ठ और व्यक्तिनिष्ठ, चेतन और अवचेतन मन, जाग्रत एवं सुप्त मन, सतही स्वयं एवं गहरा स्वयं, स्वैच्छिक अथवा अस्वैच्छिक, पुरुष एवं स्त्री–इसी प्रकार कई शब्द अथवा नाम। आपको चेतन और अवचेतन शब्द भी मिलेंगे जिनका उपयोग इस पुस्तक में आपके मन की दो प्रकार की प्रकृति को परिभाषित करने के लिए किया गया है।

चेतन एवं अवचेतन मन

मन के इन दोनों कार्यों को जानने का सबसे उत्कृष्ट तरीका है अपने मन को एक बगिया की तरह देखना। आप एक माली हैं और आप विचार रूपी बीजों

को दिन-भर अपनी आदत के अनुसार बो रहे हैं। जैसा आप अपने अवचेतन मन में बोते (उगाते) हैं, उसी तरह का फल आपको अपने शरीर और वातावरण में मिलेगा।

अब आप शांति, प्रसन्नता, सही कार्य, अच्छा संकल्प और समृद्धि के विचार बोना शुरू करें।

शांति और इच्छा के साथ इन गुणों के बारे में सोचिए और अपने चेतन विवेकशील मन में पूर्ण रूप से स्वीकार करें। इन विचार रूपी अद्‌भुत बीजों को अपने मन के बाग में उगाना जारी रखें, तब आपको एक गौरवशाली फसल की प्राप्ति होगी। आपका अवचेतन मन भूमि से जुड़ेगा, जो सभी प्रकार के बीजों को उगाएगा, चाहे वे अच्छे हों या बुरे। क्या लोग कांटों वाले अंगूर अथवा कंटीले अंजीर एकत्रित करते हैं? इस प्रकार हर विचार एक कारण है और हर परिस्थिति एक परिणाम।

इसी वजह से यह जरूरी है कि आप अपने विचारों पर नियंत्रण रखें, जिससे केवल अपनी इच्छानुसार ही परिस्थितियां आगे बनें।

जब आपका मन सही ढंग से सोचता है, तब आप सत्य को समझते हैं। जब आपके मन में बैठे हुए विचार निर्माणकारी, सुगम और शांतिपूर्ण होते हैं, तब आपके अवचेतन की चमत्कारिक कार्य-शक्ति अनुक्रिया देती है और सुरीली सुगम परिस्थितियां, सही वातावरण और सर्वोत्तम परिणाम देती है। जब आप अपनी विचार प्रक्रियाओं को नियंत्रित करना शुरू करते हैं, तब आप अपनी अवचेतन शक्तियों का किसी भी कठिनाई में उपयोग कर सकते हैं। दूसरे शब्दों में: वास्तव में आप जानबूझकर अनंत शक्ति और सर्वशक्तिमान नियम के साथ सहयोग कर रहे होते हैं; जो सभी चीजों को परिचालित (शासित) करता है।

जहां कहीं भी आप रहते हैं, अपने चारों ओर देखने पर पाएंगे कि मानव जाति का विशाल बहुमत प्रबुद्ध शक्तियों को छोड़कर अपने अंदर की दुनिया में ही गहरी रुचि रखता है। याद रखें, यह अंदर की दुनिया ही है यानी आपके विचार, भावनाएं, आपकी कल्पनाएं आपको आपकी दुनिया से दूर करते हैं। इस प्रकार वह रचना करने की शक्ति और सब कुछ जिसे आप अपनी दुनिया में देखते हैं, उसका जाने या अनजाने में आपके मन की आंतरिक दुनिया ने निर्माण किया।

अपने चेतन एवं अवचेतन मन के बीच होने वाले पारस्परिक आदान-प्रदान का ज्ञान आपको अपना पूरा जीवन बदलने योग्य बना देगा। अपनी बाह्य परिस्थितियों को बदलने के लिए आपको कारण बदलना होगा। ज्यादातर लोग स्थितियों और परिस्थितियों को उनके साथ काम करके बदलते हैं। किसी भी कलह, भ्रम, कमी और सीमाओं को हटाने के लिए आपको कारण को हटाना

होगा और कारण ही एक रास्ता है जिसमें आप चेतन मन को उपयोग में लाते हैं। दूसरे शब्दों में जिस प्रकार से आप सोच रहे हैं और उसकी तस्वीर अपने मन में बना रहे हैं, वह चेतन मन की वजह से है।

आप अनंत समृद्धि के असीमित गहराई वाले समुद्र में रह रहे हैं। आपका अवचेतन आपके विचारों के लिए बहुत संवेदनशील है। आपके विचार एक सांचा या ढांचा बनाते हैं जिसमें से होकर अवचेतन की अनंत बुद्धिमत्ता, ज्ञान, महत्त्वपूर्ण शक्ति और ऊर्जाएं बहती हैं।

इस पुस्तक के प्रत्येक अध्याय में दिखाए गए मन के नियमों का व्यावहारिक उपयोग आपको गरीबी की जगह वैभव, अंधविश्वास और अज्ञानता की जगह बुद्धि, दर्द की जगह शांति, दुःख की जगह सुख, अंधेरे की जगह उजाला, कलह की जगह सद्भाव, डर की जगह विश्वास और आत्म-विश्वास, हार की जगह जीत और औसत नियम के द्वारा आजादी का अनुभव कराएगा। निश्चित रूप से यह एक मानसिक, भावनात्मक और सांसारिक सुख की दृष्टि से ज्यादा सुंदर आशीर्वाद है।

अधिकतर महान वैज्ञानिकों, कलाकारों, कवियों, गायकों, लेखकों और आविष्कारकों में चेतन और अवचेतन मन की कार्य-शैली की गहरी जानकारी और समझ होती है। एक बार की बात है, कैरुसो, महान ऑपेरा गायक को मंच पर गाने से डर लगा। उसने बताया कि अधिक डर की वजह से उसके गले की पेशियां जम गईं, चेहरे से पसीना बहने लगा, वह बहुत शर्मिंदा था। उसने कहा, "वे मुझ पर हंसेंगे। मैं गा नहीं सकता।" तभी स्टेज के पीछे उपस्थित लोगों के बीच वह जोर से चिल्लाया, "मेरे अंदर का छोटा 'मैं' मेरे अंदर के बड़े 'मैं' को मारना चाहता है।" उसने छोटे 'मैं' से कहा, "यहां से जाओ, बड़ा 'मैं' मेरे द्वारा गाना चाहता है।"

उसका बड़े मैं से तात्पर्य था उसके अवचेतन मन की अनंत शक्ति और ज्ञान और वह जोर से चिल्लाने लगा, "जाओ, जाओ–बड़ा मैं अब गाने जा रहा है।"

उसके अवचेतन मन ने उसके अंदर की जीवन से भरपूर शक्तियों को बाहर निकालकर उत्तर दिया। जब उसका नाम पुकारा गया, वह स्टेज पर गया, उसने गौरवशाली और राजसी अंदाज में गाकर श्रोताओं को अभिभूत कर दिया।

जाहिर है, कैरुसो को मन की दोनों अवस्थाओं चेतन अथवा तर्कसंगत और अवचेतन अथवा तर्कहीन का ज्ञान हो गया था। आपका अवचेतन प्रक्रिया देने वाला है और आपके विचारों की प्रकृति पर प्रतिक्रिया देता है। जब आपका चेतन मन यानी छोटा मैं डरा हुआ, चिंतित और परेशान था, तब नकारात्मक भावनाएं आपके अवचेतन मन (बड़ा मैं) में पैदा हुईं और बाहर निकलीं और चेतन मन

में हलचल हुई और वह अनिष्ट की आशंका और हताशा से भर गया। जब ऐसा होता है, तब कैरुसो की तरह एक सकारात्मक और ठोस अधिकार के साथ अपने मन के अंदर उत्पन्न तर्कहीन भावनाओं को इस तरह से आज्ञा दें; "हिलो मत, चुप हो जाओ, यहां मेरा नियंत्रण है। तुम्हें मेरी आज्ञा माननी होगी, तुम मेरी आज्ञा के गुलाम हो। जहां तुम्हारी कोई जगह नहीं है, तुम वहां नहीं आ सकते हो।"

यह देखना बहुत दिलचस्प और आकर्षक है कि कैसे आप अधिकार और दृढ़ विश्वास के साथ अपने अंदर चल रही तर्कहीन हलचलों से बात करके अपने मन में चुप्पी, सद्भाव और शांति ला सकते हैं। अवचेतन, चेतन मन के अधीन है और इसी कारण इसे अवचेतन अथवा आत्मनिष्ठ/व्यक्तिनिष्ठ कहते हैं।

बचे हुए मतभेद और कार्य-शैली के तरीके

मुख्य मतभेदों को निम्नलिखित उदाहरण से आप जान सकेंगे: चेतन मन जहाज के पुल पर खड़ा दिशा-निर्देशक या कप्तान है। वह जहाज को दिशा देता है और इंजन रूम के कर्मियों को संकेतों से आदेश देता है, जो सभी ब्वाइलरों, उपकरणों और पैमाने को नियंत्रित करते हैं। इंजन रूम के लोगों को पता नहीं कि वे कहां जा रहे हैं, वे केवल उसके आदेश का पालन करते हैं।

वे किसी चट्टान पर चले जाएंगे, यदि पुलवाला व्यक्ति अपने कंपास, सेक्सटेंट अथवा किसी अन्य उपकरण के आधार पर उन्हें गलत या त्रुटि वाले निर्देश दे। इंजन रूम के व्यक्ति केवल उसकी आज्ञा का पालन करते हैं, क्योंकि वह वहां का प्रभारी है और जो केवल आदेश देता है जिन्हें स्वभावत: पूरा किया जाता है। जहाज के व्यक्ति कप्तान को पलटकर जवाब नहीं देते, केवल वे आदेश का पालन करते हैं।

कप्तान जहाज का मालिक है और उसके आदेशों का पालन होता है। इसी प्रकार आपका चेतन मन कप्तान और आपके जहाज का मालिक है, जो आपके शरीर, आपके माहौल और आपके सभी कामों का नियंत्रक है। आपका अवचेतन मन केवल आपके दिए गए आदेशों को ग्रहण करता है, चेतन मन उस पर विश्वास करके और उसे सच समझकर आपको करने को कहता है।

जब आप बार-बार लोगों को कहते हैं, "मैं इसकी सामर्थ्य नहीं रखता," तब आपका अवचेतन मन आपकी बात को स्वीकार करता है और यह सुनिश्चित करता है कि आप उसे खरीदने की स्थिति में नहीं रहे जिसे आप खरीदना चाहते

हैं। जब तक आप ऐसा कहते रहेंगे, "मैं वह गाड़ी, यूरोप की यात्रा, वह घर, वह फरकोट अथवा एमिनक शॉल नहीं खरीद सकता," आप निश्चिंत रहिए, आपका अवचेतन मन आपके आदेश को स्वीकार करेगा और आप जीवन-भर इन सब चीजों से वंचित रहेंगे।

पिछली क्रिसमस की शाम को एक विश्वविद्यालय की सुंदर, जवान छात्रा ने एक दुकान की खिड़की में एक महंगा यात्री बैग देखा। वह छुट्टियों के लिए न्यूयॉर्क के बुफेलो शहर जा रही थी। वह यह कहने ही वाली थी, "मैं यह बैग नहीं खरीद सकूंगी," उसे किसी व्याख्यान में मेरी कही हुई बात याद आ गई, जो थी–"कभी भी नकारात्मक बात न कहें; उसे तुरंत सकारात्मक बनाएं और आपके जीवन में चमत्कार होने लगेंगे।"

लड़की ने कहा, "यह बैग मेरा है। यह बिकने के लिए है, मैं इसको मन से स्वीकार करती हूं और मेरा अवचेतन यह सुनिश्चित करेगा कि यह मुझे मिले।" शाम के आठ बजे उसके मंगेतर ने उसे हू-ब-हू वैसा ही बैग दिया, जैसा उसने देखा और मन-ही-मन उससे उस सुबह दस बजे ही जुड़ गई थी। उसने अपने मन को उम्मीदों वाले विचारों से भर दिया था और इन सभी को मन की गहराइयों तक ले गई जो 'कैसे करे' में पारंगत है।

यह लड़की जो सदर्न कैलिफोर्निया विश्वविद्यालय की छात्रा है, उसने मुझे कहा, "मेरे पास उस बैग को खरीदने के लिए पैसे नहीं थे, लेकिन अब मुझे पता है कि धन और वे सब चीजें जिनकी मुझे जरूरत है, वे कहां मिलेगी, यह सब शाश्वत खजाना मेरे अंदर है।"

एक अन्य सरल उदाहरण: जब आप कहते हैं, "मुझे मशरूम पसंद नहीं हैं।" तब ऐसा अवसर आता है कि आपको मशरूम सॉस या सलाद के साथ मिलते हैं, आपको अपच हो जाएगा, क्योंकि आपका अवचेतन आपको कहता है, "आपके मालिक (चेतन मन) को मशरूम पसंद नहीं हैं," यह आपके चेतन और अवचेतन मन के बीच होने वाले मतभेदों का एक रोचक उदाहरण है।

एक स्त्री कह सकती है, "यदि मैं कॉफी पीती हूं तो मैं तीन बजे उठ जाती हूं।" तभी वह कॉफी पीती है, जब उसका अवचेतन मन उसे उकसाता है, जैसे कि वह कहना चाहता हो, "आज मालिक आपको रात-भर जगाना चाहते हैं।"

आपका अवचेतन मन चौबीस घंटे काम करता है और आपके फायदे के लिए प्रावधान बनाता है, आपकी गोद को आपके स्वभावानुसार परिणामों से भर देता है।

उसका अवचेतन मन कैसे प्रतिक्रिया देता है

कुछ महीने पहले एक स्त्री ने मुझे ऐसा कुछ लिखकर भेजा: "मैं पिचहत्तर वर्ष की विधवा हूं जिसके पास पला-बढ़ा परिवार है। मैं अपनी पेंशन पर अकेले जी रही थी। मैंने अवचेतन मन की शक्तियों पर आपका आधारित व्याख्यान सुना, जिसमें आपने कहा कि विचारों को बार-बार दोहराकर, विश्वास और उम्मीद के द्वारा अपने अवचेतन मन तक पहुंचाया जा सकता है। मैंने भावुकता के साथ यह सब बार-बार दोहराना शुरू किया, "मुझे सब चाहते हैं। मेरा विवाह एक दयावान, प्यार करने वाले और आध्यात्मिक व्यक्ति से हुआ है, मैं सुरक्षित हूं।" मैं करीब दो हफ्ते तक इसी प्रकार दिन में कई बार करती रही। एक दिन कोने वाली दवाई की दुकान में मेरा परिचय एक रिटायर्ड फार्मासिस्ट से करवाया गया। मुझे यह दयालु, समझदार और बहुत धार्मिक व्यक्ति लगा। वह मेरी प्रार्थना का सही और उत्कृष्ट जवाब था। कैसे? उसके अवचेतन ने जवाब दिया-एक हफ्ते के अंदर उसने मुझे विवाह का प्रस्ताव दिया और अब हम यूरोप अपनी हनीमून यात्रा पर हैं। मैं जानती हूं कि मेरे अवचेतन मन के अंदर की बुद्धि ने ईश्वरीय क्रम से हम दोनों को साथ मिलाया।"

इस औरत को पता चल गया था कि खजाना उसके अंदर ही था। उसकी प्रार्थना सच्चे दिल से की हुई थी, उसकी स्वीकृति को अवचेतन मन ने ग्रहण किया, जो एक रचनात्मक माध्यम है। जिस क्षण वह व्यक्तिपरक अवतार को लाने में सफल हुई, उसके अवचेतन मन ने उसका जवाब आकर्षण के नियम के आधार पर दे दिया।

बुद्धिमत्ता और ज्ञान से भरपूर उसके मन की गहराइयों ने दोनों को ईश्वरीय क्रम से मिला दिया। जो आप सोचते हैं, उस पर यकीन रखिए, *जो भी चीजें सच हैं, जो चीजें ईमानदार हैं, जो चीजें न्यायपूर्ण हैं, जो चीजें पवित्र और निर्दोष हैं, जो चीजें प्यारी हैं और जिन चीजों के बारे में अच्छी रिपोर्ट है; यदि कोई प्रशंसा है तो ऐसी चीजों के बारे में सोचिए। फिल 4:8।*

याद करने लायक विचारों की संक्षिप्त सूची

1. खजाना आपके अंदर है। अपनी दिली इच्छाओं के जवाब अपने अंदर तलाश करें।
2. सभी आयु वर्ग के महान लोगों की महानता का रहस्य था, उनका अपने

अवचेतन मन की शक्तियों के साथ संपर्क और उनके उद्भव की क्षमता। आप भी ऐसा कर सकते हैं।

3. आपके अवचेतन के पास सभी समस्याओं का समाधान है। यदि आप अपने अवचेतन को सोने से पहले सुझाव दें, "मैं सुबह छह बजे उठना चाहता हूं," यह आपको ठीक समय पर उठा देगा।
4. आपका अवचेतन आपके शरीर का निर्माता है और यह आपका उपचार कर सकता है। हर रात आप अपने को एक उत्तम स्वास्थ्य की लोरी सुनाएं और अवचेतन एक विश्वासपात्र नौकर की भांति आपका अनुपालन करेगा।
5. हर विचार एक कारण है और हर स्थिति एक परिणाम।
6. यदि आप पुस्तक लिखना चाहते हैं, एक अद्भुत नाटक लिखना चाहते हैं, अपने श्रोताओं को कुछ अच्छा सुनाना चाहते हैं, आप अपने विचार अपने अवचेतन मन को प्यार और भावनात्मक होकर सुनाएं, यह आपको आपके अनुसार ही परिणाम देगा।
7. आप एक जहाज के कप्तान हैं। उसे सही आदेश देना होगा, इसी प्रकार सही आदेश (विचार और कल्पना) अपने अवचेतन मन को दीजिए, जो आपके सभी अनुभवों को नियंत्रित और शासित करता है।
8. कभी भी, "मैं यह नहीं खरीद सकता" अथवा "मैं यह नहीं कर सकता," जैसे शब्दों का प्रयोग न करें। आपका अवचेतन मन आपके शब्दों को स्वीकारता है और यह निश्चित करता है कि आपके पास धन न रहे और जो आप करना चाहते हैं, उसको करने की क्षमता बनाएगा। निश्चय कीजिए, "मैं अपने अवचेतन मन के द्वारा सब कुछ कर सकता हूं।"
9. जीवन का नियम विश्वास का नियम है। विश्वास आपके मन का विचार है। उन बातों पर विश्वास न कीजिए, जो आपको नुकसान और दु:ख दे सकती हैं। अपने अवचेतन को ठीक प्रकार से प्रोत्साहित करने, सशक्त करने और स्वयं को समृद्ध बनाने की शक्ति पर विश्वास रखें। आपके विश्वास के अनुसार यह कार्य करेगा।
10. अपने विचारों को बदलकर आप अपने भाग्य को बदल सकते हैं।

2

आपका अपना मन/मस्तिष्क कैसे कार्य करता है

आपके पास जो मन अथवा मस्तिष्क है, आपको उसे उपयोग करना सीखना चाहिए। आपके मस्तिष्क के दो पहलू हैं–चेतन अथवा तर्क करने वाला स्तर और दूसरा अवचेतन अथवा तर्कहीन स्तर। आप अपने चेतन मस्तिष्क से सोचते हैं और अपनी आदत/अभ्यास के अनुसार जो भी आप सोचते हैं, वह आपके अवचेतन में बस जाता है और आपकी सोच की प्रकृति के अनुसार उसकी रचना करता है। आपकी भावनाओं और रचनात्मक मस्तिष्क का स्थान आपका अवचेतन मस्तिष्क है। यदि आप अच्छा सोचेंगे, तब अच्छा होगा और बुरा सोचेंगे तो बुरा। आपका मस्तिष्क इसी प्रकार कार्य करता है।

याद रखने योग्य यह एकमात्र मुख्य बिंदु है–अवचेतन एक बार आपका विचार स्वीकार कर लेता है तो यह उसे कार्यान्वित करना शुरू कर देता है। यह एक बहुत दिलचस्प और गूढ़ सत्य है कि अवचेतन मस्तिष्क के नियम अच्छे और बुरे पर एक ही तरह से कार्य करते हैं। यह नियम जब नकारात्मक ढंग से प्रयोग में लाया जाता है, तब यह पराजय, हताशा और दुःख का कारण बनता है, लेकिन जब आपके सोचने की प्रकृति सामंजस्यपूर्ण और रचनात्मक होती है, तब आप एक उत्तम स्वास्थ्य, सफलता और समृद्धि का अनुभव करते हैं।

सही दिशा में सोचने और अनुभव करने के लिए मानसिक शांति और स्वस्थ शरीर का होना बहुत जरूरी है। जिस चीज की आप मानसिक रूप से चाहत और सोच रखेंगे, आपका अवचेतन मन उसे स्वीकार कर आपके अनुभव को साकार करता है। जरूरी बात केवल यह है कि आपको अपने अवचेतन मस्तिष्क को अपना विचार स्वीकार कराना होगा, तब आपके अवचेतन मन का नियम, स्वास्थ्य, शांति और जिस पद की कामना कर रहे हैं, उसे फलीभूत

करेगा। आपके आदेश को आपका अवचेतन उसी रूप में लाएगा, जैसा विचार आपने उस पर गढ़ा है।

आपके मन का नियम है: जिस प्रकार का विचार आप अपने चेतन मन में रखते हैं, उसी के अनुरूप आपका अवचेतन मन प्रतिक्रिया देगा।

मनोवैज्ञानिक और मनोचिकित्सक इस तथ्य की ओर इशारा करते हैं कि जब विचार आपके अवचेतन को दिए जाते हैं, तब वे मस्तिष्क की कोशिकाओं में छाप छोड़ जाते हैं। आपका अवचेतन जैसे ही किसी विचार को स्वीकारता है, तुरंत ही वह उसे कार्यान्वित करना शुरू कर देता है। यह विचारों और जीवन-भर में एकत्रित किए गए ज्ञान का उपयोग अपने ध्येय को प्राप्त करने के लिए करता है। यह आपके अंदर मौजूद अनंत शक्ति, ऊर्जा और ज्ञान को आत्मसात् करता है। यह प्रकृति के नियमों को एक पंक्ति में अपने लिए खड़ा कर देता है। कभी-कभी यह आपकी परेशानियों का तुरंत हल दे देता है, लेकिन कभी-कभी इसे कई दिन, हफ्ते अथवा इससे भी ज्यादा समय लग सकता है...*इसके हल निकालने के कई तरीके हैं।*

चेतन और अवचेतन स्थिति में अंतर

आपको याद रखना होगा कि ये दो मस्तिष्क नहीं हैं, बल्कि एक ही मस्तिष्क की क्रियाशीलता के दो कार्यक्षेत्र हैं। आपका चेतन मस्तिष्क तर्क करने वाला है। यह मस्तिष्क की वह अवस्था (स्वरूप/पहलू) है, जो चयन करती है, उदाहरण के लिए–आप अपनी पुस्तकें, अपना घर और अपना जीवन साथी चुनते हैं, यह सब निर्णय आप अपने जाग्रत अथवा चेतन मस्तिष्क से करते हैं। दूसरी ओर बिना किसी चेतन प्रयास के आपका दिल स्वत: कार्य करता रहता है। पाचन, प्रवाह और श्वसन प्रक्रिया आपके अवचेतन मस्तिष्क द्वारा चलती रहती है, जिन पर आपके चेतन मन का कोई नियंत्रण नहीं होता।

आपका अवचेतन मस्तिष्क वही स्वीकार करता है, जो इसको कहा गया हो अथवा जिस पर आप अपनी समझ के अनुसार विश्वास करते हैं। यह आपके चेतन मस्तिष्क की तरह कारण नहीं ढूंढता और आपसे कोई विवाद अथवा बहस नहीं करता। आपका अवचेतन मस्तिष्क भूमि की तरह है, जो हर प्रकार के सही अथवा खराब बीज स्वीकारती है। आपके विचार सक्रिय हैं और उनकी तुलना बीज से की जा सकती है। नकारात्मक, विनाशकारी विचार आपके अवचेतन मन में विपरीत कार्य करते हैं और आगे चलकर बाह्य अनुभव उनके अनुसार ही होते हैं।

याद रखें, आपका अवचेतन मस्तिष्क इस बात को सिद्ध करने में नहीं लगा रहता कि आपके विचार अच्छे या बुरे, सच्चे या झूठे हैं, लेकिन यह आपके विचारों अथवा सुझावों की प्रकृति के अनुरूप अपनी प्रतिक्रिया देता है, उदाहरण के रूप में–यदि आप किसी चीज को जानबूझकर सत्य समझते हैं, चाहे वह झूठ ही क्यों न हो, आपका अवचेतन मस्तिष्क इसे सत्य मानकर कार्यान्वित करते हुए परिणाम लाएगा, क्योंकि आपने अपनी चेतना में इसे सत्य समझा था।

मनोचिकित्सकों द्वारा किए गए प्रयोग

मनोचिकित्सकों और अन्य वैज्ञानिकों ने सम्मोहित लोगों पर असंख्य प्रयोग किए, उनमें उन्होंने पाया कि अवचेतन मस्तिष्क चुनाव अथवा तुलना करने में अक्षम है, जो किसी भी तर्कसंगत (विवेक) प्रक्रिया में जरूरी है। इस पक्ष को उन्होंने कई बार दिखाया कि अवचेतन मस्तिष्क किसी भी सुझाव को स्वीकार कर लेता है, चाहे वह असत्य ही क्यों न हो। एक बार किसी सुझाव को मानने पर यह दिए गए सुझाव की प्रकृति के अनुसार प्रतिक्रिया देता है।

अवचेतन मन के सुझाव पर इस सुविधा को समझाने के लिए यदि कोई अनुभवी सम्मोहन करने वाला व्यक्ति किसी सम्मोहित व्यक्ति को सुझाव देता है कि वह नेपोलियन बोनापार्ट, यहां तक कि एक बिल्ली अथवा कुत्ता है तो वह उसकी सटीक नकल करेगा। उसका व्यक्तित्व कुछ समय के लिए बदल जाता है। वह अपने उसी रूप पर विश्वास करता है, जो उसे बताया गया हो।

एक कुशल सम्मोहनकर्ता अपने किसी एक छात्र को सम्मोहित अवस्था में कहता है कि उसकी पीठ में खुजली हो रही है, किसी दूसरे छात्र को कि उसके नाक से खून बह रहा है, किसी अन्य को कि वह संगमरमर की मूर्ति है, किसी और को कि वह ठंड से जम रहा है और तापमान शून्य से नीचे है–प्रत्येक छात्र सम्मोहनकर्ता के बताए गए निर्देशों के अनुसार कार्य करेगा, इस तथ्य से एकदम अनभिज्ञ कि उसका माहौल उसके विचार के अनुसार नहीं है।

यह सब साधारण उदाहरण आपके चेतन तार्किक मस्तिष्क और आपके अवचेतन मस्तिष्क के अंतर को साफ-साफ दर्शाते हैं। अवचेतन मस्तिष्क जो अवैयक्तिक, चुनाव न करने वाला है और जो कुछ चेतन मस्तिष्क कहता है, उसे सच समझता है। इस प्रकार आप विचारों, सोच और क्षेत्र का महत्त्व समझते हुए आशीर्वाद, उपचार, प्रोत्साहन से आपनी आत्मा को प्रसन्नता से परिपूर्ण कर दें।

उद्देश्य और वस्तुपरक मस्तिष्क का स्पष्टीकरण

कभी-कभी आपके चेतन मस्तिष्क को आपका उद्देश्य मस्तिष्क भी कहा जाता है, क्योंकि यह बाह्य विषयों को देखता है। उद्देश्य मस्तिष्क विषयपरक दुनिया का ज्ञान रखता है। इसका निरीक्षण करने का माध्यम आपकी पांच भौतिक इंद्रियां हैं। आपका उद्देश्य मस्तिष्क आपके वातावरण के साथ संपर्क कराने में आपका मार्गदर्शक और निर्देशक है। आप अपनी पांच इंद्रियों के द्वारा ज्ञान प्राप्त करते हैं। आपका उद्देश्य मस्तिष्क निरीक्षण, अनुभव और शिक्षा से सीखता है।

जैसा कि पहले कहा गया है, उद्देश्य मस्तिष्क का सबसे मुख्य कार्य तर्क करना है। कल्पना कीजिए कि आप हर वर्ष न्यूयॉर्क आने वाले हजारों पर्यटकों में से एक हैं। आप इसके पार्कों, खूबसूरत बगीचों, विशाल अट्टालिकाओं और सुंदर घरों को देखकर इस निष्कर्ष पर पहुंचेंगे कि यह एक खूबसूरत शहर है। आपका उद्देश्य मस्तिष्क इसी प्रकार कार्य करता है।

अक्सर आपके अवचेतन मस्तिष्क को विषयपरक मस्तिष्क भी कहते हैं। आपका विषयपरक मस्तिष्क अपने माहौल को पांच इंद्रियों से अलग पहचानता है। आपका विषयपरक मस्तिष्क अपने अंतर्ज्ञान से समझता है। यह आपकी भावनाओं और यादों का भंडारगृह है। आपका विषयपरक मस्तिष्क सबसे उच्च स्तरीय कार्य तब करता है, जब आपकी उद्देश्य इंद्रियां सक्रिय नहीं होती हैं। दूसरे शब्दों में यह बुद्धिमत्ता है, जो उस समय भी अपना कार्य करती है, जिस समय उद्देश्य मस्तिष्क निष्क्रिय अथवा सुप्त और मदहोश अवस्था में होता है।

आपका विषयपरक मस्तिष्क प्राकृतिक रूप से देखने वाले अंगों के बिना देखता है। यह दिव्य दृष्टि और दिव्य श्रोता है। आपका विषयपरक मस्तिष्क शरीर छोड़ सकता है, दूर देशों में जा सकता है, सही और सटीक प्रकृति की जानकारियां ला सकता है। अपने विषयपरक मस्तिष्क द्वारा आप दूसरों के मन को पढ़ सकते हैं, बंद तिजोरियों और लिफाफों के अंदर की विषय-वस्तु को जान सकते हैं। आपका विषयपरक मस्तिष्क दूसरों के विचार को सामान्यतः उपयोग में लाए जाने वाले संचार व्यवस्था के बिना समझने की क्षमता रखता है। सही प्रार्थना करने की कला सीखने के लिए यह अति आवश्यक है कि हम उद्देश्य और विषयपरक मस्तिष्क के बीच का आदान-प्रदान समझें।

अवचेतन मस्तिष्क चेतन मस्तिष्क की भांति तर्क नहीं कर सकता

आपका अवचेतन मस्तिष्क विवाद नहीं कर सकता, यदि आप इसे गलत सुझाव देंगे, यह इसे सत्य की भांति स्वीकारेगा और उसे परिस्थितियों, अनुभवों और घटनाओं की तरह आगे बढ़ाएगा। वे सब चीजें जो आपके साथ होती हैं, वे आपके अवचेतन में बैठे विश्वास के कारण होती हैं। यदि आप गलत धारणा अपने मन को देते हैं तो उस पर विजय पाने का सही तरीका है रचनात्मक, सामंजस्यपूर्ण विचारों को बार-बार दोहराएं जिसे आपका अवचेतन मस्तिष्क स्वीकार करे और फिर नए व स्वस्थ विचारों और जीवन को बना पाए, क्योंकि अवचेतन मस्तिष्क आदतों (स्वभाव) का स्थान है।

आपके चेतन मस्तिष्क की स्वाभाविक सोच आपके अवचेतन मन में गहरी पैठ बनाती है। यदि आपके विचार सामंजस्यपूर्ण, शांतिपूर्ण और रचनात्मक है तो यह आपके लिए एक अनुकूल स्थिति है। यदि आप डर, चिंता और अन्य विनाशकारी सोच रखते हैं तो इसका उपचार केवल यही है कि अपने अवचेतन मन की सर्वव्यापकता को पहचानें और उससे आजादी, खुशी और उत्तम स्वास्थ्य की कामना करें। आपका अवचेतन मस्तिष्क रचनात्मक और दिव्य स्रोत बनकर आपकी हार्दिक इच्छानुसार आपके लिए आजादी और खुशियां लाने की तैयारी में लग जाएगा।

सुझाव की विशाल शक्ति

अब तक आपको समझ जाना चाहिए कि आपका चेतन मस्तिष्क 'द्वार का प्रहरी है' और इसका मुख्य कार्य आपके अवचेतन मस्तिष्क को असत्य तथ्यों से बचाना है। अब तक आप मस्तिष्क के आधारभूत नियमों से अवगत हो चुके हैं: आपका अवचेतन मस्तिष्क सुझावों से जल्दी प्रभावित हो जाता है। जैसा कि आप जानते हैं, आपका अवचेतन मस्तिष्क कोई तुलना नहीं करता और न ही कुछ विपरीत सोचता अथवा तर्क करता है, यह अपने लिए कुछ नहीं सोचता। सोचने की प्रक्रिया आपके चेतन मस्तिष्क की है। अवचेतन मस्तिष्क केवल चेतन मस्तिष्क द्वारा छोड़ी गई छाप पर प्रतिक्रिया देता है। यह किसी प्रकार से एक कार्य को दूसरे कार्य से बेहतर या कमतर नहीं आंकता।

सुझाव की विशाल शक्ति का उत्कृष्ट उदाहरण निम्नलिखित है–कल्पना करो–आप जहाज पर सवार हो रहे छोटे ठिगने व्यक्ति से यह बात कहें:

"आप बहुत बीमार लग रहे हैं। आप कितने पीले पड़ गए हैं। मुझे यकीन है कि आप सख्त बीमार हो जाएंगे। मैं आपको केबिन तक पहुंचाने में सहायता करता हूं।" आपकी बात सुनकर यात्री पीला पड़ जाता है। आपका उसे बीमारी से जोड़ना उसे अपने डर और आशंका से जोड़ता है। वह अपनी बर्थ तक जाने में आपकी सहायता स्वीकार कर लेता है और जिस प्रकार का नकारात्मक सुझाव आपने उसे दिया, उसकी स्वीकारोक्ति ने परिणाम दिखाया।

एक से सुझाव पर विभिन्न प्रतिक्रियाएं

यह सत्य है कि अपनी अवचेतन सोच और विश्वास की वजह से व्यक्तियों की अलग-अलग ढंग से प्रतिक्रियाएं होंगी, उदाहरण के तौर पर–यदि आप नाविक के पास जहाज पर जाकर सहानुभूति दिखाते हुए कहेंगे, "साथी, आप बहुत बीमार दिखाई दे रहे हैं। क्या आप बीमार तो नहीं महसूस कर रहे हैं? ऐसा प्रतीत होता है कि आप बीमार होने वाले हैं।" अपने स्वभाव के अनुसार या तो वह आपके मजाक पर हंसेगा अथवा थोड़ी चिड़चिड़ाहट दिखाएगा। आपके सुझाव का उस पर कोई प्रभाव नहीं पड़ा, क्योंकि उसने समुद्री बीमारी को अपने अच्छे स्वास्थ्य की वजह से अनदेखा किया, इसलिए उसे कोई डर अथवा चिंता नहीं हुई, बल्कि आत्म-विश्वास हुआ।

शब्दकोष के अनुसार, सुझाव एक ऐसा कृत्य अथवा उदाहरण है, जो आप किसी अन्य के दिमाग में डालते हैं। एक मानसिक प्रक्रिया जिसमें विचार या सोच जिसका सुझाव दिया गया, उसे स्वीकार कर कार्यान्वित किया। आपको याद रखना होगा कि कोई भी सुझाव अवचेतन मस्तिष्क में नहीं थोपा जा सकता है, जब तक चेतन मस्तिष्क इसके लिए सहमत न हो। अन्य शब्दों में, आपके चेतन मस्तिष्क को दिए गए सुझाव को अस्वीकार करने की शक्ति है। नाविक के संदर्भ में, उसे समुद्री बीमारी का कोई भय नहीं था। उसे स्वयं पर इस रोग से मुक्त होने का विश्वास था, इसलिए नकारात्मक सुझाव के पार भय पैदा करने की कोई शक्ति नहीं थी।

दूसरे यात्री पर समुद्री बीमारी का सुझाव स्वयं पर इसका भय होने की वजह से बढ़ गया। हम में से प्रत्येक का अपना आंतरिक भय, विश्वास और विचार होता है और यह आंतरिक विचार हमारे जीवन को नियंत्रित और शासित करता

है। सुझाव में कोई अपनी शक्ति निहित नहीं होती, जब तक कि मानसिक रूप से आप इसे स्वीकार न करें। सुझावों की प्रकृति के अनुसार आपका अवचेतन मस्तिष्क सीमित प्रतिक्रिया देता है।

उसने अपनी बांह कैसे खोई

प्रत्येक दो या तीन साल में मैं लंदन ट्रुथ फोरम द्वारा कैक्स्टन हॉल में आयोजित व्याख्यानों की शृंखला के लिए लंदन जाता हूं। यह एक ऐसा मंच है जिसकी स्थापना मैंने कई वर्ष पूर्व की थी। निदेशक, डॉक्टर एवलीन फ्लीट ने मुझे अंग्रेजी समाचार-पत्र के एक लेख 'सुझाव की शक्ति' से निबटने के बारे में बताया। यह एक व्यक्ति द्वारा दो वर्ष में अपने अवचेतन मस्तिष्क को दिए गए सुझाव के बारे में था; "मैं अपनी बेटी को ठीक करने के लिए अपना दाहिना हाथ दे दूंगा।" ऐसा पता चला कि उसकी बेटी, त्वचा के असाध्य रोग के साथ-साथ अपंग बना देने वाली हड्डी की बीमारी आर्थराइटिस से जूझ रही थी। चिकित्सकीय प्रयास उसकी स्थिति को कम न कर सके और उसका पिता अपनी पुत्री के ठीक होने की गहरी कामना रखता था, इसीलिए उसने उसका इजहार उपर्युक्त शब्दों से किया।

डॉक्टर एवलीन फ्लीट ने कहा कि समाचार-पत्र के लेख ने इस ओर इशारा किया कि एक दिन परिवार अपनी कार से जा रहा था, तब वह दूसरी गाड़ी से टकराई। पिता का दाहिना हाथ उसके कंधे से कट गया और तुरंत उसी वक्त उसकी बेटी का आर्थराइटिस और त्वचा का रोग गायब हो गया।

आपको सुनिश्चित करना होगा कि आप अपने अवचेतन को केवल इस प्रकार के सुझाव दें, जो आपको उपचार, आशीर्वाद, उन्नति और सभी प्रकार से प्रोत्साहित करें। याद रखें, आपका अवचेतन मस्तिष्क मजाक नहीं ले सकता। वह आपके शब्दों को ग्रहण करता है।

कैसे स्व-सुझाव भय को समाप्त करते हैं

स्वयं को दिए गए सुझाव के उदाहरण: स्व-सुझाव का अर्थ है–स्वयं को स्पष्ट और विशिष्ट सुझाव देना। हरबर्ट पार्किन स्व-सुझाव पर अपनी उत्कृष्ट पुस्तक हरबर्ट पार्किन ऑटो सजेशन (लंदन: फॉउलर, 1916) में निम्नलिखित घटना बताते हैं: इसका एक दिलचस्प पहलू है जिससे इसे आप याद रख सकते हैं,

"एक न्यूयॉर्क के दर्शक ने शिकागो में अपनी घड़ी देखी जिसका समय शिकागो के समय से एक घंटा आगे था और उसने अपने शिकागो के दोस्त को बताया कि अभी बारह बजे हैं। उसके शिकागो के दोस्त ने बिना ध्यान दिए कि दोनों शहरों में समय का अंतर है, अपने न्यूयॉर्क वाले दोस्त को बताया कि वह भूखा है और उसे खाने पर जाना चाहिए।"

स्व-सुझाव का उपयोग विभिन्न प्रकार के डर और नकारात्मक स्थितियों को खत्म करने के लिए किया जा सकता है। एक युवा गायिका को आवाज परीक्षण के लिए बुलाया गया। वह इस साक्षात्कार के लिए बहुत उत्सुक थी, लेकिन पिछले तीन अवसरों में डर की वजह से वह बुरी तरह असफल रही थी। इस युवती की आवाज बहुत अच्छी थी, लेकिन वह स्वयं को कहती रहती थी, "जब मुझे गाने का मौका मिलेगा, शायद वे मुझे पसंद न करे। मैं कोशिश करूंगी, लेकिन मैं बहुत डरी हुई और आशंकित हूं।" उसके अवचेतन मन ने इन नकारात्मक स्व-सुझावों को एक याचना की तरह लिया और उन्हें उसके अनुभव में ले आया। उसके असफल होने का कारण अनजाने में किया गया स्व-सुझाव था, जैसे कि पूरे भावनात्मक और विषय-वस्तु में मौन डर।

उसने निम्नलिखित विधि अपनाकर अपने डर को काबू में किया:

दिन में तीन बार उसने स्वयं को कमरे में अलग किया। वह आरामकुर्सी पर निश्चिंत होकर बैठ गई, शरीर को ढीला किया और आंखें बंद कर लीं।

उसने अपने शरीर और मस्तिष्क को स्थिर किया। शारीरिक स्थिरता के लिए मानसिक निष्क्रियता अनुकूल है और वह मस्तिष्क को सुझाव के लिए ज्यादा ग्राह्य बनाती है। उसने अपने भय के सुझाव को यह कहकर जवाब दिया, "मैं बहुत सुंदर गाती हूं, मैं संतुलित, शांत और आत्म-विश्वास से भरी हुई हूं।" उसने इस वाक्य को धीरे-धीरे और शांति से पूरे भाव के साथ पांच से दस बार कहा। ऐसा वह दिन में तीन बार और रात को ठीक सोने से पहले कहती। सप्ताह के अंत तक वह शांत भाव और आत्म-विश्वास से भर गई थी। जब उसे आवाज परीक्षण का निमंत्रण आया, तो उसने एक अद्भुत और आश्चर्य से भरा परीक्षण दिया।

उसकी याद्दाश्त कैसे लौट आई

एक स्त्री थी, जिसकी आयु पिचहत्तर वर्ष थी। उसकी स्वयं को कहने की आदत थी, "मेरी याद्दाश्त खो रही है," उसने इस आदत को उल्टा कर लिया और दिन में कई बार स्व-स्वभाव को यह कह देती, "आज से मेरी याद्दाश्त हर क्षेत्र में सुधर रही है। हर समय और जगह जिनको जानने की मुझे आवश्यकता है, वह मुझे हमेशा याद रहेगा। इस तरह से मिली छाप स्पष्ट और ज्यादा निश्चित होगी। मैं स्वत: ही उन्हें आसानी से बनाए रखूंगी, जिस किसी चीज को मुझे याद रखने की आवश्यकता है, वह मेरे मस्तिष्क में सही दशा में उपस्थित हो जाएगी। मैं तेजी से प्रतिदिन उन्नति कर रही हूं और बहुत शीघ्र मेरी याद पहले से कहीं बेहतर हो जाएगी।" तीन सप्ताह खत्म होने पर उसकी याद्दाश्त फिर से सामान्य हो गई और वह बहुत प्रसन्न थी।

उसने अपने दुष्ट स्वभाव पर कैसे नियंत्रण किया

कई पुरुष जो चिड़चिड़ाहट और बुरे मिजाज की शिकायत करते हैं, वे स्व-सुझाव जल्दी ग्रहण करते हैं और निम्नलिखित वक्तव्यों को दिन में तीन-चार बार सुबह, दोपहर और रात में सोने से पहले दोहराकर अद्वितीय परिणाम पाते हैं।

"आज से मैं ज्यादा अच्छे स्वभाव का बनूंगा—आनंदित, प्रसन्न और हमेशा प्रफुल्लित रहना मेरी स्वाभाविक मानसिक स्थिति होगी। हर दिन मैं ज्यादा-से-ज्यादा प्यार करने वाला और समझदार बन रहा हूं। मैं अब खुशी का माध्यम और सबकी शुभेच्छा वाला बन गया हूं। यह आनंदित, प्रसन्न और प्रफुल्लित स्वभाव मेरे मन की स्वाभाविक और सामान्य स्थिति है। मैं कृतज्ञ हूं।"

सुझाव की रचनात्मक और विनाशकारी शक्ति

कुछ उदाहरण और टिप्पणियां विभिन्न प्रकार के सुझावों पर: विभिन्न अथवा विषम सुझाव का तात्पर्य है, किसी अन्य व्यक्ति द्वारा दिए गए सुझाव। प्राचीन काल से ही हर समय इस धरती के हर देश में सुझाव की शक्ति ने मनुष्य के जीवन और सोच में महत्त्वपूर्ण भूमिका निभाई है। विश्व के कई भागों में धर्म की यह नियंत्रण शक्ति है।

सुझावों का उपयोग अपने को सुशासित और नियंत्रित करने के लिए किया जा सकता है, लेकिन इसका उपयोग उन पर भी नियंत्रण पाने और शासित करने के लिए किया जा सकता है, जिन्हें मस्तिष्क के नियमों का ज्ञान नहीं है। अपने रचनात्मक रूप में यह अद्‌भुत और अद्वितीय है। नकारात्मक रूप में यह मस्तिष्क का एक बहुत बड़ा प्रतिक्रियात्मक पहलू है, जिसका परिणाम दुःख, पराजय, कष्ट, बीमारी और विनाश होता है।

आपने कैसे इनमें से किसी एक को स्वीकार किया

बचपन से हम में से ज्यादातर को बहुत से नकारात्मक सुझाव दिए गए हैं। चूंकि हमें पता नहीं कि उन्हें कैसे नकारा जाए और हम उनको स्वीकार कर लेते हैं। यहां कुछ ऐसे ही नकारात्मक सुझाव हैं; "तुम नहीं कर सकते," "तुम्हारा कुछ नहीं होगा," "तुम्हें नहीं करना चाहिए।"

"तुम फेल हो जाओगे," "तुम्हारे पास कोई मौका नहीं है," "सवाल इसका नहीं कि तुम क्या जानते हो, बल्कि इसका है कि तुम किसे जानते हो।" "यह दुनिया नरक में जा रही है," "क्या फायदा और कोई परवाह नहीं करता," "इतनी मेहनत का कोई फायदा नहीं," "तुम अब बहुत बूढ़े हो गए हो," "जिंदगी अंतहीन संघर्ष है," "प्यार पक्षियों के लिए है।" "तुम सफल हो ही नहीं सकते।" "जल्दी ही तुम दीवालिया हो जाओगे।" "ध्यान रखो, तुम्हें वायरस लग जाएगा।" "तुम किसी पर विश्वास नहीं कर सकते" इत्यादि।

जब तक एक वयस्क की भांति आप रचनात्मक स्व-सुझाव नहीं प्रयोग में लाते, जो स्वयं को अनुरूप करने की एक चिकित्सा है। आपके भूतकाल में छोड़ी गई छाप अथवा निशान आपके स्वभाव में बदलाव ला सकते हैं, जिनकी वजह से आपके निजी और सामाजिक जीवन में पराजय होती है। स्व-सुझाव एक माध्यम है, जो आपको नकारात्मक बोले गए शब्दों के ढेर से बाहर निकालेगा, अन्यथा यह आपके जीवन की आकृति को खराब कर सकता है, जिससे अच्छी आदतों का विकास कठिन हो सकता है।

आप अपने नकारात्मक सुझावों को निष्प्रभावी कर सकते हैं

किसी भी दिन का अखबार उठा लें–आप दर्जनों ऐसी खबरें पढ़ेंगे, जो हताशा, भय, चिंता, निराशा और आने वाले विनाश के बीज बो सकती हैं। यदि यह आपके द्वारा स्वीकार कर लिए गई हों तो यह भय से भरी सोच आपके जीवन जीने की इच्छा को खो सकती है। यह जानते हुए आप अपने अवचेतन मस्तिष्क को रचनात्मक सुझाव देकर इन सभी नकारात्मक सुझावों को अस्वीकृत कर सकते हैं। रचनात्मक सुझाव दें, इस प्रकार आप इन सभी विनाशकारी विचारों को निष्प्रभावी कर सकते हैं।

समय-समय पर लोगों द्वारा दिए गए नकारात्मक सुझावों को जांचते रहें। आपको दूसरों द्वारा दिए गए विनाशकारी विषम सुझावों से प्रभावित होने की जरूरत नहीं है। हम सभी ने अपने बचपन और किशोरावस्था में इसकी पीड़ा सही है। यदि आप पलटकर देखें तो आप आसानी से याद कर सकते हैं कि कैसे माता-पिता, दोस्तों, रिश्तेदारों और सहयोगियों ने नकारात्मक सुझावों के आंदोलन में सहयोग दिया था।

आपको जो कुछ बताया गया, उसका अध्ययन करें तो आप पाएंगे कि इनमें से अधिकतर को एक प्रचार का रूप दिया गया। जो कुछ आपको बताया गया, उसका ध्येय आपको नियंत्रित करना या आपमें भय पैदा करना था। इस तरह के विषम सुझाव प्रक्रिया हर घर, ऑफिस, फैक्ट्रियों और क्लब में चलती रहती है। आप पाएंगे कि इस प्रकार के सुझाव आपको सोचने, महसूस करने और कार्य करने के लिए दिए जाते हैं, क्योंकि अन्य लोग चाहते हैं कि आप लाभ हेतु कार्य करें।

किस प्रकार सुझाव ने व्यक्ति को मारा

यहां एक विषम सुझाव का उदाहरण है: मेरा एक रिश्तेदार भारत में एक रत्न ज्योतिषी के पास गया, जिसने उसे बताया कि उसका दिल अस्वस्थ था और वह अगले महीने के पहले दिन मर जाएगा। उसने इस भविष्यवाणी को अपने परिवार के सभी सदस्यों को बताना शुरू कर दिया और अपनी वसीयत तैयार करा ली। इतना मजबूत सुझाव उसके अवचेतन मस्तिष्क में बैठ गया, क्योंकि उसने इस पर पूरी तरह से विश्वास कर लिया था। मेरे रिश्तेदार ने यह भी बताया कि इस रत्न पढ़ने वाले के पास कुछ जादुई शक्तियां भी निहित थीं और वह किसी भी शक्ति का भला अथवा बुरा भी कर सकता है। जिस प्रकार की भविष्यवाणी

की गई थी, वैसे ही उसकी मृत्यु हो गई, बिना जाने कि अपनी मृत्यु का कारण वह स्वयं था। मुझे लगता है कि हम में से कई ने इसी प्रकार की अजीबोगरीब, बेवकूफी और अंधविश्वास से भरी कहानियां सुनी हैं।

अपने ज्ञान से देखें कि अवचेतन मस्तिष्क किस प्रकार से कार्य करता है। जिस प्रकार से मनुष्य का चेतन, तर्कसंगत मस्तिष्क विश्वास करता है, उसी प्रकार अवचेतन मस्तिष्क उसे स्वीकार करता है और उस पर कार्य करता है। मेरा रिश्तेदार प्रसन्न, स्वस्थ, जोश से भरा और शक्तिशाली था, जो बिना किसी कारण भविष्यवक्ता के पास गया। उसने उसे नकारात्मक सुझाव दिए, जिसे उसने स्वीकार किया। वह भयाक्रांत था और हमेशा इस तथ्य को सोचता रहता कि अगले महीने के पहले दिन वह मरने वाला है। उसने इसके बारे में सभी को बताना शुरू किया और अपने को उस अंत के लिए तैयार करने लगा। उसके मन में भी क्रियाएं शुरू हो गईं और उसकी अपनी सोच इसका कारण थी। वह स्वयं अपनी इस मौत को लाया अथवा अपने डर और अंत की आशंका से अपने भौतिक शरीर के विनाश का कारण बना; जिस महिला ने उसकी मृत्यु की भविष्यवाणी की थी, उसके पास उस क्षेत्र की कोई शक्ति नहीं थी। उसके सुझाव में कोई रचनात्मक अथवा उसका अंत करने जैसी कोई शक्ति नहीं थी। यदि उसे मस्तिष्क के नियम का ज्ञान होता तो वह इस नकारात्मक सुझाव को पूरी तरह से नकार देता, यदि वह जानता कि अपने विचार और अहसास से ही वह नियंत्रित और शासित होता है।

एक टिन के तीर की तरह जिसका लक्ष्य लड़ाकू जहाज पर था। महिला की भविष्यवाणी बिना उसे नुकसान पहुंचाए पूरी तरह से निष्क्रिय और नष्ट की ज़ा सकती थी।

दूसरों द्वारा दिए गए सुझावों की आपके ऊपर स्वत: कोई शक्ति कार्य नहीं करती है, जब तक कि आप अपने विचारों द्वारा उन्हें शक्ति न प्रदान करें। आपको अपनी मानसिक स्वीकृति देनी होगी; आपको विचार को स्वीकार करना होगा, तब यह आपका अपना विचार बन जाता है और आप सोचने लगते हैं। स्मरण रखें, आपके अंदर अपने लिए अच्छा चुनने की क्षमता है–जिदंगी चुनिए! प्यार चुनिए! अच्छा स्वास्थ्य चुनिए!

काल्पनिक प्रमुख परिसर की शक्ति

आपका मस्तिष्क एक न्याय व्यवस्था की तरह काम करता है। इसका अर्थ है कि जिस किसी भी मुख्य परिसर को आपका चेतन मस्तिष्क सत्य समझता है, उसी के आधार पर आपके मन के किसी विशेष प्रश्न अथवा समस्या पर आपका अवचेतन मन परिणाम निश्चित करता है। यदि आपका परिसर सत्य है, तब परिणाम भी सही होगा, जैसा कि निम्नलिखित उदाहरण दर्शाता है:

हर सदाचार तारीफ करने योग्य है; दयालुता एक सदाचार है; इसलिए दयालुता तारीफ करने योग्य है।

दूसरा उदाहरण: सभी बनाई गई चीजें बदलती हैं और नष्ट हो जाती हैं; मिस्र के पिरामिड बनाई गई वस्तुएं हैं। एक दिन ये भी नष्ट हो जाएंगे।

पहले कथन का संदर्भ मुख्य परिसर से है और सही परिणाम निश्चित रूप से सही परिसर का अनुसरण करेगा। एक कॉलेज के प्रोफेसर जिसने मई, 1962 में न्यूयॉर्क के टाउन हॉल में हुए मस्तिष्कीय विज्ञान के व्याख्यान में भाग लिया था। उसने मुझे बताया, "मेरी जिंदगी में सब कुछ उल्टा-पुल्टा है, मैंने अपना स्वास्थ्य, धन और मित्र खो दिए हैं। जिस चीज को मैं छूता हूं, वह गलत हो जाती है।"

मैंने उसे समझाया कि उसे अपने विचारों में एक मुख्य परिसर स्थापित करना चाहिए और यह कि उसके अवचेतन मस्तिष्क का अनंत ज्ञान उसका मार्गदर्शन, निर्देशन और उसे आध्यात्मिक, मानसिक और सांसारिक रूप से समृद्ध कर रहा है। उसका अवचेतन मस्तिष्क तब स्वत: उसे उसके निवेशों, निर्णयों में चातुर्य के साथ मार्गदर्शन देगा और उसके शरीर को स्वस्थ करेगा, साथ ही उसके मन की शांति और धीरज को वापस लाएगा।

प्रोफेसर जिस तरह का जीवन चाहता था, उसने उसकी संपूर्ण परिकल्पना की और यह उसका मुख्य परिसर था।

"अनंत ज्ञान मेरे सभी रास्तों का मार्गदर्शन और नेतृत्व कर रहा है। उत्तम स्वास्थ्य मेरा है और सामंजस्यता का नियम मेरे मस्तिष्क और शरीर पर कार्य कर रहा है। खूबसूरती, प्यार, शांति और प्रचुरता सब कुछ मेरा है। सही कार्य का सिद्धांत और दिव्य आदेश मेरे पूरे जीवन को शासित करते हैं। मुझे पता है मेरा मुख्य परिसर जीवन के अनंत सत्य पर आधारित है और मुझे पता है और मैं महसूस करता हूं कि मेरा अवचेतन मस्तिष्क मेरे चेतन मस्तिष्क की सोच के अनुसार प्रतिक्रिया देता है।"

उसने मुझे लिखा: "मैंने उपर्युक्त कथन को धीरे-धीरे, शांति और बहुत प्यार से दिन में कई बार कहा, क्योंकि मैं जानता था कि यह सब मेरे अवचेतन

मस्तिष्क में गहराई तक जा रहे थे और इसका परिणाम अवश्य आएगा। मैं आपके द्वारा दिए गए साक्षात्कार का आभारी हूं और मैं यह भी कहना चाहूंगा कि मेरे जीवन के सभी भाग अच्छे परिणाम के लिए बदल रहे हैं। यह पूर्ण रूप से कार्य करता है।"

अवचेतन मस्तिष्क वाद-विवाद नहीं करता

आपका अवचेतन मस्तिष्क सब तरह से बुद्धिमान है और आपके सभी प्रश्नों का उत्तर जानता है। यह आपके साथ बहस अथवा आपको पलटकर जवाब नहीं देता। यह नहीं कहता, "आप मुझे इस चीज से प्रभावित करें।"

उदाहरण के तौर पर–जब आप कहते हैं, "मैं यह नहीं कर सकता, मैं बहुत बूढ़ा हो गया हूं, मैं यह अहसान नहीं ले सकता, मैं गलत जगह पैदा हुआ।" तब आप अपने अवचेतन मस्तिष्क में नकारात्मक विचारों को भर रहे होते हैं और इसी के अनुरूप यह प्रतिक्रिया देगा। वास्तव में आप अपनी भलाई को रोक रहे हैं, इस प्रकार अपने जीवन में कमी और सीमित हताशा ला रहे हैं।

जब आप रोड़ें, रुकावटें अपने चेतन मस्तिष्क में लाते हैं, तब आप अपने अवचेतन मस्तिष्क के अंदर की बुद्धिमत्ता और ज्ञान से वंचित हो जाते हैं। वास्तव में आप कह रहे हैं कि आपका अवचेतन मस्तिष्क आपकी समस्याएं हल नहीं कर सकता। इससे मानसिक और भावनात्मक जमाव होगा, जिसके फलस्वरूप बीमारी और नसों में विकार की प्रवृत्ति होगी।

अपनी इच्छाओं को पाने और हताशा को काबू करने के लिए अपने शरीर को दिन में कई बार कहिए:

"अनंत ज्ञान, जिसने मुझे यह इच्छा दी, मेरा नेतृत्व, मेरा मार्गदर्शन करता है, मेरे सामने मेरी इच्छाओं को पाने की योजना को बताता है। मैं जानता हूं कि मेरे अवचेतन की गहरी बुद्धिमत्ता अब प्रतिक्रिया दे रही है और जो मैं महसूस करता हूं और अंदर से मांगता हूं, वह यूं ही मिल जाता है। यहां संतुलन, साम्यावस्था और समभाव है।"

यदि आप कहते हैं, "यहां से कोई बाहर का रास्ता नहीं है; मैं खो गया हूं; इस परेशानी से बचने का कोई रास्ता नहीं है।" तो आपको अपने अवचेतन मस्तिष्क से कोई जवाब या प्रतिक्रिया नहीं मिलेगी।

यदि आप चाहते हैं कि अवचेतन आपके लिए काम करे, तो सही अनुरोध करें और इसका सहयोग प्राप्त करें। यह हमेशा आपके लिए काम करता है। यह

इस क्षण आपके हृदय की धड़कन को नियंत्रित कर रहा है, साथ ही आपकी सांसों को भी। यह आपकी उंगली के घाव को भरता है और इसकी प्रवृत्ति जीवन को आगे बढ़ाने में है। यह हमेशा आपका ध्यान रखता है और आपको संरक्षित करता है।

आपके अवचेतन का अपना मस्तिष्क है, लेकिन यह आपकी सोच और कल्पना को स्वीकार करता है।

जब आप किसी समस्या का समाधान ढूंढ रहे होते हैं, तब आपका अवचेतन प्रतिक्रिया देगा, लेकिन यह आपसे उम्मीद करता है कि आप एक निर्णय और अवचेतन मस्तिष्क के सही न्याय पर पहुंचें। आपको यह स्वीकार करना होगा कि जवाब आपके अवचेतन मस्तिष्क में है, फिर भी यदि आप कहते हैं, "मैं नहीं समझता इसका कोई हल है; मैं उलझन में हूं; मुझे जवाब क्यों नहीं मिलता?" आप अपनी प्रार्थना को निष्क्रिय कर रहे हैं, जैसे एक सिपाही समय को पूरा करता है, आप कहीं नहीं पहुंचते।

अपने मस्तिष्क के पहिए को स्थिर करें, निश्चित हों और इस दृढ़ता से आगे बढ़ने दें: "मेरा अवचेतन जवाब जानता है। यह अब मेरा जवाब दे रहा है। मैं धन्यवाद देता हूं, क्योंकि मैं जानता हूं कि मेरे अवचेतन का अनंत ज्ञान सभी कुछ जानता है और अब वह मुझे उत्तम जवाब दिखा रहा है। मेरा दृढ़ विश्वास मेरे अवचेतन की महिमा और महानता को आजाद (मुक्त) कर रहे हैं। ऐसा होने पर मैं प्रसन्न हूं।"

विशेषताओं की समीक्षा

1. अच्छा सोचें, अच्छा होगा। बुरा सोचें, बुरा होगा। आप वही हैं, जैसा आप दिन-भर सोचते रहे।
2. आपका अवचेतन मस्तिष्क आपके साथ विवाद नहीं करता। यह जो कुछ आपका चेतन मस्तिष्क निर्णय लेता है, उसे स्वीकार करता है। यदि आप कहते हैं, "मैं यह नहीं खरीद सकता," यह सच हो सकता है, लेकिन ऐसा मत कहें। एक बेहतर विचार का चुनाव करें, निर्णय लें, "मैं इसे खरीदूंगा, मैं इसे अपने मन में स्वीकार करता हूं।"
3. आप में चुनने की शक्ति है। अच्छा स्वास्थ्य और खुशियां चुनें। आप दोस्ती चुन सकते हैं अथवा आप विमुख भी रह सकते हैं। सहयोग करने वाला, खुशनुमा, दोस्ताना, प्यार करने वाला बनना चुनिए और पूरा विश्व इस पर

प्रतिक्रिया देगा। अद्‌भुत व्यक्तित्व विकसित करने का यह एक उत्कृष्ट तरीका है।

4. आपका चेतन मस्तिष्क, "द्वार का प्रहरी" है। इसका मुख्य कार्य आपके अवचेतन मस्तिष्क को झूठी छाप से बचाना है। इस विश्वास को चुनिए कि कुछ अच्छा हो सकता है और आगे हो रहा है। आपकी सबसे बड़ी शक्ति आपके चुनने की क्षमता है–खुशियां और प्रचुरता चुनिए।
5. दूसरों के सुझाव और कथन में आपको कष्ट देने की शक्ति नहीं है। आपके अपने विचार ही आपकी ताकत हैं। आप दूसरों की सोच और कथन को अस्वीकार करके अच्छाई को निश्चित कर सकते हैं। आप कैसी प्रतिक्रिया दें, आप में इसको चुनने की शक्ति है।
6. ध्यान रखें, जो आप कहते हैं, आपको हर बेकार शब्द का जवाब देना होगा। कभी ना न कहें, "मैं फेल हो जाऊंगा; मेरी नौकरी छूट जाएगी; मैं किराया नहीं दे सकता," आपका अवचेतन मजाक नहीं ले सकता। यह हर चीज को क्रियान्वित करता है।
7. आपका मस्तिष्क दुष्ट नहीं है। प्रकृति की कोई भी शक्ति दुष्ट नहीं है। यह आप पर निर्भर करता है कि आप प्रकृति की शक्तियों का उपयोग कैसे करते हैं। अपने मस्तिष्क को आशीर्वाद देने, उपचार करने और हर जगह सब व्यक्तियों को प्रोत्साहित करने के लिए उपयोग करें।
8. कभी न कहें, "मैं नहीं कर सकता।" अपने डर पर यह कहकर काबू पाएं, "मैं अपने अवचेतन मस्तिष्क की शक्ति से सब कुछ कर सकता हूं।"
9. शाश्वत सत्य और जीवन के सिद्धांत से सोचना शुरू करें, न कि भय, अज्ञानता और अंधविश्वास के विचारों को आधार बनाकर। किसी दूसरे को अपने लिए सोचने न दें। अपनी सोच चुनें और अपने निर्णय स्वयं लें।
10. आप अपनी आत्मा अथवा अवचेतन मन के कप्तान और अपने भाग्य के मालिक हैं। याद रखें, आप में चुनाव करने की शक्ति है। जीवन चुनें! प्रेम चुनें! स्वास्थ्य चुनें! खुशियां चुनें!
11. जो कुछ भी आपका चेतन मस्तिष्क सोचता और इसको सच मानता है, उसे आपका अवचेतन मस्तिष्क स्वीकार करेगा और कार्यान्वित करेगा। अच्छे भाग्य, दिव्य मार्गदर्शन, सही कार्य और जीवन के सभी आशीर्वादों पर विश्वास रखें।

3

आपके अवचेतन की चमत्कारिक कार्य-शक्ति

अवचेतन की शक्ति असाधारण है। यह आपको प्रोत्साहित करता है, आपका मार्गदर्शन करता है और यह याद्दाश्त के भंडार में से आपको नाम, तथ्य और दृश्यों को प्रत्यक्ष करता है। आपके अवचेतन ने आपके दिल की धड़कन शुरू की, यह आपके रक्त-प्रवाह को नियंत्रित करता है, आपके पाचन को नियमित, उसको आत्मसात् और अवशेष को निष्कासित करता है। जब आप एक ब्रेड का टुकड़ा खाते हैं, तब आपका अवचेतन मस्तिष्क इसको उत्तकों, मांसपेशियों, हड्डियों और रक्त में परिवर्तित करता है। यह प्रक्रिया पृथ्वी के किसी भी सबसे बुद्धिमान व्यक्ति के बस से बाहर है। आपका अवचेतन मस्तिष्क आपके शरीर की सभी महत्त्वपूर्ण प्रक्रियाओं और क्रियाओं को नियंत्रित करता है, साथ ही आपकी सभी कठिनाइयों का जवाब और हल इसे पता है।

आपका अवचेतन कभी भी सोता नहीं है, न ही आराम करता है। यह हमेशा अपना कार्य करता रहता है। आप अपने अवचेतन की चमत्कारिक शक्ति को जान सकते हैं। केवल अपने अवचेतन को सोने से पहले बताएं कि आप किसी विशिष्ट चीज को पाना चाहते हैं। आपको यह जानकर प्रसन्नता होगी कि आपके अंदर की ताकतें बाहर निकलकर आपको इच्छित परिणाम की ओर ले जाएंगी। यहां एक ऐसी ताकत और बुद्धिमत्ता का स्रोत है जो आपको सर्वोत्तम शक्ति अथवा उस शक्ति से संपर्क कराती है, जो पूरे विश्व को चलाती है, जो ग्रहों के क्रम का मार्गदर्शन करती है और सूरज के प्रकाश का कारण बनती है।

आपका अवचेतन मस्तिष्क आपके आदर्शों, आकांक्षाओं और परोपकारी इच्छाओं का स्रोत है। यह अवचेतन मस्तिष्क ही था जिसके द्वारा शेक्सपियर ने अपने समय के एक आम आदमी में छुपे महान सत्य का अनुभव किया था।

निःसंदेह ग्रीक शिल्पकार फिडियास ने अपने अवचेतन मस्तिष्क के प्रतिक्रियास्वरूप संगमरमर और पीतल की अपनी मूर्तियों में एक निश्चित अनुपात में सुंदरता, क्रम औरं समरूपता चित्रित की। इसी अवचेतन मन ने इटली के चित्रकार, राफेल को मैडोना की पेंटिंग और लुडविग वेन बीथोविन को सिंफनी रचने लायक बनाया।

सन् 1955 में मैंने भारत के ऋषिकेश शहर में योगा फॉरेस्ट विश्वविद्यालय में व्याख्यान दिया था, वहां मैंने बंबई के सर्जन से बातें कीं। उन्होंने मुझे बंगाल में काम कर रहे स्कॉटलैंड के सर्जन डॉक्टर जेम्स एस्डैल के बारे में बताया। उन्होंने बेहोश करने वाली दवा ईथर अथवा इस तरह के किसी अन्य आधुनिक एनस्थीसिया के उपायों की खोज से पूर्व, बिना इनके उपयोग के सन् 1843 से 1846 तक करीब चार सौ मुख्य ऑपरेशन किए जिसमें अंगों को निकालने, ट्यूमर और कैंसर की वृद्धि को हटाने के साथ ही आंख, कान और गले के ऑपरेशन किए। इन सभी ऑपरेशनों को उन्होंने मन के द्वारा सम्मोहित कर एनस्थीसिया दिया। इस भारतीय डॉक्टर ने मुझे बताया कि डॉक्टर एस्डैल द्वारा किए गए ऑपरेशनों के बाद मरीजों की मृत्यु दर बहुत कम थी, अधिक-से-अधिक दो या तीन प्रतिशत। बिना किसी एनस्थीसिया दिए जाने के बावजूद इन मरीजों को किसी दर्द की अनुभूति नहीं हुई और न ही ऑपरेशन के दौरान किसी की मृत्यु हुई।

डॉक्टर एस्डैल ने सम्मोहन की स्थिति में अपने सभी मरीजों के अवचेतन मस्तिष्क को सुझाव दिया कि ऑपरेशन के दौरान कोई संक्रमण अथवा जहर फैलने जैसी स्थिति नहीं होगी।

आपको याद होना चाहिए कि यह घटना लुइस पाश्चर, जोसेफ लिस्टर और अन्य वैज्ञानिकों से पहले की थी, जिन्होंने बीमारी की वजह बैक्टीरिया को और संक्रमण की वजह उपकरणों का साफ न होना और वायरस बताया था।

भारतीय सर्जन ने कहा कि कम मृत्यु दर और सामान्य संक्रमण के न होने की वजह डॉक्टर एस्डैल द्वारा अपने सम्मोहित मरीजों के अवचेतन मस्तिष्क को सुझाव देना था। मरीजों ने सुझावों की प्रकृति के अनुरूप प्रतिक्रिया दी। यह बड़े अचरज का विषय है कि एक सौ बीस वर्ष पूर्व कैसे एक सर्जन ने अवचेतन मस्तिष्क की चमत्कारिक जादुई कार्य-शक्ति को खोज लिया था।

जब आप रुककर अपने अवचेतन मस्तिष्क की अति उत्तम शक्ति के बारे में सोचते हैं तो क्या आप इस गूढ़ रहस्य से विस्मित नहीं हो जाते? इसकी अति संवेदनशील अनुभूति जैसे दिव्य स्रोत, समय और स्थान से मुक्ति, सभी प्रकार के दर्द और पीड़ा से मुक्ति, आपके किसी भी प्रकार की और कैसी भी कठिनाइयों को दूर करने की क्षमता के बारे में सोच। यह सब कई और अन्य अनुभव आपको दिखाते हैं कि आपके अंदर एक शक्ति और ज्ञान है, जो आपके ज्ञान को दूर

तक ले जाते हैं, जिससे आप इसके चमत्कार पर अचंभित होते हैं। ये अनुभव आपको आनंद देते हैं और आपके अवचेतन मस्तिष्क की अपनी चमत्कारिक कार्य-शक्ति पर विश्वास बढ़ाते हैं।

आपका अवचेतन आपके जीवन की पुस्तक है

जिस प्रकार के विचार, विश्वास, मत, सिद्धांत अथवा नीति आप अपने अवचेतन पर लिखते, गढ़ते या निशान बनाते हैं, आपको उनका अनुभव एक परिस्थिति, वातावरण और घटनाओं जैसी लक्षित अभिव्यक्ति के रूप में होता है। जो कुछ भी आप अंदर लिखते हैं, उसका अनुभव आपको बाहर होता है। आपके जीवन के दो पहलू हैं—वस्तुनिष्ठ और व्यक्तिनिष्ठ, दृश्य और अदृश्य, विचार और इसकी अभिव्यक्ति।

आपका दिमाग आपके विचार को ग्रहण करता है, जो आपके चेतन प्रतिक्रिया वाले मस्तिष्क का अंग है।

जब आपका चेतन अथवा लक्ष्य मस्तिष्क विचार को पूर्ण रूप से स्वीकार करता है तो इसे स्नायु गुच्छ जिसे आपके मस्तिष्क का दिमाग भी कहते हैं, को भेजा जाता है, जहां पर यह मांस बन जाता है और आपके अनुभव से अभिव्यक्त होता है। जैसा कि पहले रेखांकित किया गया था कि आपका अवचेतन विवाद नहीं कर सकता है। यह केवल वही करता है, जो आप इसके ऊपर लिखते हैं। यह आपके निर्णय या आपके चेतन मस्तिष्क के निष्कर्ष को अंतिम समझता है। इसी कारण आप हमेशा जीवन की पुस्तक पर लिखते रहते हैं, क्योंकि आपकी सोच आपके अनुभव हैं। अमेरिका के निबंधकार रॉल्फ वाल्डो इमर्सन ने कहा था, "मनुष्य वही है, जो वह दिन-भर सोचता रहता है।"

जो कुछ अवचेतन में छापा जाता है, वही अभिव्यक्त होता है

अमेरिकी मनोविज्ञान के जनक विलियम जेम्स ने कहा था कि दुनिया को हिलाने की शक्ति आपके अवचेतन मस्तिष्क में है। आपके अवचेतन मस्तिष्क के पास अनंत बुद्धिमत्ता और असीमित ज्ञान है। इसका पोषण गुप्त झरने करते हैं, जिसे जीवन का नियम कहते हैं। जो कुछ भी आप अपने अवचेतन मस्तिष्क को करने के लिए कहें, यह उसे कार्यान्वित करने के लिए स्वर्ग और पृथ्वी को हिलाकर रख देगा।

अतः पहले आपको सही विचार और रचनात्मक सोच चिह्नित करना होगा। इसका एकमात्र कारण विश्व में इतनी ज्यादा अराजकता और मुसीबत है, क्योंकि लोग अपने चेतन और अवचेतन मस्तिष्क की आपसी बातचीत को समझ नहीं पाते हैं। जब ये दोनों सिद्धांत सहमति, सामंजस्य के साथ शांति और समकालिक रूप से एक साथ होते हैं तो आपके पास अच्छा स्वास्थ्य, प्रसन्नता, शांति और आनंद होगा। जब चेतन और अवचेतन मिलकर सामंजस्यता और शांति से काम करते हैं, तब वहां कोई बीमारी या मनमुटाव नहीं होगा।

हरमीस के मकबरे को बहुत उम्मीदों और आश्चर्य के साथ खोला गया, क्योंकि लोगों का विश्वास था कि उसके अंदर सदियों का रहस्य गड़ा हुआ है। *रहस्य अपने अंदर था, इसलिए नहीं भी था; जितना ऊपर, उतना ही नीचे।* दूसरे शब्दों में जो कुछ अवचेतन मस्तिष्क में छपा था, वही अंतरिक्ष के परदे पर था। इसी सत्य को मूसा, ईसा, बुद्ध, जरथ्रुष्ट, लाओ-त्से और सदियों के अन्य प्रकाशवान संतों ने बताया था।

जो कुछ भी आप सच की तरह महसूस करते हैं, वही वस्तुपरक के रूप में स्थितियों, परिस्थितियों और घटनाओं की तरह दिखाई देता है। गति और भावनाओं के बीच संतुलन जरूर होना चाहिए। जैसा स्वर्ग में (आपका अपना मस्तिष्क) वैसा ही पृथ्वी पर (आपका शरीर और वातावरण)। यह जीवन का सबसे बड़ा नियम है।

पूरी प्रकृति में आपको क्रिया और प्रतिक्रिया व स्थिरता और गति का नियम मिलेगा।

इन दोनों में संतुलन होना चाहिए, तभी वहां पर सामंजस्य और संतुलन होगा। आप यहां पर जीवन के नियम को लयबद्धता और साम्यता के साथ बहने दीजिए। अंदर लेने और बाहर निकलने की क्षमता बराबर होनी चाहिए। आपकी हताशा आपकी अपूर्ण इच्छा के कारण है। यदि आप नकारात्मक, विनाशकारी और दुष्टतापूर्ण ढंग से सोचेंगे तो ये विचार विनाशकारी भावनाओं को पैदा करेंगे, जिसकी अभिव्यक्ति जरूर होगी और इसके लिए यह बाहर निकलने का रास्ता खोजेगी। ये भावनाएं नकारात्मक प्रकृति की होने की वजह से अक्सर अल्सर, दिल की परेशानी, तनाव और चिंता द्वारा दिखाई देती है।

अब अपने बारे में आपके क्या विचार अथवा भावनाएं हैं? आपके शरीर का हर अंग इन्हें दर्शाता है। आपका जोश, शरीर, आर्थिक स्थिति, दोस्तों और समाज में आपका स्थान आपके अपने विचारों का उत्तम प्रतिबिंब है। इसका वास्तविक अर्थ है कि जो कुछ आपके अवचेतन मन में अंकित है, वही आपके जीवन की हर अवस्था में दिखता है।

जब हम नकारात्मक विचारों को ध्यान में रखते हैं, तब हम स्वयं को चोट पहुंचाते हैं। कितनी बार आपने गुस्सा होकर, डर से, ईर्ष्या और बदले की भावना से अपने को घायल किया है? यह जहर है, जो आपके अवचेतन मस्तिष्क में चला जाता है, आप ऐसी नकारात्मक प्रवृत्ति के साथ पैदा नहीं हुए थे। यदि अपने अवचेतन मस्तिष्क को जीवन देने वाले विचारों से पोषित करेंगे तो आप उसके अंदर बैठी सभी नकारात्मक वृत्तियों को मिटा देंगे। आप जैसे ही ऐसा करना शुरू करेंगे, आपका अतीत साफ हो जाएगा और ऐसा कुछ भी याद नहीं रहेगा।

अवचेतन त्वचा के दोष को ठीक करता है

व्यक्तिगत उपचार अवचेतन मन की उपचार-शक्ति का सबसे बड़ा उदाहरण है। चालीस वर्ष पूर्व मैंने एक प्रार्थना द्वारा त्वचा के दोष को ठीक किया था। चिकित्सीय उपचार उसके विकास को रोक नहीं पाए थे और यह दिन-पर-दिन खराब हो रहा था। एक पादरी जिसे मनोविज्ञान का गहरा ज्ञान था, उसने 139 वें साल्म का गूढ़ अर्थ समझाया था, इसके अनुसार, *आपकी पुस्तक में मेरे सदस्यों के नाम क्रम से लिखे गए थे, फिर भी वहां कुछ भी नहीं था।* उसने मुझे इस शब्द का अर्थ समझाया, "पुस्तक" अर्थात् मेरा अवचेतन मस्तिष्क जिसने मेरे सभी अंगों को आकार और रूप दिया और मेरे अंगों को एक अदृश्य कोशिका से बनाया। उसने यह भी बताया कि क्योंकि अवचेतन मस्तिष्क ने मेरा शरीर बनाया, यह इसे फिर से बना और ठीक कर सकता है, क्योंकि इसके अंदर एक उत्तम आकृति मौजूद है।

इस पादरी ने मुझे अपनी घड़ी दिखाई और कहा, "इसका एक निर्माता था, उसे घड़ी बनाने से पहले घड़ी का विचार आया और यह भी कि यदि घड़ी खराब हो जाए तो उसे ठीक कर सकता है।" मेरे दोस्त ने याद दिलाया कि अवचेतन ज्ञान जिसने मेरे शरीर को बनाया, वह घड़ी बनाने वाले जैसा था और इसे भी भली-भांति पता था कि मेरे शरीर को कैसे ठीक करना है और इसके जरूरी कार्यों और प्रक्रियाओं को कैसे नियंत्रित करना है, लेकिन इसके लिए मुझे इसे उत्तम स्वास्थ्य का विचार देना होगा। यह एक कारण की तरह कार्य करेगा और उसका असर उपचार होगा।

मैंने इस तरह बहुत सरल भाषा में प्रार्थना की: "मेरा शरीर और इसके सभी अंगों की मेरे अवचेतन मस्तिष्क के अनंत ज्ञान ने रचना की। यह जानता है कि मुझे कैसे स्वस्थ करना है। इसके ज्ञान ने मेरे सभी अंगों, उत्तकों, मांसपेशियों और

हड्डियों को आकार दिया। मेरे अंदर उपस्थित यह अनंत उपचार-शक्ति अब मेरे हर परमाणु को बदल रही है और अब इसने मुझे पूर्ण और उत्तम बना दिया है। मेरे अंदर जो उपचार हो रहा है, उसका मैं आभारी हूं। मेरे अंदर रचनात्मक ज्ञान का कार्य उत्तम है।" मैंने जोर-जोर से क़रीब पांच मिनट तक उपर्युक्त प्रार्थना दिन में दो-तीन बार की। तीन महीने के अंदर मेरी त्वचा पूरी और उत्तम स्थिति में थी।

जैसा कि आप देख सकते हैं, मैंने केवल संपूर्णता, सुंदरता और उत्तम प्रकार का जीवन देने वाला विचार अपने अवचेतन मन को दिया था, इस प्रकार विचारों की नकारात्मक आकृतियां और आकार जो मेरे अवचेतन मस्तिष्क में थे और मेरी सभी परेशानियों का कारण भी थे, उन्हें नष्ट कर दिया। जब आपके मस्तिष्क में मानसिक सामंजस्यता है, तब आपके शरीर में कुछ भी नहीं होता और जैसे ही आप अपना मन बदलते हैं और इसे एक के बाद एक विचार देते हैं, आप अपना शरीर बदल देते हैं। *उपचार का यही आधार है...आपके कार्य अद्‌भुत हैं और मेरी आत्मा (अवचेतन मस्तिष्क) सच को जानती है। साल्म 139:14।*

अवचेतन कैसे शरीर के सब कार्य नियंत्रित करता है

जब आप जागे हुए या अपने बिस्तर पर गहरी नींद में होते हैं, तब आपका अवचेतन मन बिना रुके, बिना थके लगातार बिना आपके चेतन मस्तिष्क की सहायता लिए शरीर के सभी जरूरी अंगों को नियंत्रित करता है, उदाहरणस्वरूप–जब आप सोए रहते हैं, तब भी आपका हृदय लय में धड़कना जारी रखता है, आपके फेफड़े आराम नहीं करते और सांस लेने और छोड़ने की प्रक्रिया, जिसकी वजह से आपका रक्त ताजी हवा सोखता है, यह सब वैसे ही चलता रहता है, जैसे यह आपकी जाग्रत अवस्था में चल रहा था।

आपका अवचेतन आपकी पाचन प्रक्रियाओं और ग्रंथियों का रिसाव, साथ ही आपके शरीर के अन्य रहस्यमय संचालन पर नियंत्रण रखता है। आपके चेहरे के बाल बढ़ते रहते हैं, चाहे आप जागे या सोए हों। वैज्ञानिक हमें बताते हैं कि त्वचा जागने की अपेक्षा सोते समय अधिक पसीना निकालती है। आपकी आंखें, कान और अन्य इंद्रियां सोने के दौरान भी सक्रिय रहती हैं, उदाहरण के तौर पर–हमारे कई महान वैज्ञानिकों को अपनी जटिल समस्याओं का उत्तर तब मिला, जब वे सोए हुए थे। उन्होंने स्वप्न में अपना जवाब देखा। कभी-कभी आपका चेतन मस्तिष्क सामान्य दिल की धड़कन, फेफड़ों, पेट और आंतों के कार्य में

परेशानी, चिंता, भय और हताशा के द्वारा रुकावट डालता है। विचारों की ऐसी आकृति आपके अवचेतन मस्तिष्क के सामंजस्यपूर्ण कार्य में बाधा डालती है। जब मानसिक रूप से परेशान हों, तब ऐसे विचारों को जाने दें, आराम दें अथवा अपने विचारों की प्रक्रिया को रोक दें।

अपने अवचेतन मस्तिष्क से बातें करें, उसे शांति, समरसता और दिव्य क्रम में जाने को कहें। आप पाएंगे कि आपके शरीर के सब कार्य फिर से सामान्य हो गए हैं। अपने अवचेतन मस्तिष्क को दृढ़ता और अधिकारपूर्वक कहें कि वह आपके आदेश का पालन करेगा। आपका अवचेतन आपके जीवन को संरक्षित रखेगा और किसी भी कीमत पर आपको स्वस्थ रखेगा। यह आपको अपने बच्चों को प्यार करवाता है, जो इस बात को दर्शाता है कि इसकी अंदरूनी इच्छा है कि आपका समस्त जीवन संरक्षित रहे। कल्पना करें कि आपने अकस्मात् कुछ खराब खाना खा लिया है। आपका अवचेतन आपको इसे उलटने के लिए कहेगा या उल्टी करवाएगा। यदि आपने अनजाने में विष ले लिया है, तब आपकी अवचेतन शक्ति इसको निष्क्रिय करना शुरू कर देगी। यदि आपको पूर्ण रूप से इसकी चमत्कारिक कार्य-शक्ति पर भरोसा है तो आप फिर से पूर्ण रूप से स्वस्थ हो जाएंगे।

कैसे अवचेतन से अपने लिए काम करवाया जाए

सबसे पहले यह समझना होगा कि आपका अवचेतन मस्तिष्क हमेशा कार्य करता रहता है। यह दिन-रात सक्रिय रहता है, चाहे आप इसे कहें या न कहें। आपका अवचेतन आपके शरीर का निर्माता है, लेकिन आप इसके अंदर की शांत प्रक्रिया को जानबूझकर समझ या सुन नहीं सकते। आपका मतलब केवल चेतन मस्तिष्क से है, अवचेतन मस्तिष्क से नहीं। केवल अपने चेतन मस्तिष्क को उत्तम की अपेक्षा करते हुए व्यस्त रखिए और सुनिश्चित करें कि आपके विचार जिन्हें आप अक्सर सोचते हैं, वे सुंदर, सच, न्यायपूर्ण और अच्छी खबर वाले हों।

अब आप अपने चेतन मस्तिष्क का ध्यान रखना शुरू करें, अपने दिल और दिमाग में आप जानते हैं कि आपका अवचेतन हमेशा आपकी आदत के अनुसार व्यक्त पुनरूत्पत्ति अभिव्यक्त करता रहता है।

याद रखें, जल जिस प्रकार उस पाइप का आकार ले लेता है जिससे होकर यह बहता है, उसी प्रकार जीवन का सिद्धांत आपके विचारों के अनुसार बहता है। अधिकारपूर्वक दावा करें कि अवचेतन में बहने वाली निरोग शक्ति आपके

अंदर सामंजस्यता, स्वास्थ्य, शांति, आनंद और प्रचुरता के साथ बह रही है। इसे रास्ते का जीवन-ज्ञान, एक खूबसूरत साथी समझें। इस बात का दृढ़ता से विश्वास रखें कि यह लगातार आपसे होते हुए आपको सजीव, प्रोत्साहित और समृद्ध करते हुए बह रही है। यह एकदम इसी तरह से जवाब देगा। यह आपके विश्वास के अनुरूप चलेगा।

अवचेतन का उपचार-सिद्धांत खराब दृष्टि तंत्रिका को बहाल करता है

यह फ्रांस की मैडम बायर का एक बहुत जाना-माना प्रामाणिक मामला है, जिसका रिकॉर्ड फ्रांस के लूर्डेस के चिकित्सा विभाग में दर्ज है। वह अंधी थी, उसकी दृष्टि तंत्रिका खत्म होकर बेकार हो गई थी। वह लूर्डेस गई और उसने वहां वह पाया जिसे उसने चमत्कारिक उपचार कहा। एक प्रोटेस्टेंट रुथ क्रेनस्टन युवती ने लूर्डेस में हो रहे उपचार की तहकीकात की और नवंबर, 1955 में मैडम बायर के बारे में मैकाल पत्रिका में निम्नलिखित विवरण लिखा:

लूर्डेस में उन्होंने अपनी दृष्टि अद्भुत तरीके से वापस पाई, उनकी ऑप्टिक तंत्रिका बेकार और किसी काम की नहीं थी, क्योंकि कई डॉक्टर जांच करने के बाद इस परिणाम पर पहुंचे कि उनकी दृष्टि तंत्रिका किसी काम की नहीं है। एक महीने के उपरांत दुबारा जांच करने पर उन्होंने पाया कि उनकी दृष्टि पूरी तरह से वापस आ गई है, वे सामान्य हैं, लेकिन शुरू में जहां तक चिकित्सीय परीक्षण की बात है, वे अपनी 'मृत आंखों' से देख रही थीं। मैं लूर्डेस कई बार गया, मैंने भी कई उपचार देखे हैं और जाहिर है, जैसा कि हम दूसरे अध्याय में इसे स्पष्ट करेंगे, इसमें कोई शक नहीं है कि पूरे विश्व में क्रिश्चियन अथवा किसी अन्य धर्म के स्थानों पर इस प्रकार का उपचार होता है।

मैडम बायर, जिनके बारे में हमने अभी बताया, उनका उपचार किसी धार्मिक पवित्र जल से नहीं हुआ, बल्कि उनके अपने अवचेतन मस्तिष्क द्वारा हुआ जिसने उनके विश्वास का जवाब दिया। उनके अंदर के उपचार के सिद्धांत ने उनके विचारों की प्रकृति पर प्रतिक्रिया दी। विश्वास अवचेतन मस्तिष्क का एक विचार है। इसका अर्थ किसी चीज को सत्य की तरह स्वीकार करना है। स्वीकृत विचार स्वतः कार्य करता है। इसमें कोई शक नहीं कि मैडम बायर गिरजाघर बहुत उम्मीद और विश्वास के साथ गई थीं कि उन्हें वहां उपचार मिलेगा। उनके अवचेतन मन ने उनके विचार के अनुसार प्रतिक्रिया दी और अपने

अंदर हमेशा मौजूद उपचार-शक्ति को निकाला। अवचेतन मस्तिष्क जिसने आंखों की रचना की थी, वह जरूर एक मरी हुई तंत्रिका को फिर से जीवन दे सकता है। जिस रचना के सिद्धांत ने इसे बनाया, वह फिर से इसे बना सकता है। *आपके विश्वास के अनुसार वैसा ही आपके साथ होता है।*

उत्तम स्वास्थ्य का विचार अवचेतन मस्तिष्क को कैसे भेजें

एक प्रोटेस्टेंट मंत्री जिसे मैं दक्षिण अफ्रीका (जोहन्सबर्ग) में जानता था, ने मुझे बताया कि किस तरीके से वह अपने उत्तम स्वास्थ्य का विचार अपने अवचेतन मस्तिष्क को देता था। उसे फेफड़े का कैंसर था।

अपनी हस्तलिखित चिट्ठी में उसने अपने द्वारा अपनाई गई तकनीक के बारे में इस प्रकार मुझे लिखा: "दिन में कई बार मैं स्वयं को आश्वस्त करता था कि मैं मानसिक और शारीरिक रूप से पूरी तरह से आराम की स्थिति में हूं। मैं अपने शरीर को निम्नलिखित बातें कहने लगा:

"मेरे पैर आराम की स्थिति में हैं, मेरे टखने आराम की स्थिति में हैं, मेरे पैर शिथिल हैं, मेरे पेट की मांसपेशियां शिथिल हैं, मेरा दिल और फेफड़े शिथिल हैं, मेरा सिर शिथिल है, मेरा पूरा शरीर पूरी तरह से शिथिल है।"

पांच मिनट बाद मैं नींद की अवस्था में आ जाता हूं, तब मैं निम्नलिखित सत्य को स्वीकारता हूं–

"ईश्वर की पूर्णता अब मेरे द्वारा प्रकट हो रही है। एक उत्तम स्वास्थ्य का विचार मेरे अवचेतन मस्तिष्क में भर रहा है। ईश्वर की नजर में मेरी जो छवि है, वह उत्तम है और मेरा अवचेतन मस्तिष्क मेरे शरीर को मेरे ईश्वर के मन में बसी मेरी उत्तम छवि के अनुरूप बनाता है।" इस मंत्री का उपचार असाधारण था। यह एक सरल तरीका है, एक उत्तम स्वास्थ्य का विचार अपने अवचेतन मस्तिष्क को देने का दूसरा अद्‌भुत तरीका स्वस्थ विचार को अपने अवचेतन मस्तिष्क को अनुशासित अथवा वैज्ञानिक कल्पना द्वारा दिया जा सकता है। मैंने एक व्यक्ति जो क्रियात्मक पक्षाघात से पीड़ित था, उसे अपना एक सजीव चित्र बनाने को कहा, जिसमें वह अपने ऑफिस में चारों ओर चल रहा था, अपनी डेस्क को छूते हुए, फोन पर जवाब देते हुए और वे सभी काम करते हुए, जिन्हें वह ठीक होने की स्थिति में करता।

मैंने उसे स्पष्ट किया कि ऐसा विचार और मन में एक स्वस्थ शरीर के चित्र

को उसका अवचेतन मन स्वीकारेगा। उसने ऐसा ही किया और वास्तव में उसने स्वयं को वापस अपने ऑफिस में महसूस किया।

वह समझ गया था कि वह वास्तव में अपने अवचेतन मस्तिष्क को कुछ विशिष्ट करने को कह रहा था।

उसका अवचेतन वह फिल्म थी, जिस पर चित्र छपा हुआ था। इस मानसिक तस्वीर के साथ मन की कई सप्ताहों तक की तैयारी के बाद, पहले से तय किए गए प्रोग्राम के अनुसार जब उसकी पत्नी और नर्स नहीं थे, तब टेलीफोन की घंटी बजी।

टेलीफोन करीब बारह फुट की दूरी पर था, लेकिन उसने किसी तरह से उसका जवाब दिया। उस वक्त वह ठीक हो गया। उसके अवचेतन मस्तिष्क की उपचार-शक्ति ने उसके मन की कल्पना का जवाब दिया और उपचार शुरू हो गया। इस व्यक्ति ने अपने मन को बंद किया हुआ था, जिसने आवेग को दिमाग से उसकी टांगों तक आने से रोका हुआ था; उसने कहा, "इसी लिए वह चल नहीं सकता था। जब उसने अपना ध्यान अपने अंदर की उपचार-शक्ति की ओर किया, तब शक्ति का संचालन उसके केंद्रित ध्यान की वजह से हुआ, जिससे वह चल सका।

जो कुछ भी आप प्रार्थना में मांगेंगे, विश्वास करेंगे–वह आपको मिलेगा। मैथ्यू 21:22।

याद करने योग्य विचार

1. आपका अवचेतन मस्तिष्क आपके शरीर की सभी जरूरी क्रियाओं पर नियंत्रण रखता है और उसे सभी परेशानियों का जवाब पता है।
2. सोने से पहले, अपने अवचेतन मन से विशेष निवेदन करें और इसकी चमत्कारिक शक्ति को स्वयं पर सिद्ध होने दें।
3. जो कुछ छाप आप अपने अवचेतन मस्तिष्क पर छोड़ते हैं, वह अंतरिक्ष के परदे पर परिस्थिति, अनुभव और घटना की तरह दिखाई देती है, इसलिए आप को सभी विचारों और सोच को अपने चेतन मस्तिष्क में ध्यान से स्वीकार करना चाहिए।
4. क्रिया और प्रतिक्रिया का नियम सार्वभौमिक है। आपका विचार क्रिया है और इसके प्रत्युत्तर में आपके अवचेतन मस्तिष्क की आपके विचार पर स्वाभाविक प्रतिक्रिया होती है।

5. सभी कुंठाएं आपकी अधूरी इच्छाओं के कारण हैं। यदि आप रुकावटों, देरी और कठिनाइयों पर चलेंगे, तो आपका अवचेतन मन उसी प्रकार से जवाब देगा और आप अपनी भलाई को रोक रहे होंगे।
6. जीवन का सिद्धांत आपमें लय और सामंजस्यता से बहेगा, यदि आप जानबूझकर दृढ़ता से कहें, "मेरा विश्वास है कि अवचेतन शक्ति जिसने मुझे ऐसी इच्छा दी, वह अब इसको मेरे द्वारा भर रही है।" यह सभी कठिनाइयों को खत्म कर देता है।
7. आप अपने दिल की साधारण धड़कन, फेफड़े और अन्य अंगों को बाधित कर सकते हैं। अपने अवचेतन का सामजंस्य स्वस्थ और शांति से पोषित करें तो आपके शरीर के सभी कार्य फिर से सामान्य हो जाएंगे।
8. अपने चेतन मस्तिष्क को सबसे अच्छी उम्मीदों से व्यस्त रखें और आपका अवचेतन आपकी दैनिक सोच को वफादारी से निभाएगा।
9. अपनी समस्या के सुखद अंत अथवा हल की कल्पना करें, अपनी उपलब्धियों के रोमांच को महसूस करें और जो कुछ आप कल्पना और महसूस करते हैं, उसे आपका अवचेतन मस्तिष्क स्वीकार करेगा और उसे साकार भी करेगा।

4

प्राचीन समय में मानसिक उपचार

सदियों से सभी देशों के व्यक्तियों का स्वभावतः विश्वास था कि उनके आस-पास ही उपचार-शक्ति का अस्तित्व है, जो क्रियाओं और मनुष्य के शरीर में होने वाली संवेदनाओं को वापस स्वाभाविक अवस्था में ला सकती है। उनका विश्वास था कि इस अनोखी शक्ति का आह्वान कुछ विशेष परिस्थितियों में किया जा सकता है और इसके पश्चात् मानवीय पीड़ाएं कम होने लगेंगी।

सभी देशों का इतिहास इस विश्वास का समर्थन करता है और इसके लिए साक्ष्य भी देता है।

कहा जाता है कि विश्व के आरंभिक इतिहास में मनुष्यों पर अच्छा या बुरा प्रभाव अथवा बीमार का उपचार करने की गुप्त शक्तियां केवल पादरियों अथवा सभी देशों के पवित्र मनुष्यों के पास निहित थी। बीमार को ठीक करने की शक्ति उन्हें सीधे ईश्वर से मिलती थी और उपचार करने की प्रक्रियाओं में कई प्रकार के रीति-रिवाज जैसे सिर पर हाथ रखना, मंत्र अथवा झाड़-फूंक, ताबीज पहनना, अभिमंत्रित ताबीज की अंगूठियां, पुराने अवशेष और प्रतिमाओं की पूजा करना आदि का विभिन्न प्रकार से भगवान को अर्पण करना था।

उदाहरण के रूप में-प्राचीन मंदिरों में पुजारी अपने मरीजों को नशे की दवाइयां देते थे और मरीज को सोने से पहले उन्हें सम्मोहित करके कहते थे कि नींद में ईश्वर उनके पास आएगा और उन्हें स्वस्थ करेगा। इसी प्रकार कई अन्य उपचार होते थे। जाहिर है, यह सब अवचेतन मस्तिष्क को एक असरदार सुझाव देने का कार्य होता था।

निश्चित रहस्यमय अनुष्ठान के पश्चात् हेकेटी के भक्तगण अपनी निद्रावस्था में देवी के दर्शन करते, बशर्ते सोने से पहले उन्होंने अजीबोगरीब और अद्भुत

निर्देशों के अनुसार देवी की पूजा की हो। उन्हें कहा जाता था कि चांदनी रात में गिरगिट को गोंद, इत्र और लोबान को खुली हवा में पीसें। इस विचित्र प्रक्रिया द्वारा कई मामलों में उपचार होने की सूचना मिली।

जाहिर है, उपर्युक्त बताई गई इस तरह की अजीबोगरीब प्रक्रियाओं और उनके शक्तिशाली सुझावों को उन व्यक्तियों के अवचेतन मस्तिष्क ने स्वीकार किया। वास्तव में इन सब चिकित्सा प्रणाली में व्यक्ति का अवचेतन मस्तिष्क ही उपचार करने वाला वैद्य था।

सदियों से ऐसा देखा गया है कि जिन मामलों में प्रशिक्षित चिकित्सकों को सफलता नहीं मिली, वहीं अनौपचारिक उपचार करने वालों को अद्‌भुत परिणाम मिले हैं। यह सोचने का एक कारण है।

दुनिया के सभी हिस्सों के आरोग्य साधक किस प्रकार से अपने इलाज को प्रभावी बनाते हैं? बीमार व्यक्ति का अंधविश्वास इन सब उपचारों का कारण है, जो उनके अवचेतन मस्तिष्क में स्थित उपचार-शक्ति का उत्सर्जन करता है।

इनमें से प्रयोग में लाए गए कई उपाय और तरीके अजीब और अद्‌भुत थे, जिन्होंने मरीजों की कल्पनाशीलता को बढ़ावा दिया, जिसके फलस्वरूप उनकी भावना को उत्साह मिला। मस्तिष्क की इस अवस्था ने अच्छे स्वास्थ्य के सुझाव सुगम बनाए, जिसे मरीज के चेतन और अवचेतन मन दोनों ने स्वीकार किया। इस विषय को अगले अध्याय में विस्तार से बताया जाएगा।

बाइबिल की रिपोर्ट में अवचेतन शक्ति का उपयोग

जिन चीजों की आप इच्छा करते हैं, जब आप उनके लिए प्रार्थना और विश्वास करते हैं कि वह आपको मिला है तो वह आपको निश्चित रूप से मिलेगा। मार्क 11:24।

इनके काल पर गौर करें कि हमारी इच्छाएं पहले से ही पूरी हो गई और मिल गई हैं और यह कि हमने इन्हें पहले से ही पूरा कर लिया है, प्रोत्साहित लेखक हमें इस तथ्य पर विश्वास करने और इसे सच की तरह स्वीकार करने के लिए कहता है और कहता है कि इसकी प्राप्ति एक वस्तु के रूप में हमें भविष्य में मिल जाएगी।

इस तकनीक की सफलता इस सोच, विचार और इस छवि के दृढ़ विश्वास पर आधारित है कि यह छवि पहले से ही मस्तिष्क में मौजूद है। किसी भी वस्तु

के मस्तिष्क की दुनिया में एक पदार्थ के रूप में होने के लिए यह यहां पहले से ही उपस्थित है, इसे इस तरह से सोचा जाना चाहिए।

यहां कुछ गुप्त शब्दों में एक संक्षिप्त और विशिष्ट निर्देश जिसमें विचार की रचनात्मक शक्ति को प्रयोग करते हुए इस विशिष्ट चीज जिसकी आप इच्छा रखते हैं, उसे अवचेतन पर छापा जाता है। आपकी सोच, विचार, योजना और ध्येय यह अपने स्तर पर उतना ही सच है, जितना आपका हाथ अथवा आपका हृदय।

बाइबिल पर आधारित निम्नलिखित तकनीक से आप उन सब स्थितियों, परिस्थितियों अथवा ऐसी किसी भी चीज, जो विपरीत परिस्थितियां ला सकती है, को समाप्त कर सकते हैं। ऐसी संभावनाओं को अपने मस्तिष्क से पूरी तरह समाप्त कर सकते हैं। आप एक बीज (विचार) अपने मस्तिष्क में बो रहे हैं, जिसे यदि आप इसे बिना परेशान किए छोड़ दें, तो यह अवश्य एक बाह्य आनंद में बदलेगा।

इसकी मुख्य शर्त, जिस पर जीसस ने जोर दिया था-एक विश्वास था। आप बाइबिल में बार-बार पढ़ते हैं, *आपके विश्वास के अनुसार इसे आपके लिए किया जाता है।* यदि आप जमीन पर विशिष्ट प्रकार के बीज बोते हैं, तो आपको विश्वास होता है कि वे अपने किस्म की प्रजाति की तरह बढ़ेंगे। बीज इसी प्रकार कार्य करते हैं, उन्हें वृद्धि और खेती के नियम पर विश्वास है। आपको पता होता है कि बीज अपने किस्म की प्रजाति की तरह उगेंगे। जैसा कि बाइबिल में कहा गया है, विश्वास सोच का एक तरीका है, मस्तिष्क की अभिव्यक्ति, एक आंतरिक निश्चितता, यह जानते हुए कि विचार जिसे आप पूर्ण रूप से अपने चेतन मन में स्वीकार करते हैं, वह आपके अवचेतन मस्तिष्क में समाविष्ट होकर प्रकट हो जाता है। विश्वास, एक प्रकार से जिसे आपका तर्क और विवेक नकारता है, उसे सच की तरह स्वीकारता है, जैसे चेतन मन के छोटे तार्किक, विश्लेषणात्मक तथ्यों को छोड़कर अपने अवचेतन मस्तिष्क की आंतरिक शक्ति की अभिव्यक्ति को स्वीकार करता है।

बाइबिल का उत्कृष्ट उदाहरण मैथ्यू 9: 28-30. *में दर्ज किया गया है और जब वे घर में आए, तब अंधा व्यक्ति उनके पास आया। जीसस ने उसे कहा, क्या आपको विश्वास है कि मैं यह कर सकता हूं? उसने उनसे कहा, हां, मेरे लॉर्ड। तब जीसस ने यह कहते हुए उसकी आंखों को छुआ और कहा आपके विश्वास के अनुसार ऐसा ही हो और उसकी आंखें खुल गईं। जीसस ने यह कहते हुए फौरन उसे ऊर्जा दी कि देखो, किसी भी मनुष्य को इसके बारे में पता न चले।*

आपके विश्वास के अनुसार ऐसा ही हो, इन शब्दों से आप देखते हैं कि जीसस वास्तव में अंधे व्यक्ति के अवचेतन मन से सहयोग की याचना कर रहे

थे। उनका विश्वास, उनकी गहरी उम्मीदें, उनकी आंतरिक भावना, उनके अंदर की आस्था थी कि कुछ अद्‌भुत होगा, उनकी प्रार्थनाओं का जवाब मिलेगा और ऐसा ही हुआ। यह उपचार की समयबद्ध तकनीक है और पूरी दुनिया में हर धर्म के आस्थावाले सभी आरोग्य-साधक (उपचार करने वाले) समूह इसका उपयोग करते हैं।

इन शब्दों पर ध्यान दो–*देखो, किसी भी मनुष्य को इसके बारे में पता न चले,* जीसस ने अभी ठीक हुए मरीजों को अपने स्वस्थ होने को किसी को न बताने के लिए इसलिए कहा, क्योंकि उन्हें शक और अपमानजनक आलोचना और अविश्वसनीयता से देखा जाएगा। उनकी उपलब्धियों का लाभ जो उन्हें जीसस के हाथों के द्वारा मिला, उसे अवचेतन मस्तिष्क के अंदर का भय, संदेह और चिंता पैदा करके खत्म किया जा सकता था।...*जिस अधिकार और शक्ति से उसने अपवित्र आत्माओं को आदेश दिया, वे बाहर निकल आईं। ल्यूक 4:36।*

जब बीमार जीसस के पास स्वस्थ होने के लिए आए, उनका उपचार उनके अपने विश्वास से हुआ जिसमें जीसस का विश्वास और अवचेतन मस्तिष्क की उपचार-शक्ति की वह समझ भी शामिल थी, जो कुछ भी उसने इच्छा की। अंदर से उसने इसे सच समझा। वह और वे लोग जिन्हें सहायता की जरूरत थी, वह सब सार्वभौमिक वस्तुपरक मस्तिष्क के अंदर थे और उसके शांत आंतरिक ज्ञान और उपचार-शक्ति के दृढ़ विश्वास ने मरीजों के अवचेतन में नकारात्मक विनाशकारी स्वरूप को बदल दिया।

परिणामी उपचार, आंतरिक मानसिक बदलाव की स्वचालित प्रतिक्रिया थी। उसका आदेश उस मरीज के अवचेतन मस्तिष्क को की गई याचना थी, साथ ही उसके अधिकारपूर्वक बताए गए शब्दों पर अवचेतन मस्तिष्क की प्रतिक्रिया के लिए उसकी जागरूकता, अनुभूति और पूर्ण विश्वास भी था।

विश्व के विभिन्न धार्मिक स्थलों पर चमत्कार

यह एक प्रामाणिक तथ्य है कि पवित्र स्थलों द्वारा विश्व के विभिन्न देशों जैसे जापान, भारत, यूरोप और अमेरिका में उपचार होते रहे हैं। मैं जापान के अनेक प्रसिद्ध पवित्र स्थलों पर गया हूं। विश्व प्रसिद्ध दियाबत्सु नामक तीर्थ स्थान में भगवान बुद्ध की पीतल की विशालकाय दिव्य प्रतिमा है, जिसमें बुद्ध हाथ मोड़े हुए बैठे हुए हैं और उनका मुख गहरे परमानंद ध्यान की मुद्रा में है। यह प्रतिमा 42 फुट ऊंची है और इसे महान बुद्ध के नाम से जाना जाता है।

यहां मैंने जवान और वृद्ध लोगों को उनके चरणों में धन, फल, चावल और संतरे आदि को चढ़ाते हुए देखा। मोमबत्तियां और धूप, अगरबत्तियां जलाकर दया की याचना करते हुए देखा।

गाइड ने एक युवा लड़की की अर्चना के बारे में बताया, जब वह प्रार्थना को धीमी आवाज में बोल रही थी, तो उसका सिर झुका हुआ था, उसने आहुति के रूप में उन पर दो संतरे चढ़ाए। उसने मोमबत्ती भी चढ़ाई। गाइड ने बताया कि उसने अपनी आवाज खो दी थी और इस मंदिर में उसकी आवाज वापस आई। वह भगवान बुद्ध को अपनी आवाज वापस आने पर उनको धन्यवाद दे रही थी। उसे पूर्ण विश्वास था कि यदि वह कुछ विशिष्ट धार्मिक क्रिया–व्रत और उन पर कुछ आहुति देने का संकल्प लेगी तो महात्मा बुद्ध उसकी गाना गाने की आवाज को वापस ला देंगे। इन सब चीजों ने उसके मन में विश्वास और उम्मीद जगाने में मदद की, जिससे उसका मन इस तरह की सोच के लिए तैयार हो गया। उसके अवचेतन मन ने उसके विश्वास पर अपनी प्रतिक्रिया दी।

इसी प्रकार की अन्य काल्पनिक शक्ति और उसके अंधविश्वास के बारे में मैं उदाहरण के तौर पर अपने एक रिश्तेदार का केस बताता हूं, जिसे टी.बी. की बीमारी थी। उसके फेफड़े बुरी तरह बीमार थे। उसके बेटे ने अपने पिता को ठीक करने का निर्णय लिया। वह पश्चिमी ऑस्ट्रेलिया, पर्थ में आया, जहां उसके पिता रहते थे और उनसे कहा कि वह एक साधु से मिला था, जो एक इलाज के लिए प्रसिद्ध यूरोप के किसी मंदिर से वापस आया था। उस साधु ने उसे एक असली क्रॉस का टुकड़ा बेचा। उसने साधु को इसके लिए 500 डॉलर के बराबर रकम दी।

उस युवक ने वास्तव में एक किनारे पड़ी लकड़ी का टुकड़ा उठाया था, उसे लेकर वह एक जौहरी के पास गया और उसे एक अंगूठी में जड़वा दिया, जिससे वह असली लगे। उसने अपने पिता को बताया कि कई लोग अंगूठी या क्रॉस को छूकर नीरोगी हो गए थे। उसने अपने पिता की उत्सुकता इतनी जगाई कि उसके पिता ने उससे वह अंगूठी छीन ली और उसे अपनी छाती पर रखकर मन–ही–मन प्रार्थना की और सो गया। सुबह वह एकदम ठीक हो गया था। सभी क्लीनिक में किए गए परीक्षणों ने उसे रोगमुक्त दिखाया।

यह तो आप जानते ही हैं कि वह सड़क के किनारे पड़ा लकड़ी का टुकड़ा नहीं था, जिसने उसे रोगमुक्त किया।

उसकी गहन कल्पनाशीलता और पूर्ण रूप से स्वस्थ होने का आत्म–विश्वास और आशा उसके नीरोग्य होने के कारण बने। कल्पनाशीलता ने विश्वास अथवा विषय–वस्तु के अहसास के साथ मिलकर ऐसा कर दिखाया।

पिता को पुत्र द्वारा उस पर अपनाई गई इस चालाकी का कभी पता नहीं चला। यदि उसे पता चलता तो शायद उसे यह बीमारी फिर से हो जाती। वह भविष्य में भी स्वस्थ और नीरोग रहा और पंद्रह वर्ष बाद उन्यासी वर्ष की उम्र में अपनी स्वाभाविक मौत मरा।

उपचार का एक सार्वभौमिक सिद्धांत

यह जगजाहिर तथ्य है कि सभी विभिन्न प्रकार से किए जाने वाले उपचार संस्थानों की चमत्कारिक विशेषता है।

स्पष्ट निष्कर्ष जो आपके दिमाग में आता है, वह यह कि जरूर कोई एक आधारभूत सिद्धांत होगा, जो इन सब में समान रूप से मौजूद है, उसका नाम है अवचेतन मन और उपचार की प्रक्रिया है विश्वास।

निम्नलिखित आधारभूत सत्य को एक बार फिर से क्रमशः अपने मन में याद करेंगे:

सर्वप्रथम यह कि आपके पास मानसिक कार्य है, जिन्हें हम चेतन मन और दूसरे को अवचेतन मन के नाम से अलग-अलग पहचानते और अंतर करते हैं।

दूसरा यह कि आपका अवचेतन मन (मस्तिष्क) हमेशा सुझाव की शक्ति के अनुसार चलता है।

यह भी कि आपका अवचेतन सभी कार्यों, परिस्थितियों और आपके शरीर की सभी संवेदनाओं को नियंत्रित करता है। मेरा विश्वास है कि इस पुस्तक के सभी पाठक इस सत्य से परिचित हैं कि सम्मोहित विषय-वस्तु (अधीन व्यक्ति) के अंदर सुझावों द्वारा किसी भी बीमारी के लक्षणों को उभारा जा सकता है। उदाहरणस्वरूप–एक अधीन व्यक्ति के अंदर सम्मोहित अवस्था में तेज ज्वर, लाल चेहरा या सर्दी से कंपन को सुझावों के अनुसार विकसित किया जा सकता है। परीक्षण के तौर पर, आप किसी व्यक्ति को सुझाव दें कि उसे लकवा मार गया है और वह चल नहीं सकता; तो ऐसा ही होगा। आप एक पानी से भरे प्याले को सम्मोहित व्यक्ति की नाक के नीचे यह कहकर लाएं कि "यह मिर्च से भरा है, इसे सूंघो।"

वह छींकने लगेगा। आपको क्या लगता है कि वह क्यों छींकने लगा कि पानी के कारण अथवा आपके सुझाव के कारण?

यदि एक व्यक्ति कहता है कि उसे चारे की घास से एलर्जी है तो आप एक कृत्रिम फूल अथवा एक खाली गिलास उसकी नाक के आगे रखें, जब वह

सम्मोहन अवस्था में हो और उससे कहें कि यह चारे की घास है। वह उसी तरह के लक्षण दिखाएगा, जो उसे चारे की घास से होते हैं।

यह दर्शाता है कि रोग का कारण मस्तिष्क के अंदर है। रोग का उपचार भी मानसिक रूप से हो सकता है और प्राकृतिक चिकित्सा पद्धति के द्वारा और विश्व की सभी धार्मिक संस्थाओं द्वारा अद्‌भुत उपचार होते हैं, लेकिन यह जाहिर है कि इन सभी उपचारों में रोगी के स्वस्थ होने की मुख्य वजह अवचेतन मन है। वही अकेला आरोग्य साधक भी है।

ध्यान दें, शेव करते समय कैसे आपके चेहरे का घाव ठीक होता है, इसके बारे में पता है, यह कैसे ठीक होगा?

डॉक्टर घाव की मरहम पट्‌टी करता है और कहता है, "प्रकृति इसे ठीक करती है।" प्रकृति का अर्थ है प्राकृतिक नियम, अवचेतन मन का नियम अथवा स्व-संरक्षण, जो कि अवचेतन मस्तिष्क का कार्य है।

प्रकृति का पहला नियम है–आत्म-संरक्षण की सहज प्रवृत्ति। आपकी सबसे मजबूत प्रवृत्ति ही सभी स्व-सुझावों में सबसे बड़ी और शक्तिशाली है।

व्यापक रूप से विभिन्न सिद्धांत

विभिन्न धार्मिक संप्रदायों और प्रार्थना के सिद्धांत वाले वर्गों द्वारा वर्णित अनेकानेक सिद्धांतों पर बृहत् रूप से चर्चा करना बेहद गैर-दिलचस्प, उकताने वाला और गैर-लाभकारी होगा। बहुत से व्यक्ति हैं जिनका दावा है कि क्योंकि उनके सिद्धांतों ने परिणाम दिए हैं, अतएव वही सही हैं। इस अध्याय में जैसा समझाया गया है, यह सच नहीं हो सकता।

आप जानते हैं कि यहां बहुत से प्रकार के उपचार हैं। फ्रांज एनटॉन मैस्मर, एक ऑस्ट्रिया का चिकित्सक जिसने फ्रांस में कार्य किया, उसे पता चला कि रोगी के शरीर पर चुंबक लगाकर वह चमत्कारिक रूप से रोग को ठीक कर सकता था। उसने कई अन्य शीशे और धातुओं के टुकड़ों की मदद से रोग ठीक किए। उसने इन सब उपायों को बंद किया और दावा किया कि उसके उपचार, "जानवर की चुंबकीय शक्ति के कारण हुए थे," उसने तर्क दिया कि यह पदार्थ रोग ठीक करने वाले व्यक्ति से मरीज की ओर प्रक्षेपित थे।

इसके बाद से उनका रोग दूर करने का तरीका सम्मोहन द्वारा होने लगा, जिसे उन दिनों मंत्रमुग्ध करना कहा जाता था। अन्य चिकित्सकों ने कहा कि उनके सब उपचार उनके सुझावों के कारण थे, इसके अलावा और कुछ नहीं।

इन सभी समूहों, जैसे–मनोवैज्ञानिक, मनोचिकित्सक, अस्थि रोग विज्ञानी, दवा पद्धति वाले चिकित्सक और सभी चर्च आदि अवचेतन मस्तिष्क में स्थित एक सार्वभौमिक शक्ति का उपयोग उपचार के लिए कर रहे हैं। हर कोई यह कह सकता है कि उपचार उनके सिद्धांतों के कारण हुआ है। एक निश्चित सकारात्मक, मानसिक प्रवृत्ति, एक आंतरिक प्रवृत्ति अथवा सोचने की पद्धति, जिसे विश्वास कहते हैं, वही रोगी को ठीक करती है। उपचार का कारण एक दृढ़ विश्वास है, जो अवचेतन मन को उपचारिक शक्ति के उत्सर्जन के लिए एक शक्तिशाली सुझाव देता है।

एक व्यक्ति किसी दूसरी शक्ति से निरोगी नहीं होता। यह सत्य है कि उसका कोई अपना सिद्धांत अथवा तरीका हो सकता है। निरोगी होने की केवल एक प्रक्रिया है, वह है विश्वास। यहां केवल एक उपचारिक शक्ति है–वह है आपका अवचेतन मस्तिष्क। आप सिद्धांत और तरीका चुनिए और निश्चित रहिए कि यदि आपको विश्वास है तो आपको परिणाम मिलेगा।

पेरासेल्सस के विचार

फिलीप्स पेरासेल्सस, एक मशहूर स्विस रसायनविद् और चिकित्सक थे जिनका जीवनकाल सन् 1493 से 1541 तक रहा। वे अपने समय के एक महान आरोग्यसाधक थे। उन्होंने जो शब्द कहे थे, वे अब एक ज्ञात वैज्ञानिक सत्य हैं, "चाहे आपके विश्वास की वस्तु सत्य अथवा नकली हो, आपको दोनों स्थिति में परिणाम एक ही प्रभाव का मिलेगा, इसलिए यदि मैं संत पीटर की मूर्ति पर विश्वास करता हूं, जैसा कि मैं स्वयं साकार संत पीटर पर करता, मुझे उसी प्रकार का नतीजा मिलता, जो मुझे संत पीटर पर विश्वास करने पर मिलता, लेकिन यह अंधविश्वास है। विश्वास फिर भी चमत्कार पैदा करता है, चाहे वह सच हो या झूठ, चमत्कार हमेशा एक-सा ही करेगा।"

पेरासेल्सस के विचारों को छठी शताब्दी में इटली के एक दार्शनिक और पेरासेल्सस के समकालीन पीत्रो पोमपोनाज्जी ने भी दोहराया था, "हम आसानी से वैसा ही अद्‌भुत प्रभाव पैदा कर सकते हैं, जैसा विश्वास और कल्पना पैदा कर सकती है। विशेषकर जब इन दोनों गुणों को विषय और उस व्यक्ति जो उसे प्रभावित करता है, उनके बीच आदान-प्रदान किया गया हो। उपचार की वजह उन विशिष्ट अवशेषों की शक्ति है, जो कि उनकी कल्पनाशीलता और विश्वास के प्रभाव के कारण था। नीम हकीम और दार्शनिक जानते हैं कि यदि किसी भी

कंकाल की हड्डी को किसी संत की हड्डियों की जगह रख दिया जाए, तब भी रोगी को किसी भी प्रकार से कम फायदा नहीं होगा, यदि उन्हें विश्वास है कि यह सच में अवशेष है।"

यदि आपको संत की हड्डियों पर उपचार करने का यकीन है अथवा यदि आपको किसी विशेष जल के प्रभावी होने का विश्वास है तो आपको परिणाम मिलेगा, क्योंकि आपके अवचेतन मस्तिष्क को एक शक्तिशाली सुझाव दिया गया है। वह अवचेतन मन है, जो उपचार करता है।

बर्नहेम के प्रयोग

हिप्पोलाइट बर्नहेम नेन्सी में मेडिसिन के प्रोफेसर थे। वे सन् 1910 से 1919 तक इस तथ्य के व्याख्याता थे कि चिकित्सक ने महिला मरीज को अवचेतन मस्तिष्क द्वारा सुझाव दिया था। बर्नहेम अपने सुझावात्मक चिकित्सा के पृष्ठ 197 में एक व्यक्ति की कहानी बताते हैं, जिसे जबान का लकवा मार गया था और किसी भी प्रकार का इलाज उस पर कारगर नहीं हुआ था।

डॉक्टर ने मरीज को बताया कि उनके पास एक नए तरह का उपकरण है, जो उसे ठीक करेगा। कुछ क्षणों बाद वह खुशी से चिल्लाई कि वह एक बार फिर से अपनी जबान हर ओर हिला सकती है।

बर्नहेम बताते हैं, "हमारे इन मामलों में एक ही प्रकार का तथ्य मिलेगा। एक जवान लड़की मेरे ऑफिस में आई, चार महीने से उसकी बोलने की शक्ति पूरी तरह से खत्म हो गई थी। उसका निदान करने के पश्चात् मैंने अपने छात्रों को बताया कि कभी-कभी न बोलने की स्थिति बिजली के द्वारा त्वरित फल देती है, केवल सुझाव का प्रभाव भी काम कर सकता है। मैंने एक प्रेरक उपकरण मंगाया। मैंने अपना हाथ उसके गले पर फेरा और थोड़ा हिलाया और कहा, 'अब तुम जोर से बोल सकती हो।' उसी क्षण मैंने उससे 'अ' फिर 'ब' और फिर मारिया कहलवाया। वह बिना रुके स्पष्ट रूप से बोलने लगी; उसकी खोई हुई आवाज वापस आ चुकी थी।"

यहां बर्नहेम मरीज का विश्वास और विश्वास की शक्ति के बारे में बता रहे हैं, यह अवचेतन मन के लिए एक शक्तिशाली सुझाव की तरह काम करता है।

सुझाव से छाले को पैदा करना

बर्नहेम ने बताया कि उसने एक मरीज की गरदन के पीछे एक डाकखाने का टिकट लगाते हुए मरीज को सुझाव दिया कि यह एक उड़ने वाला प्लास्टर है और वहां एक छाला पैदा किया। इस बात को कई प्रयोगों और अनुभवों ने सिद्ध किया है और यकीन दिलाया है कि मरीज को सुझाव देकर आकार में परिवर्तन करना संभव है।

खूनी वर्तिका का कारण

हडसन द्वारा लिखित पुस्तक *'मानसिक घटना के नियम'* के पृष्ठ 153 में हडसन कहते हैं कि "नकसीर और खूनी वर्तिका को कुछ विषयों पर सुझावों द्वारा उत्प्रेरित किया जा सकता है।"

"डॉक्टर एम बोरु अपने अधीन व्यक्ति को निद्राभ्रमण विषयक की स्थिति में लाए और उसे निम्नलिखित सुझाव दिए: 'आज दोपहर के चार बजे सम्मोहन के बाद तुम मेरे ऑफिस आओगे, आरामकुर्सी पर बैठोगे, अपने हाथ क्रॉस स्थिति में अपनी छाती पर रखोगे और तुम्हारी नाक से खून बहने लगेगा।' दिए गए समय पर उस युवक ने निर्देश के अनुसार किया। उसकी नाक के बाएं छेद से खून की कई बूंदे निकलीं। किसी दूसरे अवसर पर उसी अन्वेषक ने मरीज का नाम उसके दोनों हाथों पर एक उपकरण की नोक से अंकित किया, फिर जब वह निद्राभ्रमण विषयक स्थिति में था, उसने कहा, 'आज दोपहर चार बजे तुम सो जाओगे और तुम्हारे हाथ की उन लाइनों, जिन्हें मैंने लिखा है, उस पर तुम्हारा नाम खून से लिखा दिखेगा,' उस पर चार बजे तक ध्यान रखा गया और देखा कि वह सो गया है। उसके बाएं हाथ में उसका नाम साफ-साफ लिखा देखा गया और वहां कई जगह पर खून लगा हुआ था। अक्षर तीन महीने बाद तक दिखते रहे और फिर वे धीरे-धीरे हल्के पड़ गए।"

उपर्युक्त उदाहरण स्पष्ट रूप से पहले बताए गए दो आधारभूत तथ्यों को सही साबित करते हैं, अवचेतन मन कार्यों, संवेदनाओं और शरीर की स्थिति पर अभ्यास करता है।

अत्यंत सजीव रूप से नाटकीय असाधारण स्थितियां जो सुझावों से उत्प्रेरित होती हैं, स्पष्ट रूप से साबित करती हैं कि *जो कुछ मनुष्य अपने दिल में सोचता है,* (अवचेतन मस्तिष्क) वैसा ही होता है।

उपचार बिंदुओं की समीक्षा

1. स्वयं को बार-बार याद दिलाएं कि उपचार-शक्ति आपके अवचेतन मन में है।
2. जानिए कि विश्वास एक जमीन में बोए गए बीज की तरह है; यह अपनी जाति की तरह तेजी से बढ़ता है। अपने मन के विचार रूपी बीज बोएं। इसे उम्मीद और निश्चय रूपी पानी और खाद से सींचें तो यह प्रकट होगा।
3. एक विचार जो किसी पुस्तक, नए आविष्कार अथवा नाटक के लिए है, वह आपके मन में वाकई है। यही कारण है कि आप इसके होने पर विश्वास करते हैं। अपने विचार, योजना अथवा आविष्कार की सत्यता पर विश्वास रखें और जब आप ऐसा करते हैं, तब वह प्रकट हो जाता है।
4. दूसरों के लिए प्रार्थना करते समय, यह ज्ञात हो कि आपकी पूर्णता, सुंदरता और उत्कृष्टता का शांत आंतरिक ज्ञान दूसरे व्यक्ति के अवचेतन मन की नकारात्मक प्रवृत्ति को बदल सकता है और अद्‍भुत परिणाम ला सकता है।
5. विभिन्न धार्मिक स्थलों पर जिन चमत्कारिक उपचारों के बारे में सुनते हैं, वह कल्पना और अंधविश्वास के कारण है, यह अवचेतन मन पर कार्य करता है और उपचार की शक्ति को उत्प्रेरित करता है।
6. सभी बीमारियों का स्रोत (मूल) मन है। शरीर पर कुछ भी प्रत्यक्ष रूप से जाहिर नहीं होता, जब तक मानसिक आवृत्ति इससे नहीं मिलती।
7. सम्मोहन सुझाव से किसी भी बीमारी के लक्षणों को उकेरा जा सकता है। यह आपके विचारों की शक्ति को दिखाता है।
8. केवल एक ही उपचार की प्रक्रिया है–वह है विश्वास। यहां केवल एक ही उपचार-शक्ति है, वह है आपका अवचेतन मस्तिष्क।
9. चाहे आपके विश्वास की वस्तु असली है या नकली, आपको परिणाम मिलेंगे। अपने विश्वास को अपने मन के विचार के रूप में देखिए, उतना ही काफी होगा।

5

आधुनिक समय में मानसिक उपचार

हर व्यक्ति निश्चित रूप से शारीरिक स्थितियों और मानवीय संबंधों के बारे में चिंतित है।

वह क्या चीज है, जो उपचार करती है? उपचार-शक्ति क्या है? हर कोई इस प्रश्न को पूछता है। इसका उत्तर है कि यह उपचार-शक्ति प्रत्येक अवचेतन मन के अंदर निहित है और बीमार व्यक्ति का परिवर्तित मानसिक स्वरूप इस उपचार-शक्ति का उत्सर्जन करता है।

मानसिक अथवा धार्मिक वैज्ञानिक चिकित्सक, मनोवैज्ञानिक, मनोचिकित्सक अथवा चिकित्सीय डॉक्टर ने कभी भी किसी मरीज को निरोगी नहीं किया। यह एक पुरानी कहावत है, "डॉक्टर घाव की पट्टी करता है, लेकिन उसका उपचार ईश्वर करता है।" मनोवैज्ञानिक अथवा मनोचिकित्सक मरीज के मानसिक अवरोध को दूर करता है, जिससे उपचार सिद्धांत को जारी किया जा सके और मरीज को दुबारा स्वस्थ किया जा सके।

इसी प्रकार सर्जन भौतिक अवरोध को दूर करता है, जिससे उपचार तरंगें स्वाभाविक रूप से कार्य कर सकें। कोई भी चिकित्सक, सर्जन अथवा मानसिक चिकित्सक यह दावा नहीं कर सकता कि "उसने मरीज को निरोगी किया।" इस एक उपचार-शक्ति को कई नामों से पुकारा जाता है, जैसे प्रकृति, जीवन, ईश्वरीय रचनात्मक बुद्धिमत्ता और अवचेतन शक्ति। जैसा कि पहले रेखांकित किया जा चुका है, मानसिक, भावनात्मक और शारीरिक अवरोध जिनके कारण जीवंत रखने वाले हमारे उपचार सिद्धांत बाधित होते हैं, उन्हें दूर करने के लिए कई विभिन्न प्रकार के उपायों का उपयोग किया जाता है।

आपके अवचेतन मस्तिष्क के अंदर निहित उपचार सिद्धांत को यदि आपके अथवा किसी अन्य व्यक्ति द्वारा सही प्रकार से निर्देशित किया जाए तो यह शरीर के सभी रोगों को दूर कर सकता है और यह करेगा।

यह उपचार सिद्धांत, सभी व्यक्तियों पर कार्य करता है, चाहे वह किसी भी जाति, रंग अथवा पंथ के हों।

इस उपचार प्रक्रिया में भाग लेने के लिए आपका किसी विशिष्ट चर्च से जुड़ना आवश्यक नहीं है। आपका अवचेतन आपके हाथ के किसी भी जले भाग अथवा घाव को ठीक करेगा, चाहे आप अपने को नास्तिक अथवा अज्ञेय होने का दावा करते हों।

आधुनिक मानसिक चिकित्सीय प्रणाली का आधार वह सत्य है कि अनंत बुद्धिमत्ता और आपका अवचेतन मस्तिष्क आपके विश्वास के अनुसार प्रतिक्रिया देता है। मानसिक विज्ञान चिकित्सक अथवा पादरी बाइबिल की हिदायत या आदेश का अनुसरण करता है, उदाहरण के तौर पर–वह अपनी अलमारी तक जाता है, दरवाजा बंद करता है, जिसका अर्थ है–वह अपने मन को स्थिर, निश्चित और खुला छोड़ देता है और अपने अंदर अनंत उपचार-शक्ति का मनन करता है। वह अपने मन के द्वार को सभी बाह्य व्याकुलता के साथ ही वैसी आकृतियों के लिए बंद करता है और फिर धीरे से और जानबूझकर अपनी प्रार्थना अथवा इच्छा को अपने अवचेतन मन की ओर केंद्रित करता है। वह जानता है कि उसके मस्तिष्क की बुद्धिमत्ता उसकी विशिष्ट जरूरतों के अनुसार उसे जवाब देगी। *सबसे आश्चर्यजनक चीज जिसे आपको जानने की जरूरत है, वह है:* जिस प्रकार के अंत की आप इच्छा रखते हैं, उसकी वास्तविकता के अनुभव की कल्पना कीजिए; फिर अनंत जीवन का सिद्धांत आपकी जाग्रत इच्छा और जाग्रत प्रार्थना पर अपनी प्रतिक्रिया देगा। यह उस विश्वास का अर्थ है जिसे आपने प्राप्त किया है और प्राप्त करेंगे। यही एक आधुनिक मानसिक वैज्ञानिक करता है, जब वह प्रार्थना चिकित्सा का उपयोग करता है।

उपचार की एक प्रक्रिया

सभी चीजें, बिल्ली, कुत्ता, पेड़, घास, हवा और धरती में जो कुछ भी जीवंत है, उस पर यह सार्वभौमिक उपचार सिद्धांत कार्य करता है। यह जीवन का सिद्धांत सभी जानवरों, सब्जियों और खनिज साम्राज्य पर प्राकृतिक और वृद्धि के नियम की तरह अपना कार्य करता है।

मनुष्य इस जीवन के सिद्धांत को जानता है और वह इसे जानबूझकर अनगिनत तरीकों से स्वयं को आशीर्वाद दे सकता है।

इस सार्वभौमिक शक्ति का उपयोग विभिन्न दृष्टिकोणों की तकनीक और तरीकों द्वारा किया जा सकता है, लेकिन उपचार की एक ही प्रक्रिया है, वह है विश्वास, क्योंकि आपके विश्वास के अनुसार ही आपके साथ ऐसा होगा।

विश्वास का नियम

विश्व के सभी धर्म किसी-न-किसी विश्वास का प्रतिनिधित्व करते हैं और इन विश्वासों की कई प्रकार से व्याख्या की जा सकती है। जीवन का नियम विश्वास है। अपने बारे में, जीवन और विश्व के बारे में आपका क्या विश्वास है? *आपके साथ वही होता है, जैसा आपका विश्वास है।*

विश्वास आपके मस्तिष्क का एक विचार है, जिसके कारण आपके अवचेतन मन की शक्ति आपके स्वाभाविक विचारों के अनुसार आपके जीवन के सभी चरणों में वितरित होती है। आपको यह समझना होगा कि बाइबिल आपके किसी धार्मिक संस्कार, अनुष्ठान, आकार, संस्थान, पुनर्वास अथवा किसी सूत्र पर विश्वास करने के बारे में नहीं कहता। यह केवल विश्वास के बारे में बात करता है। अपने मन का विश्वास केवल आपके मन का विश्वास है। *यदि आपको विश्वास है, तब वे सभी चीजें संभव हैं जिनमें आपका विश्वास है। मार्क 9:23।*

किसी भी ऐसी बात पर विश्वास करना बेवकूफी है, जो आपको आहत या नुकसान पहुंचा सकती है। याद रखें, यह ऐसी वस्तु नहीं जिस पर आप विश्वास करते हैं और जो आपको नुकसान पहुंचा सकती है, लेकिन यह आपके मन का विश्वास अथवा विचार है, जो परिणाम को उत्पन्न करता है। आपके सभी अनुभव, कार्य और जीवन की सभी घटनाएं और परिस्थितियां कुछ नहीं, केवल आपके अपने विचारों के प्रतिबिंब और प्रतिक्रियाएं हैं।

चेतन और अवचेतन मस्तिष्क को वैज्ञानिक तरीके से मिलाकर कार्य करना ही प्रार्थना चिकित्सा

प्रार्थना चिकित्सा मस्तिष्क के चेतन और अवचेतन स्तर का समकालीन, सामंजस्यपूर्ण और बुद्धिमत्ता वाला कार्य है, जिसे विशेष रूप से किसी विशिष्ट

ध्येय के लिए निर्देशित किया गया है। किसी भी चिकित्सीय प्रार्थना अथवा प्रार्थना चिकित्सा में आपको अवश्य पता होना चाहिए कि आप क्या कर रहे हैं और क्यों कर रहे हैं।

आपको चिकित्सा के नियम पर विश्वास है। प्रार्थना चिकित्सा को मानसिक उपचार भी कहा जाता है और इसका अन्य नाम चिकित्सीय प्रार्थना है।

प्रार्थना चिकित्सा में आप जानबूझकर एक निश्चित विचार, मन की तस्वीर अथवा योजना जिसका अनुभव आप करना चाहते हैं, उसे चुनते हैं।

मान लीजिए कि आप किसी विशिष्ट कठिनाई को प्रार्थना उपचार द्वारा ठीक करना चाहते हैं। आप इस बात से अवगत हैं कि आपकी कठिनाई अथवा बीमारी जो कुछ भी है, वह जरूर आपके अवचेतन मस्तिष्क में बैठे नकारात्मक विचारों के डर के कारण है और यदि आप इन नकारात्मक विचारों को अपने मन से साफ करने में सफल हो गए तो आपको उपचार मिलेगा, इसलिए आप अपने मन की उपचार-शक्ति की ओर मुड़ते हैं और स्वयं को दुबारा, इसकी अनंत शक्ति, बुद्धिमत्ता और इसकी सभी परिस्थितियों को सही करने की क्षमता के बारे में याद दिलाते हैं। जब आप इस सत्य की ओर बढ़ते हैं, तो आपके डर खत्म होने लगते हैं। इन सच्चाइयों को याद करके अपने गलत विश्वास को भी सही करते हैं।

आप उपचार के लिए धन्यवाद देते हैं। आपको पता है कि ऐसा ही होगा और फिर आप तब तक इन कठिनाइयों से मन को दूर रखते हैं, जब तक आपको मार्गदर्शन मिलने का अहसास न हो और फिर थोड़े अंतराल के बाद आप फिर से प्रार्थना करते हैं। जिस समय आप प्रार्थना कर रहे होते हैं, आप पूरी तरह से किसी भी नकारात्मक स्थिति को किसी भी प्रकार की शक्ति देने से मना करते हैं और एक क्षण के लिए यह नहीं सोचते कि उपचार नहीं होगा। मन की ऐसी प्रवृत्ति चेतन और अवचेतन मन का एक संतुलनात्मक मिलाप करवाती है जिससे उपचारिक शक्ति निकलती है।

विश्वास चिकित्सा, अर्थ और अंधविश्वास की कार्य प्रणाली

सार्वजनिक रूप से जिसे विश्वास चिकित्सा कहते हैं, वह बाइबिल में बताया गया विश्वास नहीं है, जिसका तात्पर्य चेतन और अवचेतन मन की पारस्परिक बातचीत का ज्ञान है। एक विश्वास चिकित्सक वह है, जो इसमें शामिल शक्तियों और बलों के बारे में किसी भी वैज्ञानिक समझ के बिना उपचार करता है। वह

यह दावा कर सकता है कि उनके पास उपचार का विशेष तोहफा है और बीमार व्यक्ति का उसमें और उसकी शक्तियों में अंधविश्वास परिणाम ला सकता है।

दक्षिण अफ्रीका और विश्व के कई अन्य भागों में वुडू डॉक्टर यानी जादूगर जादू-टोने द्वारा उपचार कर सकता है अथवा एक व्यक्ति किसी संत की हड्डियों को छूने से निरोगी हो सकता है या किसी भी ऐसे कारण या वस्तु से स्वस्थ हो सकता है, जिसकी वजह से मरीज ईमानदारी से उपायों और प्रक्रियाओं पर विश्वास करता है।

कोई भी ऐसा तरीका, जो आपको डर और चिंता से विश्वास और उम्मीद की ओर लाता है, वह आपको ठीक कर सकता है। बहुत से व्यक्ति हैं, उनमें से हर एक दावा करता है कि क्योंकि उसका निजी सिद्धांत परिणाम देता है, इसलिए वही सही है। इस अध्याय में जैसा बताया गया है, सत्य नहीं है। यह दिखाने के लिए कि अंधविश्वास कैसे कार्य करता है: आपको स्विस चिकित्सक फ्रांज एनटॉन मैस्मर के बारे में हमारा विचार-विमर्श याद होगा। सन् 1776 में उसने एक बनावटी चुंबक को बीमार हिस्से पर लगाकर कइयों को ठीक करने का दावा किया था, बाद में उसने अपने चुंबक फेंककर पशु चुंबकत्व का सिद्धांत को बनाया। उसने दावा किया कि यह द्रव्य है और जो विश्व में व्याप्त है और मानव जीव में वह सबसे ज्यादा सक्रिय है।

उसने दावा किया कि यह चुंबकीय द्रव्य जो उसके शरीर से मरीजों में जा रहा है, उसने उन्हें निरोगी बना दिया। लोग उसकी ओर भागे और कई अद्‌भुत इलाज हुए।

मैस्मर फ्रांस चले गए, वहां की सरकार ने उनके उपचार को जांचने के लिए एक कमीशन बैठाया, उसमें चिकित्सक और साइंस एकेडमी के सदस्य जिसमें बैंजामिन फ्रैंकलिन भी शामिल थे। एक रिपोर्ट में मैस्मर के दावों के तथ्यों को पेश किया गया, लेकिन उन्होंने बताया कि उनके चुंबकीय द्रव्य सिद्धांत की सत्यता का कोई प्रमाण नहीं मिला और कहा कि इस प्रकार के प्रभाव मरीजों की कल्पना की वजह से थे।

इसके तुरंत बाद मैस्मर को देश निकाला दे दिया गया और उनकी मृत्यु 1815 में हुई। उसके थोड़े समय बाद मैनचेस्टर के डॉक्टर बैड ने दिखाया कि चुंबकीय द्रव्य का डॉक्टर मैस्मर के इलाज में कोई लेना-देना नहीं था। डॉक्टर बैड ने पाया कि मरीजों को सुझाव द्वारा सम्मोहित किया जा सकता है, जिसके दौरान विख्यात घटना जिसे मैस्मर ने चुंबकीय नाम दिया था, को उत्पन्न किया जा सकता है।

आप यह आसानी से देख सकते हैं कि यह सब इलाज निश्चित रूप से

मरीजों की कल्पनाशीलता के साथ ही उनके अवचेतन मन को भी दिए गए अच्छे स्वास्थ्य का शक्तिशाली सुझाव था। इन सबको अंधविश्वास भी कहा जा सकता है, क्योंकि लोगों में जानने की समझ नहीं थी कि इन उपचारों को कैसे किया गया।

व्यक्तिपरक विश्वास और इसका तात्पर्य

आपको यह कथन याद होगा और जिसके विस्तार में बार-बार जाने की जरूरत नहीं है, यह कि व्यक्ति का व्यक्तिपरक अथवा अवचेतन मस्तिष्क अपने चेतन अथवा वस्तुकारक मन के लिए उतना ही उत्तरदायी है, जितना किसी अन्य के द्वारा दिए सुझावों का। इसका तात्पर्य है कि जो कुछ भी आपका चेतन विश्वास है, यदि आप उस विश्वास को सक्रिय अथवा निष्क्रिय होकर स्वीकार करेंगे तो आपका अवचेतन मन सुझाव से नियंत्रित होगा और आपकी इच्छा पूर्ण होगी।

मानसिक चिकित्सा में जरूरी विश्वास पूर्ण रूप से विषयपरक विश्वास है और यह चेतन मस्तिष्क अथवा वस्तुपरक द्वारा विरोध न किए जाने पर प्राप्त हो सकता है।

शरीर के उपचार पर जाहिर है—दोनों चेतन और अवचेतन मन के समवर्ती विश्वास की सहमति जरूरी है। यद्यपि यह हमेशा आवश्यक नहीं है कि आप अपने मस्तिष्क को शिथिल और शरीर को निद्रावस्था में लाकर निष्क्रियता और स्वीकृति पा सकते हैं। मदहोशी की अवस्था में आपकी निष्क्रियता विषयपरक छाप स्वीकार करती है।

हाल ही में मुझसे एक व्यक्ति ने पूछा, "ऐसा क्यों है कि मेरा उपचार एक पादरी ने किया?" जो कुछ उसने कहा, मैंने उस पर विश्वास नहीं किया। उसने कहा, "बीमारी जैसी कोई चीज नहीं है और पदार्थ का कोई अस्तित्व नहीं है।" इस आदमी को पहले लगा कि उसकी बुद्धिमत्ता की बेइज्जती हुई थी, फिर उसने इस अपाच्य बेवकूफी का विरोध किया। इसकी व्याख्या सरल है। उसे शीतल शब्दों से शांत किया और फिर उसे एकदम निष्क्रिय स्थिति में होने के लिए कहा, उसका पादरी भी निष्क्रिय हो गया और शांति के साथ धीमे स्वर में एक घंटे तक दृढ़ता से कहता रहा कि इस व्यक्ति के पास एक पूर्ण स्वास्थ्य, शांति, सामंजस्यता और संपूर्णता होगी। उसे बहुत आराम महसूस हुआ और वह फिर स्वस्थ हो गया।

यह देखना आसान है कि उसका विषयपरक विश्वास, प्रत्यक्ष रूप से उपचार

के समय निष्क्रिय रहा और पादरी के द्वारा पूर्ण स्वास्थ्य का सुझाव उसके अवचेतन मन को पहुंचाया गया। यहां दो वस्तुनिष्ठ मन आपसी सहमति में थे।

चिकित्सक की शक्ति पर संदेह अथवा सिद्धांत के सही होने के संदेह पर मरीज द्वारा विरोधी आत्म-सुझावों से पादरी बाधाग्रस्त नहीं हुआ। निद्रावस्था, मदहोश अवस्था में चेतन मन का विरोध बहुत कम हो जाता है और परिणाम निकलता है। मरीज के अवचेतन मन को इस प्रकार के सुझावों से नियंत्रित करने पर कार्य इच्छानुसार हुए और उपचार शुरू हो गया।

अनुपस्थित उपचार का अर्थ

मान लीजिए, आपको पता चलता है कि आपकी माताजी न्यूयॉर्क शहर में बीमार है और आप लॉस एंजेल्स में रहते हैं। आपकी मां शारीरिक रूप से जहां आप हैं, वहां नहीं हैं, लेकिन आप उनके लिए प्रार्थना कर सकते हैं। *यह आपके अंदर का पिता है, जो कार्य करता है।*

मन का रचनात्मक नियम (अवचेतन मन) आपकी सेवा करता है और वही काम को करेगा। उसकी आपके लिए प्रतिक्रिया स्वाभाविक है। आपके उपचार का अर्थ है–आपके अंदर स्वास्थ्य और सामंजस्यता की भावना पैदा करना।

अवचेतन मन के द्वारा होने वाला आंतरिक अहसास आपकी मां के अवचेतन मन के द्वारा कार्य करता है, क्योंकि यहां केवल एक ही मन है। आपका स्वास्थ्य, प्राण-शक्ति और पूर्णता एक सार्वभौमिक चेतन मन द्वारा संचालित होते हैं और यह जीवन के विषयपरक अथवा रचनात्मक पहलू में एक गति का नियम निश्चित करते हैं, जो उनके शरीर में एक उपचार के रूप में स्पष्ट होता है।

मन के सिद्धांत में समय अथवा जगह जैसा कुछ भी नहीं है। यह वही मन है, जो आपकी माताजी के द्वारा कार्य करता है, चाहे वह कहीं भी हो। वास्तव में अनुपस्थित उपचार और उपस्थित उपचार में कोई अंतर नहीं है, क्योंकि सार्वभौमिक मस्तिष्क सर्वभूत (सब जगह उपस्थित परमेश्वर) है। आप किसी विचार को भेजने अथवा रोकने का प्रयास नहीं करते हैं। आपका उपचार विचार की एक चेतन गति है और जब आप अपने स्वास्थ्य की गुणवत्ता, ठीक होने और आराम को समझते हैं तो सब गुण आपकी मां के अनुभव में फिर से उभरते हैं और इसका परिणाम मिलेगा।

निम्नलिखित उदाहरण अनुपस्थित उपचार का एक उत्तम उदाहरण है। हाल ही में लॉस एंजेल्स में हमारे रेडियो कार्यक्रम के एक श्रोता ने न्यूयॉर्क में अपनी

मां जिनकी कोरोनरी धमनी में खून का जमाव हुआ था: उनके लिए इस प्रकार से प्रार्थना की, "उपचार की शक्ति वहां है, जहां मेरी मां हैं। उनकी शारीरिक स्थिति कुछ नहीं बल्कि उनके जीवन विचार का प्रतिबिंब है, जैसे कि स्क्रीन पर छाया। मुझे पता है स्क्रीन की छवि को बदलने के लिए मुझे प्रोजेक्शन की रील को बदलना होगा। मेरा मन एक प्रोजेक्शन की रील है और अब मैं अपने मन में संपूर्णता, सामंजस्यता और अपनी मां के लिए स्वास्थ्य की छवि लाऊंगी। अनंत उपचार चिकित्सा की उपस्थिति जिसने मेरी मां का शरीर और उसके सभी अंगों को बनाया, अब उसके हर परमाणु को संतृप्त कर रहा है और शांति की नदी उसके शरीर की हर कोशिका में से होकर बह रही है। डॉक्टरों को दिव्य शक्ति मार्गदर्शन और निर्देश दे रही है और जो कोई भी मेरी मां को छूता है, उसे सही चीज करने का मार्गदर्शन मिलता है। मुझे पता है बीमारी की कोई स्थाई स्थिति नहीं है; यदि ऐसा होता तो कोई भी स्वस्थ नहीं हो सकता। मैं अब स्वयं को प्यार और जीवन के अनंत सिद्धांत के साथ जोड़ती हूं और मुझे पता है और स्वीकार करती हूं कि सामंजस्यता, स्वास्थ्य और शांति मेरी मां के शरीर में दिखाई दे रहे हैं।"

उसने उपर्युक्त तरीके से कई बार दिन में प्रार्थना की और उसकी मां को कुछ दिनों बाद अभूतपूर्व स्वास्थ्य-लाभ हुआ, जिसे देखकर विशेषज्ञ को बहुत आश्चर्य हुआ। उसने उसकी ईश्वर पर गहरी आस्था के लिए उसे बधाई दी।

जिस प्रकार का परिणाम जो उसकी बेटी के मन में आया, उसने मन के रचनात्मक नियम को जीवन के विषयपरक की ओर गति दी जिसने स्वयं को उसकी मां के शरीर में उत्तम स्वास्थ्य और सामंजस्यता का रूप प्रकट किया। जो कुछ बेटी ने अपनी मां के लिए सच की तरह महसूस किया, उसी समय उसकी मां को वह अनुभव के रूप में महसूस हुआ।

अवचेतन मन की गतिज कार्यवाही का उत्सर्जन

मेरे एक मनोवैज्ञानिक मित्र ने बताया कि उसके एक फेफड़े में संक्रमण हो गया था। एक्स-रे और निदान से टी.बी. होने का पता चला। रात्रि के समय वह सोने से पहले दृढ़ता से कहता, "मेरे फेफड़े की हर कोशिका, नस, उत्तक और मांसपेशियां अब पूर्ण, शुद्ध और उत्तम बन रही हैं। मेरा पूरा शरीर पुनः स्वस्थ और लयबद्ध है।"

यह उसके वास्तविक शब्द नहीं हैं, लेकिन जो कुछ वह कहना चाहता था,

उसका सार है–करीब एक महीने में उसका पूरा उपचार हो गया। बाद में लिए गए एक्स-रे ने उत्तम उपचार दिखाया। मैं उसका अपनाया तरीका जानना चाहता था, इसलिए मैंने उससे पूछा कि क्यों वह इन शब्दों को सोने से पहले कहता था। उसका जवाब यह था, "अवचेतन मन की गतिशील कार्य-शैली आपके सोने के समय में भी अनवरत् चलती रहती है, इसलिए अपने अवचेतन मस्तिष्क को कुछ अच्छा कार्य करने के लिए कहिए, जब आप गहन निद्रा में होते हैं।" यह एक बहुत चतुर जवाब था, लयबद्धता और उत्तम स्वास्थ्य के बारे में सोचते हुए उसने कभी भी अपनी कठिनाई को नाम से नहीं पुकारा।

मेरा दृढ़ता से सुझाव है कि अपनी बीमारी के बारे में अथवा उसका नाम लेना बंद करें। आपका उनके लिए ध्यान और डर उनका पोषण करता है। जिस प्रकार उपर्युक्त मनोवैज्ञानिक एक मानसिक सर्जन बन गया, उसी तरह बनें, तब आपकी परेशानियां मृत शाखाओं की तरह छंट जाएंगी।

यदि आप लगातार अपने दर्द और लक्षणों का नाम लेंगे तो आप अपनी गतिज कार्यवाही को रोकते हैं। इसका अर्थ है–उपचार-शक्ति और आपके अवचेतन मन से शक्ति उत्सर्जन का कम होना।

यही नहीं, आपके अपने मन के नियम के अनुसार यह छवि आकार लेने लगती है, *उन चीजों की तरह जिनसे मैं बहुत डरता हूं।* अपने मन को जीवन के महान सत्य से भरिए और प्यार की रोशनी में आगे बढ़िए।

आपके स्वास्थ्य के सहायकों का सारांश

1. जानिए कि वह क्या है, जो आपको स्वस्थ कर सकते हैं। समझिए कि आपके अवचेतन मन को दिए गए सही निर्देश आपके मन और शरीर को स्वस्थ करेंगे।
2. अपनी याचना अथवा इच्छाओं को अवचेतन मन को भेजने के लिए एक निश्चित योजना बनाएं।
3. अपनी इच्छा के अंतिम परिणाम की कल्पना कीजिए और इसकी वास्तविकता को अनुभव कीजिए। इनका अनुसरण कीजिए, आपको निश्चित परिणाम मिलेंगे।
4. विश्वास क्या है, इसका निर्णय लें। यह जानिए कि विश्वास आपके मन का विचार है और जो कुछ आप सोचते हैं, उसी का आप निर्माण करते हैं।
5. बीमारी अथवा वह चीज जो आपको दु:खी अथवा आपका नुकसान करती

है, उस पर विश्वास करना बेवकूफी है। उत्तम स्वास्थ्य, समृद्धि, शांति, धन-संपदा और दिव्य मार्गदर्शन पर विश्वास करें।

6. महान एवं कुलीन विचार जिन्हें आप स्वाभाविक रूप से सोचते हैं, वे महान कार्य बनते हैं।
7. अपने जीवन में प्रार्थना चिकित्सा की शक्ति को अपनाएं। एक निश्चित योजना, विचार अथवा मानसिक छवि बनाएं। मानसिक और भावनात्मक रूप से उस विचार से जुड़िए और जिस प्रकार से आप अपने मानसिक रुझान के प्रति निष्ठावान रहते हैं, उससे आपकी प्रार्थना का उत्तर मिलेगा।
8. याद रखें, यदि आप वाकई उपचार की शक्ति चाहते हैं तो आप इसे विश्वास के द्वारा पा सकते हैं, जिसका अर्थ है–आपके चेतन और अवचेतन मस्तिष्क की कार्य-शैली का ज्ञान। विश्वास समझदारी के साथ आता है।
9. अंधविश्वास का अर्थ है कि एक व्यक्ति को उपचार के परिणाम बिना किसी शक्ति और वैज्ञानिक समझ के मिलना।
10. अपने प्रियजनों के लिए जो बीमार हो सकते हैं, उनके लिए प्रार्थना करना सीखिए। अपने मस्तिष्क को शांत कीजिए और अपने स्वास्थ्य, जीवन-प्राण और उत्कृष्टता जो एक सार्वभौमिक विषयपरक मन के द्वारा काम करते हैं, उसे आपका प्रियजन महसूस करेगा और यह उसके मन में पुनर्जीवित होगा।

6
मानसिक चिकित्सा की व्यावहारिक तकनीकियां

एक इंजीनियर के पास एक पुल अथवा इंजन बनाने की तकनीक और प्रक्रिया है। इंजीनियर की तरह आपके मस्तिष्क के पास भी शासन, नियंत्रण और अपने जीवन को निर्देशित करने की तकनीक है। आपको समझना होगा कि विधि और तकनीक मुख्य हैं।

सुनहरे फाटक वाले पुल को बनाते समय मुख्य इंजीनियर ने गणित के सिद्धांतों, तनाव और दबावों को समझा। दूसरा, उसके मन में खाड़ी के पार पुल की एक आदर्श तस्वीर थी। उनका तीसरा कदम पहले से सिद्ध और परखे हुए तरीके जिनके द्वारा उसने सिद्धांतों को तब तक अपनाया, जब तक पुल ने आकार नहीं ले लिया और अब हम उस पर चलते हैं। कई तरह की तकनीकें और उपाय हैं, जिनके द्वारा आपकी प्रार्थना को उत्तर मिलता है। उत्तर मिलने का एक विशिष्ट तरीका है और यह तरीका वैज्ञानिक है। अचानक से कुछ नहीं होता। यहां एक वैश्विक नियम और क्रम होता है। इस अध्याय में आप अपने आध्यात्मिक जीवन को खोलने (पलटने) और इसे पोषित करने के लिए व्यावहारिक तकनीकों को पाएंगे। आपकी प्रार्थनाओं को किसी गुब्बारे की तरह हवा में नहीं रहना है। उन्हें कहीं जाना होगा और आपके जीवन में कुछ करना होगा।

जब हम प्रार्थनाओं का विश्लेषण करते हैं, तब हमें पता चलता है कि इन्हें करने के यहां कई प्रकार के तरीके और उपाय हैं। इस पुस्तक में धार्मिक क्रियाओं में प्रयुक्त औपचारिक और धार्मिक अनुष्ठानों के बारे में विचार नहीं करेंगे। इन सबका सामूहिक प्रार्थना में महत्त्वपूर्ण स्थान है। यहां इस समय हमारा सबसे महत्त्वपूर्ण मुद्दा है–व्यक्तिगत प्रार्थना की विधियां, क्योंकि इन्हें हम अपने दैनिक जीवन में लागू करते हैं और इसका उपयोग दूसरों की मदद के लिए किया जाता है।

प्रार्थना किसी भी विचार, जिसे हम पाना चाहते हैं, उसे वास्तविकता में बदलने का तरीका है। प्रार्थना हमारी आत्मा की हार्दिक और सच्ची इच्छा है। आपकी इच्छा ही आपकी प्रार्थना है। यह आपकी सबसे गहरी जरूरत से उभरती है और यह उन वस्तुओं को उजागर करती है, जिन्हें हम अपने जीवन में चाहते हैं। *वे धन्य हैं जिनकी प्यास और भूख धार्मिकता के लिए है, क्योंकि उनकी यह इच्छा पूर्ण होगी।* जीवन के लिए भूख, शांति, सामंजस्यता, स्वास्थ्य, प्रसन्नता और जीवन के अन्य आशीर्वाद के लिए प्यास। यही सच्ची प्रार्थना है।

तकनीक जिसके द्वारा अवचेतन को रोपा जा सके

इसमें मुख्यतः अवचेतन मस्तिष्क में आपकी उस इच्छा को उसी रूप में जाग्रत करना है जिस अवस्था में चेतन मस्तिष्क ने इसे सौंपा है। इसे सौंपने का सबसे अच्छा समय सुप्तावस्था है। इस तथ्य को जानिए कि आपके मन की गहराइयों में असीम ज्ञान और अनंत शक्ति है, फिर केवल शांत चित्त से सोचिए कि आप क्या चाहते हैं, आगे के क्षण में इसे पूरा होते देखिए। स्वयं को एक छोटी बच्ची की तरह अनुभव कीजिए, जिसे बहुत खांसी आ रही है और उसका गला खराब है। उसने दृढ़ता से बार-बार ऐलान किया, "यह अब खत्म हो रहा है, यह अब खत्म हो रहा है।" और एक घंटे के अंदर उसकी खांसी खत्म हो गई। इस तकनीक को पूरी सच्चाई और ईमानदारी से कीजिए।

आपका अवचेतन आपके बनाए नक्शे को स्वीकार करेगा

यदि आप अपने और अपने परिवार के लिए एक घर का निर्माण कर रहे होते हैं तो आपको पता है कि आप अपने घर के नक्शे के बारे में बहुत उत्सुक रहते हैं और उसके लिए प्रतिबद्ध होते हैं। आप यह सुनिश्चित करेंगे कि बिल्डर उस नक्शे के अनुरूप ही चले। आप प्रयुक्त सामग्रियों का निरीक्षण करेंगे और सबसे उत्तम लकड़ी, स्टील आदि वास्तव में हर चीज उत्कृष्ट ही चुनेंगे। आपके मानसिक घर, खुशी और प्रचुरता के नक्शे के बारे में आपका क्या विचार है? आपके अनुभव और सभी कुछ जो आपके जीवन में होता है, वह आपके मानसिक निर्माण ईंट और पत्थरों की प्रकृति पर निर्भर करता है, जिन्हें आपने अपने मन के घर

को बनाने में प्रयोग किया है। यदि आपका नक्शा डर, चिंता, परेशानियों और कमियों वाले मानसिक प्रकार का है और यदि आप हताश, शंकित और रूखे हैं तो जिस प्रकार के मानसिक पदार्थों को आप अपने मन में बुनेंगे, वह वैसा ही ज्यादा मेहनत, देख-भाल, तनाव, चिंता और सभी प्रकार की कमियों वाला बनकर उभरेगा। आपके जीवन की सबसे ज्यादा आधारभूत और असर दिखानेवाली क्रिया वैसी ही होगी, जैसी आप अपने हर जाग्रत समय कल्पना करते हैं। आपके शब्द शांत और अदृश्य हैं, परंतु ये वास्तविक हैं।

आप हर समय अपना मानसिक घर तैयार करते रहते हैं और आपके विचार और मन की कल्पना आपके नक्शे को दिखाती है। जिस तरह की सोच आप रखते हैं, ऐसे विचार जिन्हें आप अपने अंदर पालते हैं, ऐसे विश्वास जिन्हें आप स्वीकार करते हैं और ऐसे दृश्य जिनको आप अपने मन में छुपे स्टूडियो में रिहर्सल करते हैं, इनसे आप हर घंटे, हर क्षण आप एक उज्ज्वल, कांतिमान स्वास्थ्य, सफलता और खुशियां बना सकते हैं। ऐसी शाही आलीशान हवेली जिसके निर्माण पर आप हर समय व्यस्त हैं, यह आपका व्यक्तित्व है। इस धरातल पर आपका चरित्र है। इस पृथ्वी पर आपके पूरे जीवन की कहानी है।

एक नया नक्शा लाएं, उसका निर्माण चुपचाप वर्तमान क्षण में शांति, सामंजस्यता, आनंद और सद्भाव के साथ करें। इन सब चीजों का विचार करते हुए और उन्हें प्राप्त करके, आपका अवचेतन आपके नक्शे को स्वीकार करेगा और इन सबको होने देगा। *आपको अपने प्राप्त फलों से उनका पता चलेगा।*

सच्ची प्रार्थना की कला और विज्ञान

'सांइस' शब्द का अर्थ है ज्ञान, ऐसा ज्ञान जो समन्वित, व्यवस्थित और क्रमबद्ध हो।

आइए, सच्ची प्रार्थना की कला और विज्ञान के बारे में सोचें, क्योंकि यह जीवन के आधारभूत सिद्धांतों, तकनीक एवं प्रक्रिया से सरोकार रखती है, जिन्हें हम अपने जीवन में देखते हैं। यही नहीं, बल्कि सभी मनुष्य जीवन में इसका उपयोग विश्वास और श्रद्धा के साथ करते हैं। कला आपकी वह तकनीक या प्रक्रिया और विज्ञान है, जिसके पीछे आपके मन में बसी छवि अथवा विचार पर आपके रचनात्मक मन की निश्चित प्रक्रिया छुपी है।

मांगिए तो यह आपको देगा; खोजिए तो आपको मिलेगा, खटखटाइए तो यह आपके लिए खोलेगा। मैथ्यू 7:7।

यहां आपको बताया जाता है कि आप जिस चीज की इच्छा कर रहे हैं, वह आपको मिलेगी, जब आप खटखटाएंगे, यह आपके लिए खुलेगी और जिस चीज को आप ढूंढ रहे हैं, वह आपको मिलेगी। यह शिक्षा मानसिक और आध्यात्मिक नियम की स्पष्टता अथवा निश्चितता को दर्शाती है। आपके अवचेतन मन की अनंत बुद्धिमत्ता आपकी चेतन सोच पर हमेशा एक स्पष्ट प्रतिक्रिया देती है। आप ब्रेड मांगेंगे तो आपको पत्थर नहीं मिलेगा। आपको हमेशा इस विश्वास के साथ मांगना है कि मुझे मिलना ही है। आपके मन की दिशा विचार से वस्तु की ओर हो जाती है। जब तक कि मस्तिष्क में कोई छवि न हो, यह हिल नहीं सकती, क्योंकि इसके पास घुमाने के लिए कुछ नहीं है। आपकी प्रार्थना जो एक मन की प्रक्रिया है, इससे पहले कि अवचेतन की शक्ति इस पर कार्य करे और इसे उत्पादक बनाए, उसे एक छवि की तरह आपके दिमाग में स्वीकृत होना होगा। आपको अपने मन में एक स्वीकृति के बिंदु पर पहुंचना होगा, स्वीकृति की एक असीमित और निर्विवाद स्थिति होगी।

इस तरह के विचार के साथ प्रसन्नता का अनुभव और अपनी इच्छा को भविष्य में जरूर फलीभूत होने की निश्चिंतता होना जरूरी है। सच्ची प्रार्थना की कला और विज्ञान का सही अथवा सटीक आधार आपका ज्ञान और दृढ़ विश्वास है कि आपके चेतन मन को आपके अवचेतन मन से निश्चित प्रतिक्रिया मिलेगी। इस प्रक्रिया का अनुपालन करने से आपकी प्रार्थनाओं का उत्तर मिलेगा।

तकनीक का मानसिक दर्शन

किसी भी विचार को तैयार करने का सबसे आसान और सबसे स्वाभाविक तरीका है–इसकी कल्पना करना, इसे अपने मन की आंखों से इतने साफ तरीके से देखना जैसे कि यह सजीव हो। बाह्य दुनिया में आपकी आंखें वही देख सकती हैं, जो वास्तव में उपस्थित हो; इसी प्रकार आपके मन की अदृश्य दुनिया में इसे आपके मन की आंखें देख सकती हैं। कोई भी तस्वीर जो आपके मस्तिष्क में है, *वह वस्तु जिसकी आप अपेक्षा कर रहे हैं और वह वस्तु जिसका साक्ष्य दिखता नहीं है,* जो भी आकार आप अपनी कल्पना में देख रहे हैं, वह उतना ही वास्तविक है, जितना कि आपके शरीर का अंग। विचार और सोच वास्तविक हैं और एक दिन इस वस्तुपरक दुनिया में यह एक दिन अवतरित होगा, यदि आप अपनी मानसिक छवि के प्रति विश्वस्त हैं। इस तरह आपके मस्तिष्क में सोच

की प्रक्रिया का आकार बनता है यह रूप अथवा आकार आगे चलकर आपके जीवन के तथ्य और अनुभवों में ढलता हैं।

एक निर्माता जिस प्रकार का निर्माण वह करना चाहता है, उसकी वह कल्पना करता है; वह उसे उसी रूप में देखता है, जिस रूप में वह उसे पूरा करना चाहता है। अपनी कल्पना और सोच की प्रक्रिया एक प्लास्टिक का सांचा बन जाते हैं, जिसमें से इमारत उभरेगी–एक सुंदर अथवा बदसूरत, एक गगनचुंबी अथवा एक बहुत नीची इमारत। उसकी मानसिक छवि वैसी ही दिखती है, जैसा उसे कागज पर रेखांकित किया गया है। आखिर में कॉन्ट्रेक्टर और उसके कर्मचारी जरूरी सामान एकत्रित करते हैं और इमारत विकसित होती रहती है, जब तक यह पूरी न हो जाए। यह वास्तुकार की मानसिक छवि से हू-ब-हू मिलती है।

मैं मंच पर बोलने से पहले कल्पना की तकनीक का उपयोग करता हूं। मैं अपने मन के पहिए को क्रम से शांत करता हूं जिन्हें मैं अपने विचारों की छवि को अपने अवचेतन मस्तिष्क के सामने रखना चाहता हूं, फिर मैं पूरे सभागार की कल्पना करता हूं, जिसमें सभी सीटें स्त्रियों और पुरुषों से भरी हुई हैं और हर एक अपने अंदर अनंत उपचार की उपस्थिति से उत्साहित होकर प्रकाशमान है। मैं उन्हें दीप्तमान, प्रसन्न और स्वतंत्र देखता हूं।

अपनी कल्पना में सबसे पहले विचार बनाकर मैं चुपचाप मन की छवि की तरह इसे ग्रहण करता हूं, साथ ही मैं कल्पना में स्त्रियों और पुरुषों को कहते सुनता हूं, "मैं ठीक हो गया, मैं बहुत अच्छा महसूस कर रहा हूं, मेरा तुरंत उपचार हो गया, मैं बदल गया हूं।" मैं इसे दस या इससे कुछ ज्यादा मिनट तक रोककर रखता हूं। यह मानता और महसूस करता हूं कि हर व्यक्ति का मन और शरीर प्रेम, पूर्णता, सुंदरता और उत्कृष्टता से भरपूर है। मेरी जागरूकता उस बिंदु तक पहुंच जाती है, जहां मैं अपने मन में वाकई कई संख्या में लोगों की आवाजें, जिसमें वे स्वास्थ्य और प्रसन्नता का दावा करते हैं, सुन सकता हूं; फिर मैं पूरी तस्वीर को छोड़ देता हूं और मंच की ओर जाता हूं। अधिकतर लोग हर रविवार कुछ रुककर कहते हैं कि उन्हें उनकी प्रार्थनाओं का उत्तर मिला।

मानसिक छवि विधि

एक चीनी कहावत है, "एक पिक्चर (छवि) हजार शब्दों के बराबर है।" अमेरिकी मनोविज्ञान के जनक इस बात पर जोर देते हैं कि अवचेतन मस्तिष्क किसी भी ऐसी छवि को, जो मस्तिष्क में बनी है और जिस पर विश्वास है, उसे वह स्वीकृत कर देगा। *ऐसा दिखाइए, जैसा मैं हूं और मैं वैसा ही रहूंगा।*

कुछ वर्ष पूर्व मैं मध्य पश्चिमी प्रांत के कई राज्यों में व्याख्यान दे रहा था। मैं एक सार्वजनिक क्षेत्र में एक स्थाई स्थान चाहता था, जहां से मैं उनकी सेवा कर सकूं जिन्हें मेरी सहायता की जरूरत है। मैंने कई अन्य जगहों पर यात्रा की, लेकिन मेरे मन में एक स्थाई स्थान की इच्छा बनी रही। एक शाम जब मैं स्पोकेन, वाशिंगटन के होटल में पूरी तरह निश्चिंत होकर सोफे पर आराम कर रहा था, एक शांत और निष्क्रिय अंदाज में मैंने कल्पना की कि मैं एक विशाल श्रोतागण के समूह से बातें कर रहा हूं और उनसे वाकई में कह रहा हूं, "मुझे यहां आकर बहुत खुशी हुई; मैंने ऐसे उत्तम अवसर की प्रार्थना की थी।" मैंने अपने मन की आंखों से काल्पनिक श्रोताओं को देखा और मैंने वास्तव में ऐसा अनुभव किया। मैंने एक अभिनेता की भूमिका निभाई, अपनी मानसिक फिल्म को और नाटकीय बनाया और यह जानकर संतुष्ट हुआ कि मेरी इस फिल्म को मेरे अवचेतन मस्तिष्क में भेज दिया गया है, जो आगे चलकर अपने तरीके से इसे कार्यान्वित करेगा। अगली सुबह जागने पर मैंने बहुत शांति और संतोष का अनुभव किया और कुछ ही दिनों के अंदर मुझे एक टेलीग्राम मिला, जिसमें मुझे मध्य पश्चिमी देश के एक संगठन का प्रस्ताव मिला, जिसे मैंने स्वीकार किया और कई वर्ष तक उसका बहुत आनंद लिया।

कई व्यक्तियों को उपर्युक्त रेखांकित विधि पसंद आती है और वे इसे "मानसिक छवि विधि" के नाम से पुकारते हैं।

कई व्यक्ति, जो मेरे रेडियो के प्रसारण और साप्ताहिक जन-व्याख्यान को सुनते हैं, उनसे मुझे कई पत्र प्राप्त हुए, जिनमें वे बताते हैं कि इस विधि को अपनाकर उन्हें अपनी संपत्तियों को बेचने में अप्रत्याशित सफलताएं मिली हैं। मैं उन सभी को, जिनका घर या संपत्ति बेचने के लिए है, उन्हें सुझाव देता हूं कि वे अपने मन में स्वयं को संतुष्ट करें कि उनका उनके द्वारा निश्चित किया गया मूल्य सही है, फिर मैं दावा करता हूं कि अनंत बुद्धिमत्ता उनके लिए खरीददार को आकर्षित करेगी, जो वाकई इस संपत्ति को पाना चाहते हैं और वे इससे प्यार करेंगे और इसमें उनकी समृद्धि बढ़ेगी। ऐसा करने के पश्चात् मैं उन्हें सुझाव देता हूं कि वे अपने मन को शांत, निश्चिंत और खुला छोड़ दें और उनींदी, सोने की

अवस्था में चले जाए, जो सभी तरह के उपायों को निम्नतम कर देती है। फिर वे अपने हाथ में मकान की राशि के चेक की कल्पना करें, उस चेक में खुशी महसूस करें। उस चेक का धन्यवाद करें और अपने मन में बनी इस पूरी फिल्म की वास्तविकता का अनुभव करते हुए सो जाएं। उन्हें ऐसा दिखाना चाहिए मानो ऐसा वास्तव में हुआ था। अवचेतन मस्तिष्क इसे एक छाप की तरह स्वीकार करेगा और अपने मन की गहराइयों की लहरों के द्वारा क्रेता और विक्रेता दोनों को पास लाएगा। एक मानसिक छवि जिसे मन में बैठाया हुआ है और जिस पर पूर्ण विश्वास है, वह होकर रहेगी।

बोडोइन तकनीक

फ्रांस के रूसो संस्थान में प्रोफेसर चार्ल्स बोडोइन एक प्रतिभाशाली मानसिक चिकित्सक और न्यू नैन्सी उपचार स्कूल के अनुसंधान निर्देशक थे। उन्होंने सन् 1910 में पढ़ाया कि अवचेतन मस्तिष्क को प्रभावित करने का सबसे अच्छा तरीका है–उनींदी, सोने की अवस्था या वह अवस्था, जिसमें सोने की अवस्था के करीब होता है, जिसमें सबसे कम कोशिश की जरूरत होती है, फिर चुपचाप निष्क्रिय और ग्रहणशील तरीके से प्रतिबिंबित करके विचार को अवचेतन मन में पहुचाएं।

उनका सूत्र निम्नलिखित है: "इसे अवचेतन मन में ग्रहण करने का सरल तरीका विचार को संक्षिप्त करना है, यही सुझाव का ध्येय होना चाहिए। विचार को एक संक्षिप्त रूप दीजिए, जिसे जल्दी से याद्दाश्त में अंकित किया जा सके और इसे लोरी की तरह बार-बार दोहराएं।" एक वसीयत से संबंधित कुछ वर्ष पहले लॉस एंजेल्स में एक महिला लंबी कड़वाहट भरी कानूनी लड़ाई में फंसी हुई थी। उसके पति ने अपनी पूरी संपत्ति उसके नाम कर दी थी और उसके पति के पूर्व विवाह के बेटे और बेटियां इस वसीयत को तोड़ने के लिए बुरी तरह लड़ रहे थे। उसे बोडोइन तकनीक बताई गई और उसने इसे निम्नलिखित प्रकार से किया: उसने अपने शरीर को एक आरामकुर्सी पर शिथिल किया और निद्रावस्था में चली गई, फिर जैसा सुझाव दिया गया था अपनी जरूरत के विचार को एक छोटे-से वाक्य जो केवल छह शब्दों का था, जिससे वह आसानी से याद्दाश्त में अंकित (गढ़ा जा सके) हो सके–"यह दिव्य क्रम में समाप्त हो।"

इन शब्दों के अर्थ का उसके लिए यही महत्त्व था कि उसके अवचेतन मस्तिष्क, जिसके द्वारा उसकी अनंत बुद्धि काम करती है, वह सामंजस्यता सिद्धांत

के अंतर्गत सामंजस्यपूर्ण समायोजन लाएगी। उसने इस प्रक्रिया को दस रात तक प्रतिदिन किया। सोने की अवस्था में आकर वह दृढ़ता से धीरे-धीरे और अपने वक्तव्य को महसूस करते हुए बोलती: "यह दिव्य क्रम में समाप्त हो," इसे बार-बार दोहराते हुए उसे अपने अंदर शांति और सर्वव्यापी शांति का अहसास होता, फिर वह अपनी सामान्य गहरी नींद में चली जाती।

ग्यारहवें दिन की सुबह उपर्युक्त तकनीक का अनुसरण करते हुए वह प्रसन्नचित्त, स्वस्थ, महसूस करते हुए इस धारणा के साथ उठी कि उसका कार्य हो गया है। उसके वकील ने उसी दिन उसे फोन किया कि दूसरे पक्ष का वकील और उसके मुवक्किल समझौता करने के लिए तैयार हैं।

इस प्रकार एक सामंजस्यपूर्ण समझौता हुआ और कानूनी लड़ाई का अंत हुआ।

सोने की तकनीक

सोने की अवस्था, उनींदी अवस्था में प्रयास सबसे कम करना पड़ता है। सोने की स्थिति में अवचेतन मस्तिष्क लेने अथवा प्राप्त करने की ज्यादा स्थिति में होता है। इसका कारण अवचेतन मन का सोने की अवस्था से पूर्व और उठने से पहले सबसे ज्यादा ग्राह्य होना है। इस अवस्था में जो नकारात्मक विचार आपकी इच्छा को निष्क्रिय कर देते हैं और आपके अवचेतन मन को स्वीकृत करने से रोकते हैं, उनका उस समय न होना है।

मान लीजिए, आप अपनी विनाशकारी आदत से छुटकारा पाना चाहते हैं। एक आराम की स्थिति में आइए, अपने शरीर को शिथिल करें और स्थिर हो जाएं। उनींदी अवस्था में आएं और सोने की स्थिति में शांति से धीमे-धीमे लोरी की तरह बार-बार कहें, "मैं ऐसी आदत से पूरी तरह आजाद हूं," "सामंजस्यता और मानसिक शांति सर्वोच्च है।" उपर्युक्त वाक्य को धीमे-धीमे और प्रेमभाव के साथ सुबह-शाम पांच से दस मिनट तक कीजिए। जितनी बार आप दोहराते हैं, उससे भावनात्मक मूल्य बढ़ता जाता है। यदि नकारात्मक आदत को दोहराने की इच्छा होती है तो उपर्युक्त सूत्र को अपने आपको जोर-जोर से कहें, इसका अर्थ है–आप अपने अवचेतन के विचार को स्वीकार करने के लिए प्रेरित कर रहे हैं और इसके बाद उपचार होने लगता है।

“आपको धन्यवाद” की तकनीक

बाइबिल में पॉल सलाह देते हैं कि अपने अनुरोध को प्रशंसा और धन्यवाद द्वारा ज्ञात करवाते हैं। इस प्रकार से प्रार्थना करने पर हमें कुछ अप्रत्याशित परिणाम प्राप्त होते हैं। एक आभारी हृदय हमेशा ब्रह्मांड की रचनात्मक शक्तियों के निकट होता है और ब्रह्मांडीय क्रिया-प्रतिक्रिया के नियम पर आधारित पारस्परिक संबंधों के नियम के कारण अनगिनत आशीर्वाद और शुभ कामनाएं इसकी ओर बहने लगते हैं, उदाहरण के तौर पर—एक पिता अपने पुत्र को स्नातक होने पर कार देने का वचन देता है। पुत्र को अभी कार मिली नहीं है, लेकिन वह पिता के प्रति कृतज्ञ और खुश है और इतना प्रसन्न है कि जैसे उसे कार वाकई मिल गई है। उसे पता है कि उसका पिता अपना वचन पूरा करेगा और वह इसके लिए बहुत कृतज्ञ और खुश है, यद्यपि उसे अभी तक कार मिली नहीं है। निष्पक्षता से कहा जाए तो उसने इसे खुशी और कृतज्ञता के साथ अपने मन में स्वीकार कर लिया है।

मैं यह दिखाता हूं, कैसे श्रीमान ब्रोक इस तकनीक को उत्कृष्ट परिणाम के साथ उपयोग में लाए। उन्होंने कहा, “बकाया (बिल) जमा हो रहे हैं, मेरे पास काम नहीं है, मेरे तीन बच्चे हैं और मेरे पास कोई पैसा नहीं है। मैं क्या करूं?” करीब तीन सप्ताह तक उन्होंने नियम से सुबह-शाम निम्नलिखित शब्द: “मेरे धन के लिए धन्यवाद परमपिता,” बहुत आराम और शांतिपूर्ण ढंग से तब तक दोहराया, जब तक उनके मन को कृतज्ञता के भाव ने पूरी तरह ढक नहीं लिया। उन्होंने कल्पना की कि वह अपने अंदर की अनंत शक्ति और बुद्धिमत्ता को संबोधित कर रहे हैं, यह जानते हुए भी कि वे रचनात्मक बुद्धिमत्ता अथवा अनंत मन को देख नहीं सकते हैं। वे इसे अपनी आध्यात्मिक अनुभूति के अंदर की आंखों से देख रहे थे। यह अनुभव करते हुए कि उनकी संपत्ति के बारे में सोची हुई छवि, उनका पहला वह कारण है जिसका संबध धन, सामाजिक स्थिति और खाद्य पदार्थ जो उनकी जरूरत है, से है। उनकी भावना में केवल धन धन्य था, जिसमें किसी भी प्रकार की पूर्ववर्ती रुकावट नहीं थी। बार-बार, “धन्यवाद परमपिता,” कहकर उनका मन और हृदय स्वीकृत बिंदु तक पहुंच गया और जब कभी डर, कभी गरीबी और हताशा का विचार उनके मन में आया तो वे, “धन्यवाद परमपिता,” जितनी बार हो सकता था, कहते रहे। उन्हें ज्ञात था कि जितना भी वह धन्यवाद का नजरिया अपनाएंगे, वे अपने मन को धन संपत्ति के लिए तैयार करेंगे और वैसा ही हुआ।

उनके प्रार्थना करने का क्रम बहुत दिलचस्प था। उपर्युक्त तरीके से प्रार्थना

करने के बाद वे अपने एक पूर्व कर्मचारी से सड़क पर मिले जिसे उन्होंने पिछले बीस वर्ष से नहीं देखा था। उस व्यक्ति ने उन्हें बहुत आकर्षक पद का प्रस्ताव दिया और उन्हें पांच सौ पाउंड कुछ समय के लिए उधार के तौर पर दिए। आज श्रीमान ब्रोक उस कंपनी के वाइस प्रेसीडेंट (उपाध्यक्ष) हैं। हाल ही में उन्होंने मुझसे कहा, "मैं कभी भी "धन्यवाद परमपिता," के चमत्कार को नहीं भूल पाऊंगा। इसने मेरे लिए अद्‌भुत काम किया है।

सकारात्मक विधि

किसी भी सकारात्मकता की प्रभावशीलता को सत्य की आपकी समझ और शब्दों के पीछे के अर्थ पर निर्धारित किया जाता है। प्रार्थना करते समय बेकार में न दोहराएं, "इसलिए आपकी सकारात्मकता की शक्ति आपके निश्चित और विशिष्ट सकारात्मकता के नजरिए का उपयोग बुद्धिमत्तापूर्ण ढंग से लागू किए जाने पर निर्भर है, उदाहरण के तौर पर–एक बालक तीन और तीन को जोड़कर ब्लैकबोर्ड पर सात लिखता है। अध्यापक गणितीय निश्चितता से स्वीकारता है कि तीन और तीन छह होते हैं; इसलिए बालक अपनी संख्या को उसी प्रकार सही करता है। अध्यापक के वक्तव्य ने तीन और तीन को छह नहीं किया। इस गणितीय सत्य ने बालक को ब्लैकबोर्ड पर संख्या को फिर से लिखवाया। बीमार होना असामान्य है; स्वस्थ होना सामान्य है। स्वास्थ्य अपने होने का सत्य है। जब आप अपने लिए स्वास्थ्य, सामंजस्यता और शांति को अपने और अन्य के लिए स्वीकार करते हैं और जब आप अनुभव करते हैं कि यह आपके होने का सार्वभौमिक सिद्धांत है, तब आप अपने विश्वास और समझ जिन्हें आप स्वीकार करते हैं, के आधार पर अपने अवचेतन मस्तिष्क में नकारात्मक आकार को फिर से क्रम से लगाते हैं।

प्रार्थना की सकारात्मक प्रक्रिया का परिणाम आपके जीवन के सिद्धांतों के स्वीकार करने पर निर्भर करता है, इस पर आप कैसे दिखते हैं, इसका कोई प्रभाव नहीं पड़ता। एक क्षण को मान लीजिए कि यहां एक गणित का सिद्धांत है और उसमें कोई त्रुटि नहीं है; यहां सत्य का सिद्धांत है, जहां कोई बेईमानी नहीं है।

यहां एक बुद्धिमत्ता का सिद्धांत है, अज्ञानता का नहीं; यहां सामंजस्यता का सिद्धांत है, लेकिन असामंजस्यता का नहीं। यह स्वास्थ्य का सिद्धांत है, लेकिन बीमारी का नहीं और यहां बहुलता का सिद्धांत है, गरीबी का नहीं।

लेखक द्वारा इस सकारात्मक विधि को अपनी बहन के लिए चुना गया था, जिसका इंग्लैंड के अस्पताल में पित्त की पथरी निकालने का ऑपरेशन

होना था। अस्पताल में किए गए परीक्षणों और आम तौर पर किए जाने वाले एक्स-रे प्रणाली के आधार पर उसकी स्थिति का वर्णन किया गया था। उसने मुझसे इसके लिए प्रार्थना करने के लिए कहा। हम एक दूसरे से भौगोलिक स्थिति के आधार पर छह हजार पांच सौ मील दूर थे, लेकिन मन के सिद्धांत पर कोई समय अथवा दूरी नहीं होती। अनंत मन अथवा ज्ञान अपने संपूर्ण रूप में हर बिंदु पर एक ही समय पर रहता है। मैंने मूर्त व्यक्तित्व से सभी लक्षणों के विचारों को निकाल दिया। मैंने निम्नलिखित को दृढ़ता से स्वीकार किया: "यह प्रार्थना मेरी बहन कैथरीन के लिए है। वह आराम से है और संतुलित, संभली हुई, निर्मल और शांत है। उसके अवचेतन मस्तिष्क की उपचार बुद्धिमत्ता, जिसने उसके शरीर को बनाया, वह अब उसकी हर कोशिका, तंत्रिका, उत्तक, मांसल और उसके शरीर की हड्डियां उसके अवचेतन मन में अंकित अंगों को उत्तम आकार के अनुरूप बना रही है। चुपचाप, शांति से उसके अवचेतन मस्तिष्क में बैठे सभी विकृत आकारों को हटा और लुप्त कर रहा है और ऊर्जा, संपूर्णता और जीवन सिद्धांत की खूबसूरती को उसके अस्तित्व के हर परमाणु में बना रहा है। वह उन उपचार धाराओं को जो उसमें से होकर नदी की तरह बह रही है और उसमें एक उत्तम स्वास्थ्य, सद्भाव और शांति को बहाल कर रही है, उनके लिए खुली और ग्रहणशील है। सभी विकृत और कुरूप आकारों को उसमें होकर बह रहे प्रेम और शांति के अनंत समुद्र ने बहा दिया है और ऐसा ही हुआ।"

मैंने उपर्युक्त वाक्यों को दिन में कई बार दृढ़ता से कहा और दो सप्ताह के अंत में मेरी बहन का फिर से परीक्षण हुआ, जिसने उसके अंदर अद्भुत ढंग से स्वस्थ होना दिखाया और एक्स-रे में परिणाम नकारात्मक था।

किसी चीज को *दृढ़ता* से स्वीकार करने का अर्थ है, यह कहना कि ऐसा हो और आप अपना नजरिया अपने मन में सच की तरह रखें, चाहे सभी तरह के तथ्य विपरीत हों, आपको अपनी प्रार्थना का उत्तर मिलेगा। आपके विचार केवल स्वीकार कर सकते हैं, चाहे आप किसी के लिए मना क्यों नहीं कर रहे हों, तब भी वास्तव में आप जिस चीज को मना कर रहे हैं, उसके लिए आप अपनी स्वीकृति दे रहे हैं।

किसी भी स्वीकृति को दोहराना यह जानते हुए भी कि आप क्या कर रहे हैं और क्या कह रहे हैं, यह मन को चेतन की ओर ले जाता है, जहां आपके कहे को सत्य की तरह स्वीकार किया जाता है। जीवन के सत्य को स्वीकार कीजिए, जब तक कि आपको अवचेतन की प्रतिक्रिया न मिले, जिससे आपको संतुष्टि मिलती है।

विवाद पूर्ण (तार्किक) विधि

यह जैसा शब्द से स्पष्ट है, वही विधि है। इसका उद्‌भव मेनी के डॉक्टर फिनियास पार्कहर्स्ट क्विंबे की प्रणाली द्वारा हुआ है। डॉक्टर क्विंबे मानसिक और आध्यात्मिक चिकित्सा के अग्रदूत हैं। करीब सौ वर्ष पूर्व डॉक्टर क्विंबे बेलफास्ट, मेनी शहर में रहे और वहीं चिकित्सा की प्रैक्टिस की। सन् 1921 में एक पुस्तक *क्विंबे की पांडुलिपि* को थॉमस वाई क्रोवेल कंपनी ने प्रकाशित किया, होरेटियो ड्रेसर ने इसका संपादन किया, यह आपकी लाइब्रेरी में उपलब्ध है। इस पुस्तक में बताया गया कि बीमार व्यक्ति का प्रार्थना चिकित्सा के द्वारा अद्‌भुत उपचार का विवरण विस्तार से एक समाचार-पत्र में प्रकाशित होता है।

क्विंबे ने बाइबिल में लिखे हुए कई उपचार चमत्कारों को हू-ब-हू किया। संक्षेप में क्विंबे के अनुसार, तार्किक विधि में आध्यात्मिक तर्क जिसमें आप मरीज और स्वयं को विश्वास दिलाते हैं कि उसकी बीमारी उसके झूठे विश्वास, आधारहीन डरों और नकारात्मक आकार, जो उसके अवचेतन मन में हैं, उनकी वजह से है।

आप अपने मन में यह एकदम स्पष्ट करते हैं और अपने मरीज को यकीन दिलाते हैं कि उसकी बीमारी अथवा पीड़ा उसके विकृत और टेढ़े-मेढ़े विचारों के कारण है, जिन्होंने उसके शरीर में आकार ले लिया है। किसी बाह्य शक्तियों और कारणों पर गलत विश्वास के कारण यह बीमारी हुई है और अपने विचारों के क्रम को बदलकर इसे पलटा जा सकता है। आप मरीज को समझाते हैं कि उपचार का आधार अपने विश्वास में बदलाव लाना है। आप यह भी बताते हैं कि अवचेतन मस्तिष्क ने शरीर और इसके सभी अंगों को बनाया है, इसलिए यह जानता है कि इसको ठीक कैसे करना है, यह ठीक कर सकता है और जैसे ही इसे कहते हैं-यह करने लगता है। आप अपने मन के कोर्टरूम में तर्क देते हैं कि बीमारी आपके मन की छाया है, जिसका आधार बीमारी में डूबी, रोगी विचार छवि है।

आप अपने अंदर मौजूद उपचार चिकित्सा, जिसने सबसे पहले सब अंगों को बनाया और जिसके पास अपने अंदर सबसे उत्तम आकार की कोशिका, तंत्रिका और उत्तक हैं, की ओर से तथ्यों को इकठ्‌ठा करते रहते हैं, फिर आप अपने मन के न्यायालय में अपने पक्ष में और अपने मरीज के पक्ष में न्याय सुनाते हैं। आप मरीज को विश्वास और आध्यात्मिक समझदारी से बीमारी से आजादी दिलाते हैं। आपके मानसिक और आध्यात्मिक तथ्य हावी हो जाते हैं और चूंकि वहां एक ही मस्तिष्क है, जो कुछ आप सत्य की तरह अनुभव करते हैं, वह मरीज में अनुभव

के रूप में प्रकट होता है। यह प्रणाली निश्चित रूप से मेनी में डॉक्टर क्विंबे ने सन् 1849 से 1869 तक तार्किक विधि से प्रयोग की थी।

संपूर्ण विधि एक आधुनिक ध्वनि तरंग चिकित्सा की तरह है

पूरे विश्व में कई व्यक्ति इस प्रकार की प्रार्थना चिकित्सा द्वारा अद्‌भुत परिणाम पाते हैं। जो व्यक्ति इस संपूर्ण विधि का प्रयोग कर रहा है, वह किसी मरीज का नाम लेता है, जैसे जॉन जोंस और फिर चुपके और शांति से ईश्वर और उसके गुणों और विशेषताओं जैसे कि ईश्वर ही आनंद, असीमित प्रेम, अनंत बुद्धि, सर्वशक्तिमान, असीमित ज्ञान, संपूर्ण सामजंस्य, अवर्णनीय सुंदरता और उत्कृष्टता को स्मरण करता है। वह जैसे ही इस विचारधारा के बारे में सोचता है, उसका अवचेतन एक नई आध्यात्मिक तरंग की लंबाई तक उठ जाता है और इस समय उसे ईश्वर के प्रेम का अनंत समुद्र, सब कुछ जॉन जोंस के शरीर और मन में घोल रहा है, जिसके लिए वह प्रार्थना कर रहा है। उसे महसूस होता है कि उसकी पूरी शक्ति और ईश्वर का प्रेम जॉन जोंस पर केंद्रित हो गया है और जो कुछ भी उसे परेशान अथवा तंग कर रहा है, अब इस जीवन और प्रेम के अनंत सागर में पूरी तरह से निष्क्रिय हो रहा है। प्रार्थना की यह संपूर्ण विधि की तुलना ध्वनि तरंग अथवा आवाज की चिकित्सा जिसे मुझे एक विशिष्ट चिकित्सक ने लॉस एंजेल्स में दिखाया था, से की जा सकती है। उसके पास एक अल्ट्रासाउंड तरंग मशीन है, जो बहुत तेज गति से शरीर के किसी ऐसे भाग की ओर जिधर इसकी दिशा हो, ऊपर-नीचे होती है। इस ध्वनि तरंग को नियंत्रित किया जा सकता है और उन्होंने मुझे बताया कि इसके द्वारा गठिया रोग में कैल्शियम की जमावट को गलाने के साथ ही अन्य परेशानी पैदा करने वाली स्थितियों को हटाने और उपचार में बहुत उत्कृष्ट परिणाम मिले हैं। *ईश्वर के गुणों और विशेषताओं के बारे में सोचकर हम अपने अवचेतन में ऊंचाइयों तक पहुंचते हैं,* क्या हम सामंजस्यता, स्वास्थ्य और शांति की आध्यात्मिक तरंगों को पैदा करते हैं। इस प्रार्थना तकनीक से कई अद्‌भुत उपचार हुए हैं।

एक अपंग चलता है

डॉक्टर फिनियास पार्कहस्ट क्विंबे जिनके बारे में हमने इससे पहले बताया था, उन्होंने इस संपूर्ण विधि का अपने चिकित्सीय व्यवसाय में आगे चलकर बहुत उपयोग किया। वास्तव में वे मनोदैहिक चिकित्सा के जनक और प्रथम विश्लेषक थे। उनमें दिव्य दृष्टि थी, जिसके द्वारा वे मरीज की परेशानियां, पीड़ा और दर्द का उपचार कर सकते थे।

क्विंबे पांडुलिपि में दर्ज एक अपंग व्यक्ति के उपचार का विवरण है: क्विंबे को एक महिला, जो अपंग, वृद्ध और बिस्तर पर थी, उसके उपचार के लिए बुलाया गया। वे बताते हैं कि उसकी बीमारी की वजह उसे एक छोटी और संकुचित प्रजाति द्वारा बंधक बनाना था, जहां वह सीधे खड़ी नहीं हो सकती थी, न ही हिल-डुल सकती थी। वह डर और अज्ञानता के गुंबद में रह रही थी। यही नहीं वह वास्तव में बाइबिल को उसके शाब्दिक रूप में ले रही थी और इसने उसे डरा दिया। क्विंबे ने कहा, "इस गुंबद में ईश्वर की उपस्थिति और शक्ति थी, जो इस बंधन को तोड़ने की कोशिश करके मृत स्थिति से ऊपर उठना चाहती थी।"

जब वह अन्य से बाइबिल के कुछ अंशों का स्पष्टीकरण मांगती तो जवाब में सन्नाटा मिलता, फिर उसे जीवन रूपी ब्रेड की भूख होती। डॉक्टर क्विंबे ने इस मामले का एक ऐसे दिमाग की तरह निदान किया, जो उसके बाइबिल के अंश के अर्थ को समझ न पाने की वजह से था जिन्हें वह पढ़ रही थी। उसकी वजह से इसके मन में उत्सुकता, डर और गतिरोध उत्पन्न हुआ। यह उसके शरीर में भारी और थकान भरे अहसास के रूप में उभरा, जिसका अंत अपंगता में हुआ।

इस बिंदु पर क्विंबे ने उससे पूछा, बाइबिल की इस कविता का क्या अर्थ है: *थोड़ी देर के लिए मैं तुम्हारे साथ हूं, फिर मैं वहां चला जाऊंगा, जिसने मुझे भेजा है। तुम मुझे ढूंढोगे, और मुझे नहीं पाओगे: और जहां मैं हूं, वहां तुम नहीं आ सकते। जॉन 7:33-34।* उसने जवाब दिया, इसका मतलब जीसस स्वर्ग चले गए। क्विंबे ने उसे समझाया कि इसका वास्तविक अर्थ क्या था–उन्होंने बताया उसके साथ थोड़ी देर के लिए का अर्थ था, उसके लक्षण, अहसास और उनके कारण; उदाहरण के तौर पर–क्षण-भर के लिए उसके लिए उनके मन में दया और सहानुभूति थी, लेकिन वह इस मानसिक स्थिति में ज्यादा देर नहीं रह सकते थे। अगला चरण–उसके पास जाना जिसने उसे भेजा था, जिसे क्विंबे ने बताया कि यह ईश्वर की रचनात्मक शक्ति थी, जो हम सब में है। क्विंबे तुरंत अपने मन में गए और दिव्य सौदा का विचार किया: जैसे प्राण-शक्ति, बुद्धिमत्ता, सामंजस्यता और ईश्वरीय शक्ति, जो मरीज में काम कर रही थी। इसीलिए उन्होंने

उस महिला से कहा, "इसलिए जहां मैं जा रहा हूं, वहां तुम नहीं आ सकती हो, क्योंकि तुम अपने संकरे, बंधे हुए विश्वास में हो और मैं स्वस्थ हूं।" इस प्रार्थना और स्पष्टीकरण ने तत्काल सनसनी पैदा की और उसके मन में बदलाव आया। वह बिना किसी सहारे की चली। क्विंबे ने कहा, यह अपने आप में अकेला उपचार था। वह जैसे कि त्रुटि से अवगत नहीं थी यानी भरी हुई थी और उसे जीवन अथवा सत्य की ओर लाने का अर्थ था, उसे मुर्दे से उठाना। क्विंबे ने क्राइस्ट को फिर से जीवित होने का अंश पढ़ा और इसे उसके अपने क्राइस्ट अथवा स्वास्थ्य पर लागू किया; इसने उस पर एक शक्तिशाली प्रभाव पैदा किया। उसने उसे समझाया कि सत्य जिसे उसने स्वीकार किया, वह एक देवदूत या विचार था, जिसने डर, अज्ञानता अथवा अंधविश्वास रूपी पत्थर को खिसकाकर दूर किया और इस प्रकार ईश्वर की उपचार चिकित्सा शक्ति को छोड़ा, जिसने उसे संपूर्ण किया।

आज्ञा विधि

हमारे शब्दों में शक्ति हमारे अहसास और इसके पीछे के विश्वास के अनुरूप होती है। जब हमें अहसास होता है कि शक्ति जो पूरी दुनिया को घुमा रही है, वह हमारी ओर से घूम रही है और हमारे शब्दों, हमारे आत्म-विश्वास और आश्वासन को बढ़ा रही है। आप शक्ति में शक्ति बढ़ाने की कोशिश नहीं करते; इसलिए इसमें कोई मानसिक प्रयास, दबाव, ताकत अथवा मानसिक धक्का-मुक्की नहीं होनी चाहिए।

एक युवा लड़की ने आज्ञा विधि का एक युवक पर उपयोग किया, जो उसे लगातार फोन कर रहा था, उसके ऊपर डेट पर जाने का दबाव डाल रहा था; उसे उससे छुटकारा पाने में बहुत कठिनाई हो रही थी। उसने निम्नलिखित प्रकार से आज्ञा दी: "मैं...इसको ईश्वर के पास भेजती हूं। वह हमेशा अपनी सच्ची स्थिति पर रहता है। मैं आजाद हूं और वह भी आजाद है। मैं अब अपने शब्दों को अनंत मन में जाने का आदेश देती हूं और इसे जाने के लिए कहती हूं। ऐसा ही हो।" उसने कहा, वह गायब हो गया और फिर उसने उसे कभी नहीं देखा, साथ ही बोली, "यह ऐसा था मानो उसे जमीन ने निगल लिया हो," *आप किसी चीज को आदेश दोगे, वह आप में स्थित हो जाएगी और रोशनी आपके मार्ग को प्रशस्त करेगी। जाब 22:28।*

स्वयं को वैज्ञानिक सत्य के साथ परोसो

1. मानसिक इंजीनियर बनें और वैभवपूर्ण और विशाल जीवन के निर्माण के लिए पहले से की गई और साबित तकनीकों का प्रयोग करें।
2. आपकी इच्छा आपकी प्रार्थना है। अपनी इच्छा पूर्ण होने की छवि को देखें और इसकी वास्तविकता का अनुभव करें तो आपको जवाब मिलने की खुशी का अहसास होगा।
3. चीजों को पाने की इच्छा करना मनोचिकित्सक का सबसे सरल और निश्चित तरीका है।
4. आप कांतिमान स्वास्थ्य, सफलता और खुशियां उन विचारों से बना सकते हैं, जिन्हें आप अपने मन के छुपे स्टूडियो में सोचते हैं।
5. वैज्ञानिक विधि का प्रयोग करें, जब तक आप निजी तौर पर साबित न कर दें कि आपकी चेतन सोच को आपके अवचेतन मस्तिष्क की अनंत बुद्धिमत्ता से हमेशा सीधा जवाब आता है।
6. अपनी इच्छाओं में कुछ निश्चित रूप से मिलने को पहले से देखकर खुशी और शांति महसूस करें। आपके मन में किसी स्वरूप की छवि वह उस वस्तु की है जिसकी आप आशा कर रहे हैं और उस वस्तु का कोई प्रमाण नहीं देखा गया।
7. एक मानसिक छवि हजार शब्दों के बराबर है। आपका अवचेतन किसी भी छवि को स्वीकार करेगा, जिसका मन में विश्वास प्राप्त हो।
8. प्रार्थना करते समय सभी प्रयास अथवा मानसिक दबाव से बचें। निद्रावस्था, उनींदी अवस्था में जाएं और अपने को लोरी सुनाकर सोने का अहसास करें और जानें कि आपकी प्रार्थना का जवाब मिल गया है।
9. याद रखें कि कृतज्ञ हृदय हमेशा विश्व की संपदा के करीब होता है।
10. किसी चीज को दृढ़ता से कहना कि ऐसा ही है और जब आपके मन का नजरिया सच जैसा है, चाहे सभी तथ्य विपरीत हों तो आपको आपकी प्रार्थना का जवाब मिलेगा।
11. ईश्वर के प्रेम और महिमा के बारे में सोचते हुए सामंजस्यता, स्वास्थ्य और शांति की इलेक्ट्रॉनिक तरंगों को उत्पन्न करें।
12. जिस चीज को आप आज्ञा देते हैं और उसे सच जैसा समझते हैं, वह जरूर होगा। सामंजस्य, स्वास्थ्य, शांति और प्रचुरता को आदेश दें।

7

अवचेतन की प्रकृति जीवन की ओर है

आपके मानसिक जीवन का नब्बे प्रतिशत आपका अवचेतन है, इसलिए वे पुरुष और स्त्रियां जो इस अनोखी शक्ति का उपयोग नहीं कर पाते, वे बहुत सीमित सीमा में रहते हैं। आपकी अवचेतन प्रक्रियाएं हमेशा जीवन से भरपूर और रचनात्मक होती हैं। आपका अवचेतन आपके शरीर का निर्माता है और वह इसके सभी जरूरी कार्यों का संचालन करता है। यह दिन के चौबीस घंटे अपना काम करता है और कभी नहीं सोता। यह हमेशा आपकी सहायता करने की कोशिश करता है और आपको किसी भी नुकसान से सुरक्षित रखता है।

आपका अवचेतन मस्तिष्क अनंत जीवन और असीमित बुद्धिमत्ता के संपर्क में रहता है। इसके आवेग और विचार हमेशा जीवन से प्रेरित होते हैं। महान आकांक्षाएं, प्रेरणाएं और शानदार कुलीन जीवन की कल्पना का स्रोत, अवचेतन है। आपकी गहरी आस्था वे हैं, जिनके बारे में आप तर्कसंगत/विवेकशील बहस नहीं कर सकते, क्योंकि यह आपके चेतन मस्तिष्क की उपज नहीं है। यह आपके अवचेतन मस्तिष्क से निकली है। आपका अवचेतन आपसे अंतर्ज्ञान, आवेगों, आभासों, जानकारियों, आग्रहों और विचारों द्वारा बातें करता रहता है और यह हमेशा आपको ऊपर उठने, आगे बढ़ने, विकसित होने, प्रगतिशील, साहसिक और अधिक ऊंचाइयों पर जाने के लिए प्रेरित करता रहता है।

प्यार करने की चाहत, दूसरों का जीवन बचाने की इच्छा आपके अवचेतन की गहराइयों से आती है, उदाहरण के तौर पर–18 अप्रैल, 1906 को सैन फ्रांसिस्को में आए विशाल भूकंप और आग में अपंग और लंगडे-लूले जो लंबे समय से बिस्तरों पर थे, वे उठे और उन्होंने बहादुरी और सहनशीलता के अद्‌भुत कारनामें दिखाए। उनके अंदर और दूसरों को किसी भी हालत में बचाने की गहरी

चाहत उठी और उनके अवचेतन ने उसी तरह की प्रतिक्रिया दी। महान चित्रकार, संगीतकार, कवि, वक्ता और लेखक, जो अपनी अवचेतन शक्ति की संगत में थे, वे जोश से परिपूर्ण और प्रोत्साहित हो गए, उदाहरण के तौर पर–रॉबर्ट लुइस स्टीवेंसन सोने के लिए जाने से पहले अपने अवचेतन को निद्रा अवस्था में नई कहानियां बनाने और रचने के लिए ऊर्जान्वित करते थे। उनकी आदत थी, जब उनके खाते में पैसों की कमी होती, तब अपने अवचेतन से उन्हें बेचने योग्य अच्छी रहस्यभरी कहानी देने को कहते। स्टीवेंसन ने कहा, उनके मन की गहरी बुद्धिमत्ता उन्हें कहानियों को एक सीरियल की तरह दृश्यों का रूप दे देती थी। यह स्पष्ट रूप से दर्शाता है कि आपका अवचेतन कितना बड़ा है और आपके द्वारा ज्ञानवर्द्धक बातें कहलवाता है, जिसके बारे में आपके चेतन मस्तिष्क को कुछ नहीं पता।

कई अवसरों पर मार्क ट्वेन ने दुनिया के सामने स्वीकार किया कि अपने जीवन में मैंने कभी कोई काम नहीं किया।

उसका सारा व्यंग्य/कटाक्ष और महान लेखन का भंडार उसका अवचेतन मस्तिष्क था।

शरीर कैसे मस्तिष्क की कार्य-शैली को दिखाता है

आपके चेतन और अवचेतन मस्तिष्क के बीच पारस्परिक संवाद के लिए उनसे संबंधित तंत्रिकाओं के बीच इसी प्रकार के संवाद की जरूरत होती है। मस्तिष्क मेरू प्रणाली, चेतन मस्तिष्क का अंग है, जबकि सहानुभूति प्रणाली अवचेतन मस्तिष्क का अंग है। मस्तिष्क, मेरू का वह रास्ता है जिससे आपको अपनी पांच भौतिक इंद्रियों द्वारा चेतन अनुभूति प्राप्त होती है। इसके द्वारा आप अपने शरीर की गति पर नियंत्रण रखते हैं।

इस प्रणाली में मस्तिष्क में तंत्रिकाएं हैं और यही आपकी इच्छाशक्ति और जागरूक मानसिक क्रियाओं का रास्ता है। सहानुभूति प्रणाली जिसे अनिच्छा तंत्रिका तंत्र भी कहा जाता है, उसका गैंगलियोनिक पिंड केंद्र पेट के पीछे जिसे सौर्य जाल (सोलर फ्लेक्सस) भी कहा जाता है, उसके गुच्छे जैसे द्रव्यमान में होता है, जिसे कभी-कभी उदर मस्तिष्क भी कहते हैं। यह उन मानसिक कार्यों का वह रास्ता है, जो अनजाने में शरीर के सभी जरूरी कार्यों को करता है।

ये दोनो प्रणालियां अलग-अलग अथवा साथ में काम कर सकती हैं (*मस्तिष्क विज्ञान पर एडिनबर्ग व्याख्यान* न्यूयॉर्क: रॉबर्ट मेकब्राइड एंड कंपनी,

1909) में जज थॉमस ट्रोवार्ड कहते हैं, "मस्तिष्क के क्षेत्र से वेगस तंत्रिका, इच्छा-प्रणाली के एक भाग की तरह निकलती है और इसके द्वारा हम अपने बोलने वाले अंगों को नियंत्रित करते हैं। फिर यह बाहर थोरक्स की ओर जाकर शाखाएं निकालती है, जो हृदय और फेफड़ों में जाती हैं। अंत में यह डायफ्रॉम से होती हुई अपना बाह्य आवरण खो देती है, जिसकी वजह से इच्छा प्रणाली की तंत्रिकाएं अलग दिखती हैं और सहानुभूति प्रणाली से मिलती हैं। इस प्रकार इन दोनों में संबंध बनता है, जो मनुष्य को शारीरिक रूप से एक व्यक्तित्व देता है।

"इसी तरह मस्तिष्क में विभिन्न भाग अपना संबंध मस्तिष्क के वस्तुनिष्ठ और विषयपरक कार्यों से दिखाते हैं। सामान्य तौर पर हम दिमाग के आगे के भाग को विषय और पीछे वाले भाग को विषयपरक से जोड़ते हैं और बीच के भाग में दोनों के गुण होते हैं।"

मानसिक और शारीरिक प्रणाली में पारस्परिक संबंध देखने का सबसे सरल तरीका है, इस बात का अनुभव करना कि आपका चेतन मन विचार को ग्रहण करता है जो कंपन को आपकी ऐच्छिक प्रणाली की तंत्रिकाओं में उत्पन्न करता है। यह भी इसी तरह की तरंग आपकी अनैच्छिक प्रणाली की तंत्रिकाओं में उत्पन्न करता है। इस प्रकार आपके अवचेतन मस्तिष्क तक विचार को पहुंचाता है, जो एक रचनात्मक माध्यम है। इस प्रकार आपके विचार वस्तु में परिवर्तित होते हैं।

हर विचार जो आपका चेतन मस्तिष्क स्वीकार करता है और इसे सत्य की तरह मानता है, इसे आपके दिमाग ने सौर्य जाल को भेजा था, आपके अवचेतन मस्तिष्क का दिमाग को मांसल बनाकर आपकी दुनिया में वास्तविक की तरह पेश करता है।

यहां एक ज्ञान है, जो शरीर का ध्यान रखता है

जब आप कोशिका प्रणाली, अंगों की रचना जैसे नेत्र, कान, दिल, पित्त, मूत्राशय इत्यादि का अध्ययन करते हैं तो आपको पता चलता है कि यह कोशिकाओं के समूह से बनते हैं, जो आगे चलकर ज्ञान समूह बनाते हैं, जिससे वे साथ में काम कर सकें, आदेश लेने लायक बन सकें और चेतन मस्तिष्क के सुझाव पर अपने हिस्से का कार्य कर सकें।

एक अकेली कोशिका वाले जीव का ध्यानपूर्वक अध्ययन करने पर आपको पता चलता है कि आपके जटिल शरीर में क्या होता है। यद्यपि एककोशीय जीवाणु में अंग नहीं होते, फिर भी यह मस्तिष्क की क्रिया और प्रतिक्रिया का सबूत

देता है। जिसके द्वारा यह गति, सामंजस्यता अपने अंदर लेने लगता है और बाहर निकालने जैसे मुख्य कार्य करता है। कइयों के अनुसार, इसके अंदर बुद्धिमत्ता है, यदि इसे आप अकेला छोड़ दें तो वह आपके शरीर का ध्यान रख लेगा। यह सत्य है, लेकिन कठिनाई यह है कि चेतन मस्तिष्क हमेशा अपनी पांच इंद्रियों द्वारा दखल देता रहता है, जिसका आधार बाह्य रूप है, जिसके कारण झूठे विश्वास, डर और नजरिए बनते हैं। जब डर, झूठे विश्वास और नकारात्मक आकार मनोवैज्ञानिक और भावनात्मक तरीके से आपके अवचेतन मस्तिष्क में बनते हैं तो अवचेतन मन के पास विशिष्ट नक्शे पर कार्य करने के अलावा कोई विकल्प नहीं बनता।

अवचेतन मस्तिष्क लगातार सामान्य अच्छाई के लिए कार्य करता है

आपके अंदर का विषयपरक स्वत: ही सबकी अच्छाई के लिए कार्य करता रहता है। इस प्रकार यह सब वस्तुओं के पीछे सामंजस्यता के आंतरिक सिद्धांत को प्रतिबिंबित करता रहता है। आपके अवचेतन मस्तिष्क की अपनी इच्छाशक्ति है और अपने में एक वास्तविकता है। यह दिन-रात कार्य करता है, चाहे आप इस पर कार्य करें या न करें, लेकिन इसे आप देख, सुन या निर्माण करते महसूस नहीं कर सकते हैं, क्योंकि यह सब एक शांत प्रक्रिया है। आपके अवचेतन का अपना जीवन है, जो हमेशा सामंजस्यता, स्वास्थ्य और शांति की ओर कार्य करता रहता है। यह इसके अंदर का एक दिव्य गुण है, जो हर समय आपके द्वारा अपने को दिखाता रहता है।

कैसे मनुष्य इसके अंदर निहित सामंजस्यता के सिद्धांत के साथ छेड़खानी करता है

सही तरीके और वैज्ञानिक ढंग से सोचने के लिए हमें 'सच' का पता होना चाहिए। सच को जानने के लिए अनंत बुद्धिमत्ता और आपके अवचेतन मस्तिष्क की शक्ति के बीच में सामंजस्यता होनी आवश्यक है, जो इसे जीवन की ओर ले जाती है। हर एक विचार अथवा कार्य जिसमें सामंजस्यता नहीं है, चाहे वह अज्ञानता अथवा डिजाइन के कारण हो, उसका परिणाम कलह और सभी प्रकार की कमी से होगा।

वैज्ञानिक हमें बताते हैं कि आप हर ग्यारहवें महीने में एक नया शरीर बनाते हैं; इसलिए आप शारीरिक दृष्टिकोण से केवल ग्यारह महीने के हैं। यदि आप अपने शरीर में डर, क्रोध, ईर्ष्या और बुरे इरादे वाले विचारों से अपना शरीर बनाते हैं तो आप इन कमियों वाला शरीर बनाएंगे और इसके लिए आप किसी और को दोष नहीं दे सकते, क्योंकि दोषी आप हैं। आप अपने विचारों का कुल योग हैं। आप नकारात्मक विचारों और कल्पना को भाव न दें, उन पर ध्यान न दें, अंधेरे से छुटकारा पाने के लिए रोशनी चाहिए; ठंड से बचने का रास्ता गरमी है। इसी प्रकार नकारात्मक विचारों से छुटकारा पाने के लिए उसे सकारात्मक भाव में बदलें। अच्छाई को स्वीकारें, बुराई स्वयं ही गायब हो जाएगी।

क्यों स्वस्थ ऊर्जा से भरपूर और मजबूत होना स्वाभाविक और बीमार रहना अस्वाभाविक है

अधिकतर औसत बच्चा इस दुनिया में एकदम स्वस्थ जन्म लेता है, उसके सभी अंग उत्तम ढंग से कार्य कर रहे होते हैं। यह एक स्वाभाविक अवस्था है और हमें स्वस्थ, ऊर्जावान और मजबूत होना चाहिए। स्वयं को बनाए रखना आपकी सबसे स्वाभाविक और मजबूत प्रवृत्ति और प्रकृति है और यह सबसे ज्यादा शक्तिशाली, हमेशा उपस्थित और लगातार कार्य करने वाला सत्य है, जो आपके अंदर की स्वाभाविक प्रकृति है, इसलिए जाहिर है कि आपके सभी विचार, सोच और विश्वास ज्यादा ताकत के साथ काम करते हैं। यदि वे आपके अंदर के जीवन सिद्धांत के साथ समरसता लिए हुए हैं, तो यह हमेशा आपको संरक्षित और सभी प्रकार से बचाती रहती है। इसका सिद्धांत है कि स्वाभाविक स्थिति को सरल और विश्वसनीय रूप से फिर से पाया जा सकता है, बजाय अस्वाभाविक स्थितियां पैदा करने के।

बीमार होना अस्वाभाविक है; इसका सीधा अर्थ है कि आप जीवन के बहाव के विपरीत जा रहे हैं और आपकी सोच नकारात्मक है। जीवन का नियम वृद्धि का नियम है; सारी प्रकृति इस नियम का अनुमोदन करती है और इसे वह लगातार अपने से वृद्धि द्वारा विकास के नियम को दिखाती रहती है। जहां कहीं भी विकास और अभिव्यक्ति है, वहां जरूर जीवन होगा। जहां कहीं भी जीवन है, वहां सामंजस्यता होगी और जहां कहीं भी सामंजस्यता होगी, वहां स्वास्थ्य उत्तम होगा।

यदि आपकी सोच आपके अवचेतन मस्तिष्क के रचनात्मक सिद्धांत के

साथ सामंजस्य में है तो आप अपने अंदर बसे सामंजस्य के सिद्धांत की धुन के साथ हैं। यदि आप ऐसे विचारों में रुचि लेते हैं, जो सामंजस्यता के सिद्धांत के अनुरूप नहीं है तो ऐसे विचार आपसे चिपक जाते हैं, आपको तंग और परेशान करते हैं और अंत में बीमारियों को जन्म देते हैं और यदि बने रहे तो इसका परिणाम मृत्यु में संभव है।

बीमारी का उपचार करते समय आपको अपने अवचेतन मस्तिष्क की ऊर्जावान शक्तियों को अपनी पूरी प्रणाली में बांटना होगा। इसको करने के लिए आपको डर, चिंता, परेशानियां, ईर्ष्या, नफरत और इस प्रकार की सभी विनाशकारी सोच, जो आपकी तंत्रिकाओं और ग्रंथियों–शरीर के उत्तकों जो सभी प्रकार के अवशिष्ट को निकालते हैं, उन्हें खराब और नष्ट करती है, उन्हें बाहर निकालना होगा।

क्षय या पौट्स रोग ठीक हो गया

मार्च, 1917 में *नाटिलस* पत्रिका में एक बालक के बारे में लेख छपा था, जो पौट्स रोग अथवा रीड़ की हड्डी की टीबी (क्षय) से ग्रसित था। उसमें उसके अद्भुत उपचार का वर्णन था। वह इंडियानापोलिस के फ्रेड्रिक इलियास एंड्रयू, जो अब मिसूरी कैनसास शहर में क्रिश्चेनिटी यूनिटी स्कूल का पादरी था। उसके चिकित्सक ने उसे ठीक न होने वाला मरीज बताया। उसने प्रार्थना शुरू की और वह व्यक्ति जो एक टेढ़े-मेढ़े, तुड़े-मुड़े अपंग हाथों और घुटनों के बल चलता था, उससे वह मजबूत, सीधा चलने वाला सुडौल पुरुष बन गया। उसने अपनी रचना की स्वीकारोक्ति की और दृढ़ता से जिन गुणों की उसे जरूरत थी, उसे उसने बनाया।

उसने दिन में कई बार दृढ़ता से स्वीकार किया, "मैं संपूर्ण, उत्तम, मजबूत, प्रेम करने वाला, सामंजस्यपूर्ण और प्रसन्न हूं।" उसने इसे बनाए रखा और कहा कि रात को सोते वक्त ये उसके आखिरी शब्द होते और सुबह उठने पर सबसे पहले बोले गए शब्द। उसने दूसरों के लिए प्रार्थना की और उन्हें अपने प्रेम और स्वास्थ्य के विचार भेजे। उसके मन की यह प्रवृत्ति और प्रार्थना करने का तरीका वापस उसके पास कई गुना होकर आया। उसके विश्वास और दृढ़ता ने उसे बहुत बड़ा लाभांश दिया। जब कभी डर, क्रोध, ईर्ष्या अथवा जलन के विचार उसका ध्यान आकर्षित करते तो वह तुरंत उनको निष्क्रिय करनेवाली ताकतों को स्वीकार करने लगता। उसके अवचेतन मस्तिष्क ने उसकी स्वाभाविक प्रवृत्ति के अनुरूप

प्रतिक्रिया दी। यह अर्थ है बाइबिल के वक्तव्य का, *अपने रास्ते जाओ, आपके विश्वास ने आपको संपूर्ण बनाया है। मार्क 10:52।*

कैसे आपकी अवचेतन शक्ति में विश्वास आपको संपूर्ण बनाता है

एक युवक जो मेरे अवचेतन मस्तिष्क की उपचार-शक्ति पर मेरा व्याख्यान सुनने आया था। उसकी आंखों में गंभीर परेशानी थी। उसके डॉक्टर ने एक ऑपरेशन को उसके लिए जरूरी बताया था। उसने स्वयं से कहा, "मेरे अवचेतन ने मेरी आंखों को बनाया है और यह मुझे ठीक कर सकता है।"

हर रात जब वह सोने के लिए गया, उसने उनींदी अवस्था में, ध्यानावस्था सोने जैसी स्थिति बनाई। उसका ध्यान एकटक आंखों के अपने डॉक्टर पर केंद्रित था। उसने कल्पना की कि डॉक्टर उसके सामने है और उसने सुना या कल्पना की कि डॉक्टर उसे कह रहा है, "एक चमत्कार हो गया है," उसने इसे बार-बार हर रात सोने से पहले तीन या चार मिनट तक सुना। तीन सप्ताह के अंत में वह नेत्र विशेषज्ञ के पास पहुंचा, जिसने उसे पहले देखा था। चिकित्सक ने उससे कहा, "यह चमत्कार है, क्या हुआ था?" इस व्यक्ति ने अपने अवचेतन मस्तिष्क को यकीन दिलाया कि डॉक्टर उसका उपकरण है और यह विचार अपने अवचेतन को दिया। बार-बार दोहराकर, विश्वास और उम्मीद को अपने अवचेतन में बोया। उसके अवचेतन मस्तिष्क ने उसकी आंखें बनाईं, उसके अंदर एक उत्तम आकार था और तुरंत उपचार शुरू कर दिया। यह एक दूसरा उदाहरण है कि कैसे विश्वास जो आपका अपने अवचेतन मन की उपचार-शक्ति में है कि वह आपको संपूर्ण कर देगा।

पुनर्विचार की सूची

1. आपका अवचेतन आपके शरीर का निर्माता है और यह चौबीस घंटे काम करता रहता है। आप अपनी नकारात्मक सोच से इसके जीवनदायी पथ पर रोड़ा अटकाते हैं।
2. अपनी कठिनाई के जवाब का हल निकालने के लिए सोने से पहले अपने अवचेतन को ऊर्जा दें, यह आपको जवाब देगा।

3. अपने विचारों पर नजर रखिए। हर विचार जिसे सच की तरह स्वीकार किया जाता है, उसे आपका दिमाग आपके सौर्य-जाल को भेजता है, जो आपका उदर दिमाग भी है और यह वास्तव में सच के रूप में आपके सामने आता है।
4. जानिए कि अपने अवचेतन मस्तिष्क को नया नक्शा देकर स्वयं को दुबारा बना सकते हैं।
5. आपके अवचेतन की प्रवृत्ति हमेशा जीवन की ओर होती है। आपका काम आपके अवचेतन से है। अपने अवचेतन को उन चीजों को दिखाइए, जो सच हैं। आपका अवचेतन हमेशा आपके स्वाभाविक मानसिक आकारों के अनुसार पैदा करेगा।
6. आप हर ग्यारहवें महीने एक नया शरीर बनाते हैं। अपने शरीर को अपने बदले हुए विचारों के अनुरूप बदलें और बदलते रहें।
7. स्वस्थ रहना स्वाभाविक है और बीमार पड़ना अस्वाभाविक। आपके अंदर सामंजस्यता का आंतरिक सिद्धांत समाया हुआ है।
8. ईर्ष्या, डर, चिंता और परेशानी जैसी सोच आपकी तंत्रिका ग्रंथियों को नष्ट करती है और मानसिक और शारीरिक बीमारियों को जन्म देती है।
9. जिस चीज को आप चेतना में स्वीकार करते हैं और इसे सच समझते हैं, वह आपके मस्तिष्क, शरीर और कार्यों में उत्पन्न होगा। अच्छी चीजों को स्वीकार करिए और खुशनुमा जिंदगी जिएं।

8
कैसे अपनी पसंद का परिणाम पाएं

किसी असफलता के मुख्य कारण हैं: आत्म-विश्वास की कमी और बहुत ज्यादा कोशिश अथवा प्रयत्न। कई व्यक्ति अपने अवचेतन की कार्य-शैली को पूरी तरह से समझने में असमर्थ होते हैं। इसकी वजह से वे अपनी प्रार्थनाओं के उत्तर के रास्ते बंद कर देते हैं। जब आप जानते हैं कि आपका मस्तिष्क कैसे कार्य करता है, तो आप में आत्म-विश्वास बढ़ता है। आपको अवश्य यह याद रखना चाहिए कि जब कभी भी आपका अवचेतन मस्तिष्क किसी विचार को स्वीकार करता है, तब वह उस पर कार्य करना शुरू कर देता है। यह अपने सभी संसाधनों और आपके मस्तिष्क की तह तक जाकर पूरे मानसिक और आध्यात्मिक नियमों को इस कार्य को पूरा करने में लगा देता है। यह नियम दोनों पर लागू होता है, चाहे विचार अच्छे हों या बुरे। इसी वजह से यदि आप इसको नकारात्मक रूप से उपयोग में लाते हैं तो यह परेशानियां, असफलता और उलझने लाता है।

जब आप इसे रचनात्मक रूप से उपयोग में लाते हैं, तब यह मार्गदर्शन, आजादी और मानसिक शांति देता है। यदि आपके विचार सकारात्मक, रचनात्मक और प्रेम से परिपूर्ण हैं तो सही जवाब को कोई नहीं रोक सकता।

इनसे यह पूरी तरह से स्पष्ट हो जाता है कि अपनी असफलता पर काबू पाने का एकमात्र तरीका है कि आप अपने अवचेतन को अपने विचार वास्तविकता की तरह स्वीकार कराएं और फिर आपके मन का नियम सब कुछ कर देगा। अपनी प्रार्थना पूरी श्रद्धा और आत्म-विश्वास के साथ अर्पण करें और इसके बाद अवचेतन इसको करने की जिम्मेदारी लेकर आपको जवाब देगा।

यदि आप मन के द्वारा जबरदस्ती काम करवाने की कोशिश कर रहे हैं तो आपको हमेशा असफलता मिलेगी–आपका अवचेतन मन जोर देने पर नहीं, वरन् आपके विश्वास और चेतन मन की स्वीकृति पर अपनी प्रतिक्रिया देता है।

इस तरह के वक्तव्य से भी आपको जवाब नहीं मिलता, जैसे: "स्थिति बदतर हो रही है।" "मुझे कभी जवाब नहीं मिलेगा।" "मुझे कोई रास्ता नहीं सूझ रहा है।" "सब कुछ व्यर्थ है।" "मुझे नहीं पता क्या करना चाहिए।" "मैं उलझन में हूं।" जब आप इस तरह के वक्तव्य देते हैं, तब आपको अपने अवचेतन मस्तिष्क से कोई प्रतिक्रिया या सहयोग नहीं मिलता। सिपाही ने जैसे कि समय सीमा तय कर दी हो, न तो आप आगे जा सकते हैं और न ही पीछे; दूसरे शब्दों में, "आप कहीं नहीं जा रहे हैं।"

यदि आप टैक्सी में बैठकर ड्राइवर को पांच मिनट के अंदर आधा दर्जन अलग-अलग दिशाएं बताते हैं तो वह बुरी तरह से उलझन में पड़ जाएगा और हो सकता है, वह आपको ले जाने से मना कर दे।

ऐसा ही आपके अवचेतन मस्तिष्क के साथ काम करने पर होता है। आपके मस्तिष्क में एक स्पष्ट विचार होना चाहिए। आपको एक निश्चित निर्णय पर पहुंचना है कि इसका उपाय है, एक रास्ता आपकी बीमारी की विकट समस्या का हल है। आपके अवचेतन के अंदर मौजूद अनंत ज्ञान से ही वह उत्तर पाता है। जब आप अपने चेतन मस्तिष्क से स्पष्ट निर्णय पर पहुंचते हैं, तब आपका मन तैयार हो जाता है और आपके विश्वास के अनुसार ही आपको प्रतिक्रिया मिलती है।

निश्िंचत रहिए, हो जाएगा

एक मकान मालिक ने एक भट्टी ठीक करने वाले को बॉयलर ठीक करने के लिए दो सौ डॉलर की मजदूरी लेने पर डांटा। मैकेनिक ने कहा, "मैंने पांच सेंट गुम हुए बोल्ट के लिए और एक सौ निन्यानवें डॉलर और पिचानवें सेंट इसमें खराबी क्या थी, यह समझने के लिए लिये हैं।"

इसी प्रकार आपका अवचेतन मस्तिष्क एक मुख्य मैकेनिक है, सब कुछ का ज्ञाता। वह, जिसे आपके शरीर के हर अंग और आपके हर कार्य-कलापों को सही करने का तरीका पता है। अच्छे स्वास्थ्य की आज्ञा दो तो आपका अवचेतन उसे करेगा, लेकिन इन सबके पीछे आराम, धैर्य ही इसकी चाबी है। "निश्िंचत रहिए, यह हो जाएगा।" विस्तार और माध्यम से कोई मतलब मत रखिए, केवल अंत के परिणाम को जानिए। अपनी समस्या हल होने पर प्रसन्नता महसूस कीजिए, चाहे

वह स्वास्थ्य, धन संबंधी अथवा रोजगार के बारे में हो। याद रखें, आपको कैसा महसूस हुआ था, जब आप अपनी गंभीर बीमारी से ठीक हुए थे। अपने दिमाग में हमेशा ध्यान रखें कि आपका अहसास सभी अवचेतन की क्रियाओं को तेज करता है। अपने नए विचार को संपूर्ण महसूस करना चाहिए, जो भविष्य में नहीं, अभी बनकर तैयार हुआ है।

सोचिए, कोई विरोधी नहीं, इच्छाशक्ति के बजाय कल्पना का उपयोग कीजिए

अवचेतन मस्तिष्क का उपयोग करते हुए आप किसी विरोधी के बारे में नहीं सोचेंगे और न ही अपनी इच्छाशक्ति का उपयोग करेंगे। आप अंत अथवा परिणाम की कल्पना करेंगे और आजादी की स्थिति का अनुभव करेंगे। आप देखेंगे कि आपकी बुद्धि रास्ते पर आ रही है, लेकिन एक सरल, बच्चे की भांति, चमत्कार होने का विश्वास बनाए रखें। स्वयं को बिना किसी बीमारी अथवा कठिनाई की कल्पना किए, उस आजाद स्थिति जिसकी आपको तीव्र इच्छा है, उसे पाने पर आपकी भावनात्मक स्थिति कैसी होगी, इसकी कल्पना करें। इस प्रक्रिया से सभी अड़चनों यानी लाल फीतों को काट दें। यह सरल तरीका सबसे अच्छा है।

कैसे अनुशासित कल्पना चमत्कार करती है

अनुशासित अथवा वैज्ञानिक कल्पना द्वारा अपने अवचेतन मस्तिष्क से प्रतिक्रिया पाने का अद्‌भुत रास्ता है। पहले जैसे इंगित किया गया कि आपका अवचेतन मस्तिष्क शरीर का निर्माता है और इसके सभी जरूरी कार्यों को नियंत्रित करता है।

बाइबिल के अनुसार, *जो कुछ भी आप विश्वास के साथ प्रार्थना से मांगेंगे, विश्वास रखिए, वह आपको मिलेगा।* किसी पर विश्वास का अर्थ है, उसे वास्तविक अथवा सत्य की तरह स्वीकार करना अथवा उसके होने की दशा में रहना। जब आप ऐसा स्वभाव बनाते हैं, तब आपको प्रार्थना से जवाब मिलने की खुशी का अनुभव होगा।

प्रार्थना में सफलता पाने के तीन चरण

सामान्य प्रक्रिया इस प्रकार है:

1. अपनी समस्या पर नजर डालें।
2. उस हल की ओर जाएं अथवा उससे बाहर निकलने के रास्ते की ओर, जिसका हल केवल अवचेतन मस्तिष्क को पता है।
3. इसके होने के गहरे यकीन का अनुभव करते हुए निश्चिंत हो जाएं।

अपनी प्रार्थना को ऐसा कहकर कमजोर न करें, "काश, मैं ठीक हो जाता," "उम्मीद है," आपके किए जाने वाले कार्य का अहसास "बॉस" है। अवचेतन मस्तिष्क की अनंत उपचार-शक्ति के लिए पहिया बनकर बुद्धिमान बनिए। अपने अच्छे स्वास्थ्य के विचार को यकीन के तौर पर अपने अवचेतन मस्तिष्क को दें और फिर निश्चिंत हो जाएं। अपने हाथ ढीले छोड़ दें। स्थिति और परिस्थिति को कहें, "यह भी खत्म हो जाएगा।" निश्चिंतता के द्वारा आप अपने अवचेतन को प्रभावित करते हैं, जिससे विचार के पीछे की गतिज ऊर्जा इसे पाने के लिए कार्य की कमान अपने हाथ में ले लेती है।

विपरीत प्रयत्न का नियम और जिसके लिए आप प्रार्थना करते हैं, उसका परिणाम उल्टा क्यों मिलता है

चालीस वर्ष पूर्व जब फ्रांस के प्रसिद्ध मनोवैज्ञानिक अमेरिका गए, उन्होंने विपरीत प्रयत्न के नियम की परिभाषा इस प्रकार दी: "जब आपकी कल्पना और इच्छा विरोधाभास में हो, तब आपकी कल्पना ही विजयी होती है।"

उदाहरण के तौर पर–यदि आपसे जमीन पर रखे पटरे पर चलने को कहा जाए तो बिना कोई प्रश्न किए आप इसके लिए तैयार हो जाएंगे। अब मान लीजिए, यदि उसी पटरे को बीस फुट ऊंचे दो दीवारों पर रख दिया जाए तो क्या उस पर चलेंगे? आपकी चलने की इच्छा को आपके गिरने की तस्वीर की कल्पना, इसका विरोध करेगी। गिरने की तस्वीर का विचार आप पर ज्यादा प्रभाव डालेगा। आपकी इच्छा अथवा इरादा आपके पटरे पर चलने की कोशिश को उलट देंगे और इसकी वजह से असफलता का विचार दृढ़ हो जाएगा।

मानसिक प्रयास निश्चित रूप से स्वयं को पराजित करने वाला होता है, होने की संभावना हमेशा जिस चीज की आप इच्छा करते हैं, उसका ठीक उल्टा

होता है। इस स्थिति से उभरने में शक्तिहीन होने का सुझाव हमेशा मन को ज्यादा प्रभावित करता है। आपका अवचेतन इन विपरीत सुझावों में से जो सुझाव ज्यादा मजबूत है, उसे स्वीकार करेगा, जिसमें कोशिश न करनी पड़े, वह बेहतर है।

यदि आप कहते हैं, "मुझे उपचार चाहिए, मगर मुझे नहीं मिल सकता; मैंने बहुत कोशिश की," "मैंने जबरदस्ती प्रार्थना की," "मैंने अपनी ओर से पूरी ताकत लगा दी," आपको जानना चाहिए कि गलती आपके किए गए प्रयासों में है।

कभी भी अपने अवचेतन मस्तिष्क को अपनी इच्छाशक्ति का उपयोग करते हुए उसे स्वीकार करने पर जोर न दें। इस तरह के प्रयत्नों का असफल होना निश्चित है, जिस चीज के लिए आप प्रार्थना करते हैं, आपको उसका उल्टा मिलता है।

निम्नलिखित उसका सबसे सामान्य अनुभव है–छात्र जब परीक्षा देते समय अपने विषय को पढ़ रहे होते हैं, तब वे पाते हैं कि उनका पूरा ज्ञान गायब हो गया है अथवा उनका पढ़ा-लिखा सब गायब हो गया है।

उनका दिमाग एकदम खाली हो जाता है और वे एक भी जरूरत का विचार नहीं सोच पाते।

जबरदस्ती याद करने की कोशिश उनकी असफलता का कारण था। यह विपरीत प्रयत्न नियम का उदाहरण था, जहां आपको जो आप मांगते अथवा प्रार्थना करते हैं, उसका उल्टा मिलता है।

इच्छा और कल्पना के बीच के संघर्ष का समाधान जरूरी है

मानसिक शक्ति के प्रयोग का अर्थ है कि वहां पहले से ही विरोध है। जब आपका मस्तिष्क किसी समस्या को खत्म करने पर केंद्रित है, तब उसे रुकावट से कोई मतलब नहीं है।

मैथ्यू 18:19 के अनुसार, *यदि आप दोनों इस दुनिया की किसी भी चीज को जिसकी आपको चाहत है, उसे छूने के लिए तैयार हैं तो उसे मेरे पिता जो स्वर्ग में हैं, जरूर पूरा करेंगे।* ये दो कौन हैं? इसका अर्थ है–सामंजस्यपूर्ण मिलन अथवा चेतन और अवचेतन का किसी विचार, इच्छा अथवा मानसिक छवि पर आपसी सहमति। जब आपके मन के दोनों भागों में कोई मतभेद नहीं है तो आपकी प्रार्थना को जवाब मिलेगा। दोनों की सहमति में आप और आपकी इच्छा, आपके विचार और अहसास, आपके विचार और भावना, आपके विचार और कल्पना के द्वारा

भी प्रतिनिधित्व किया जा सकता है। आप अपनी इच्छा और कल्पना के बीच के सभी मतभेदों को उनींदी, सोने की स्थिति जो सभी प्रयास को कमतर कर देती है, के द्वारा दूर किया जा सकता है। चेतन मस्तिष्क जब निद्रावस्था में होता है, तब गहरा (काफी दूर तक) डूब जाता है। अपने अवचेतन में विचार को डालने का श्रेष्ठ समय निद्रावस्था से पहले का है। इसका कारण है कि अवचेतन सोने से पहले और उठने के फौरन बाद सबसे ज्यादा उघड़ा और खुला हुआ होता है।

इस अवस्था में नकारात्मक विचार और कल्पना आपकी इच्छा को निष्क्रिय कर देते हैं, जिससे आपका अवचेतन अपना विचार नहीं रख पाता। जब आप अपनी इच्छा के पूर्ण होने की कल्पना करते हैं और उसके पाने का अहसास लेते हैं, तब आपका अवचेतन आपकी इच्छा को साकार रूप देता है।

कई व्यक्ति अपनी सभी दुविधा और समस्याओं का निदान अपने नियंत्रित, निर्देशित और अनुशासित कल्पना को घुमा-फिराकर पा लेते हैं, इस ज्ञान के साथ कि जिस चीज की कल्पना और अहसास एक सत्य की तरह करेंगे, वह जरूर होगा। यह उदाहरण स्पष्ट रूप से दिखाएगा कि कैसे एक युवा लड़की ने अपनी इच्छा और अपनी कल्पना के बीच के मतभेद पर काबू पाया। उसे अपनी कानूनी समस्या पर एक सामंजस्यपूर्ण हल चाहिए था, लेकिन उसकी मानसिक कल्पना हमेशा असफलता, नुकसान, दिवालियापन और गरीबी की रहती थी। यह एक जटिल कानूनी समस्या थी और एक के बाद एक करके तारीखें आगे बढ़ रही थीं और कोई हल नहीं दिखाई दे रहा था। मेरे सुझाव पर हर साल निद्रावस्था, उनींदी स्थिति में सोने से पहले उसने सुखद अंत की कल्पना करनी शुरू की और उसको अनुभव करना शुरू किया। उसे पता था कि उसके मन की कल्पना और उसके दिल की इच्छा के बीच सहमति होनी चाहिए। सोने से पहले उसने अपने और अपने वकील के बीच वार्तालाप में नतीजे के बारे में सोचा और इन सबको सजीव ढंग से देखा। वह अपने वकील से प्रश्न पूछ रही थी और वह उसे सही जवाब दे रहा था। वह उसे बार-बार कह रहा था, यह एक उत्तम सामंजस्यपूर्ण हल था। "इस केस का हल कोर्ट से बाहर हो गया है।" दिन के समय जब डर का विचार उसके मन में आया, वह अपनी मानसिक फिल्म को अपनी हरकतों, आवाज और बोलकर चलाती। वह आसानी से उसकी आवाज, उसका तरीका और मुस्कराहट की कल्पना कर सकती थी। उसने यह मानसिक फिल्म कई बार चलाई कि यह एक विषयनिष्ठ आकार बन गया, एक सामान्य रेलगाड़ी की पटरी की तरह। कुछ सप्ताहों के बाद उसके वकील ने उसे बुलाया और वास्तव में यकीन दिलाया कि जो कुछ वह कल्पना में देख और महसूस कर रही थी, वह वाकई हो रहा था।

सालमिस्ट ने जब निम्नलिखित बातें लिखीं तो उनका यही अर्थ था–"*मेरे मुंह से निकले शब्दों* (आपके विचार, मानसिक छवि, अच्छाई) *और मेरे हृदय के ध्यान* (आपके अहसास, प्रकृति, भावनाएं) *हे ईश्वर आपकी दृष्टि में स्वीकृति मिले* (आपके अवचेतन मन का नियम) *मेरी शक्ति और मुझे मुक्ति दिलवाने वाला* (आपके अवचेतन मन की शक्ति और बुद्धिमत्ता आपको बीमारी और दुःख के बंधन से मुक्ति दिला सकती है) *साल्म 19:14।*

याद करने योग्य विचार

1. मानसिक दबाव अथवा बहुत ज्यादा प्रयास, चिंता और डर दिखाते हैं, जो आपके जवाब को बंद कर देते हैं। सहजता इसे करने देती है।
2. जब आपका मस्तिष्क निश्चिंत है और आपके विचार को स्वीकार करता है, तब आपका अवचेतन उस विचार को सफल बनाने में जुट जाता है।
3. पारंपरिक तरीकों से अलग सोचें और योजना बनाएं। जानिए कि हर समस्या का जवाब और हल है।
4. अपने हृदय की धड़कन, अपने फेफड़ों की सांसें अथवा अपने शरीर के किसी भी हिस्से की कार्य-शैली के बारे में ज्यादा चिंता मत कीजिए। अपने अवचेतन पर पूरा विश्वास और भरोसा रखें और अक्सर कहिए कि दिव्य शक्ति द्वारा सही कार्य हो रहा है।
5. अच्छे स्वास्थ्य का अहसास स्वस्थ करता है, धन का अहसास धन उत्पन्न करता है। आप कैसा अनुभव करते हैं?
6. कल्पना आपका शक्तिशाली विभाग है। कल्पना कीजिए कि कितनी अच्छी और प्यारी रिपोर्ट है। आप वैसे ही हैं, जैसी आप कल्पना करते हैं।
7. सुप्तावस्था में आप अपने चेतन और अवचेतन के बीच विवाद को न आने दें। सोने से पहले कल्पना में बार-बार अपनी इच्छा पूरी होते देखें। आराम से सोएं और सुबह खुशी-खुशी उठें।

9

धन-संपदा के लिए अपने अवचेतन की शक्ति का उपयोग कैसे करें

यदि आप आर्थिक समस्याओं से जूझ रहे हैं, यदि आप इनका अंत करने की कोशिश कर रहे हैं यानी बहुत मुश्किल से गुजारा कर रहे हैं, तो इसका अर्थ है आपने अपने अवचेतन को यकीन नहीं दिलाया है कि आपके पास हमेशा पर्याप्त होगा और कुछ देने के लिए बचेगा। आपको पता है, वे पुरुष और स्त्री जो सप्ताह में कुछ घंटे काम करते हैं, वे शानदार धन कमाते हैं। वे बहुत ज्यादा मेहनत और कोशिश नहीं करते। इस कहानी पर विश्वास मत कीजिए कि बड़ी मेहनत और पसीना बहाकर आप धनाढ्य बन सकते हैं। ऐसा नहीं है; बिना किसी मेहनत का जीवन सबसे बढ़िया है। आप वही करिए, जो आप वाकई करना चाहते हैं और उसे अपनी खुशी और रोमांच के लिए करें।

मैं लॉस एंजेल्स में एक अफसर को जानता हूं, जो 75,000 डॉलर प्रति वर्ष कमाता है। पिछले वर्ष वह नौ महीने का अवकाश लेकर विश्व-भ्रमण और खूबसूरत जगहों को देखने निकला। उसने मुझे बताया कि उसके संगठन में कई व्यक्ति हैं जिन्हें केवल सौ डॉलर एक सप्ताह के लिए मिलते हैं और वे मेरे से ज्यादा इस काम के बारे में जानते हैं और उसे मुझसे कहीं बेहतर ढंग से निभा सकते हैं, लेकिन वे महत्त्वाकांक्षी नहीं हैं। उनके पास कोई रचनात्मक विचार नहीं है और उन्हें अवचेतन मन के चमत्कारिक कार्यों में कोई दिलचस्पी नहीं है।

संपत्ति मन की है

किसी व्यक्ति के लिए धन-संपदा अवचेतन रूप से केवल एक यकीन है। आप केवल करोड़पति यह कहने से नहीं हो जाएंगे कि "मैं एक करोड़पति हूं, मैं करोड़पति हूं।" संपत्ति और बाहुल्यता के विचार को अपने मन में निर्मित करके आप धन की चेतना को बना पाएंगे।

सहायता का अदृश्य माध्यम

अधिकतर लोगों के साथ समस्या यह होती है कि उनके पास कोई सहारे का अदृश्य माध्यम नहीं होता। जब व्यवसाय असफल हो जाता है अथवा शेयर बाजार (स्टॉक मार्केट) गिर जाता है अथवा वे अपना निवेश खो देते हैं, तब वे असहाय प्रतीत होते हैं। इस तरह की असुरक्षा का कारण है कि उन्हें कैसे अपने अवचेतन से प्राप्त किया जाए, इसका उन्हें ज्ञान नहीं है। वे अपने अंदर निहित इस कभी खत्म न होने के भंडार से परिचित नहीं हैं।

एक गरीब मानसिकता वाला व्यक्ति अपने को गरीब परिस्थितियों में पाता है। दूसरा व्यक्ति जिसका मस्तिष्क संपदा के विचार से भरा हुआ है, उसके चारों ओर धन-संपदा और जो कुछ वह चाहता है, उससे भरा हुआ है। ईश्वर का ऐसा कभी भी इरादा नहीं था कि मनुष्य एक बेचारगी, बदनामी की जिंदगी गुजारे। आपके पास धन-संपदा जो कुछ भी आप चाहें और बहुत कुछ देने के लिए शेष भी रह सकता है, यदि आप ऐसा चाहें। आपके शब्दों में अपने दिमाग से गलत विचारों को निकालकर मन को साफ रखने की और सही विचार को उनकी जगह पर रखने की शक्ति है।

धन-संपदा की जागरुकता/चेतना के निर्माण का सबसे सही तरीका

जब आप यह अध्याय पढ़ रहे होंगे, तब शायद आप यह भी कह रहे होंगे, "मुझे धन और सफलता की जरूरत है।" यही आपको करना है: प्रतिदिन तीन से चार बार स्वयं को कहें, "धन-संपदा-सफलता," इन शब्दों में अद्‌भुत शक्ति है। ये अवचेतन मस्तिष्क की आंतरिक शक्ति का प्रतिनिधित्व करते हैं। अपने अंदर

मौजूद शक्ति पर अपना मन टांग दें; फिर स्थितियां और परिस्थितियां अपने-अपने स्वभाव और गुणों के आधार पर आपके अंदर प्रकट होंगी। आप यह नहीं कह रहे हैं, "मैं अमीर हूं," आप अपने अंदर की वास्तविक शक्ति पर ध्यान केंद्रित कर रहे हैं। आपके मन में कोई विरोध और संशय नहीं है, जब आप कहते हैं, "अमीरी।" आगे चलकर जैसे ही आप अपना ध्यान धन-संपदा (अमीरी) पर केंद्रित करते हैं, वैसे ही अमीरी का अहसास आपके अंदर बढ़ेगा।

इस बात को हमेशा अपने मन में बनाए रखिए कि धन का अहसास धन पैदा करता है। आपका अवचेतन एक बैंक की तरह है, एक प्रकार का सार्वभौमिक आर्थिक संस्थान। जब कभी भी आप जो कुछ भी जमा करते हैं, चाहे वह अमीरी का विचार हो या गरीबी का–वह बढ़ता है। अमीरी चुनिए।

क्यों धन के लिए दृढ़ कथन असफल हो जाता है

मैंने पिछले पैंतीस वर्ष के दौरान कई व्यक्तियों से बात की है, जिनकी सामान्य शिकायत होती है, "मैंने सप्ताहों, महीनों कहा है, "मैं अमीर हूं, मैं समृद्ध हूं, लेकिन कुछ नहीं हुआ है।" मैंने पाया कि जब उन्होंने कहा, "मैं समृद्ध हूं, मैं अमीर हूं," तो उन्होंने अपने भीतर महसूस किया कि वे स्वयं से झूठ बोल रहे थे।

एक व्यक्ति ने मुझे बताया, "मैं दृढ़ता से स्वीकार करता गया कि मैं अमीर हूं, जब तक मैं थक नहीं गया। हालात अब पहले से बदतर हैं। मुझे पता था कि जो मैं कह रहा हूं, वह जाहिर है कि सच नहीं था।" उसके कथन को चेतन मन ने अस्वीकार कर दिया और जो कुछ उसने कहा था, उसका उल्टा स्वीकृत हुआ और वैसा ही हुआ।

आपकी स्वीकारोक्ति तभी ज्यादा सफल होती है, जब यह विशिष्ट हो और जब यह कोई मानसिक विरोध अथवा विवाद न पैदा करती हो; इसलिए इस व्यक्ति द्वारा कहे गए कथनों ने स्थिति को और खराब किया, क्योंकि उसके सुझावों में विश्वास की कमी थी। आपका अवचेतन उसी को स्वीकार करता है, जिसे आप वास्तव में सच समझते हैं, केवल कोरे शब्द अथवा वक्तव्य की तरह नहीं। प्रमुख विचार अथवा विश्वास को ही हमेशा अवचेतन मस्तिष्क स्वीकार करता है।

मानसिक टकराव को कैसे टालें

जिन्हें इसकी समस्या है, उनके लिए इस पर काबू पाने का निम्नलिखित तरीका है। इस व्यावहारिक वक्तव्य को अक्सर कहें, विशेषकर सोने से पहले–"दिन-रात मेरी सभी इच्छाएं फल-फूल रही हैं।" इस तरह से दृढ़तापूर्वक कहें, यह वक्तव्य किसी प्रकार का विवाद नहीं पैदा करेगा, क्योंकि यह आपके अवचेतन मन में बसी धन की कमी की छाप का विरोध नहीं करता।

मैंने एक व्यवसायी जिसकी बिक्री और वित्तीय स्थिति बहुत खराब चल रही थी और वह बहुत परेशान था, उसे सुझाव दिया कि वह अपने ऑफिस में बैठे अपने को शांत करे और इस कथन को बार-बार दोहराए: "मेरी बिक्री दिन-पर-दिन बढ़ रही है," इस वक्तव्य को चेतन और अवचेतन दोनों का सहयोग मिला और शीघ्र ही उसका परिणाम सामने आया।

खाली चेक पर हस्ताक्षर न करें

जब आप खाली चेक पर हस्ताक्षर करते हैं तो आपका मतलब होता है, यहां ज्यादा कुछ नहीं है," "यहां कमी है," "मैं यह घर गिरवी रखने की वजह से गंवा दूंगा," इत्यादि। यदि आप भविष्य के लिए बहुत डरे हुए हैं और खाली चेक पर हस्ताक्षर कर रहे हैं तो अपने लिए नकारात्मक स्थितियों को आकर्षित कर रहे हैं। आपका अवचेतन मस्तिष्क आपके डर और नकारात्मक वक्तव्य को आपकी प्रार्थना (याचना) की तरह स्वीकार करता है और अपने तरीके से आपके जीवन में रुकावट, देरी, कमी और सीमाएं लाता है।

आपका अवचेतन आपको चक्रवृद्धि ब्याज देता है

आपका अवचेतन समृद्धि के अहसास में और समृद्धि को जोड़ता है, यदि उसके लिए कमी का अहसास है तो उसमें वह और कमी लाता है। आपका अवचेतन कई गुणा करता है और उसे और विशाल बनाता है, जिसे आप उसमें जमा करते हो। हर सुबह जब आप संपन्नता, सफलता, धन-संपदा और शांति के विचार से उठते हैं, तब यह उन विचारों पर अपना ध्यान केंद्रित करता है। आपके दिमाग को ज्यादा-से-ज्यादा उसी में व्यस्त रखता है। इस तरह रचनात्मक विचार आपके

अवचेतन मस्तिष्क में जमा हो जाएंगे और फिर वे आपके सामने विपुलता और समृद्धि लाते हैं।

क्यों कुछ नहीं हुआ

मैं आपको यह कहते सुन सकता हूं, "ओह, मैंने ऐसा किया और कुछ नहीं हुआ।" आपको परिणाम नहीं मिला, क्योंकि पांच मिनट पश्चात् आपके मन में डर आया और अगले दस मिनट में जो कुछ अच्छा आपने दृढ़ता से कहा था, वह निष्क्रिय हो गया। जब आप जमीन में बीज बोते हैं, तब आप उसे उखाड़ते नहीं। आप उसमें जड़ उगने और बड़ा होने देते हैं।

उदाहरण के तौर पर–मान लीजिए, आप कहने जा रहे हैं, "मैं इसका भुगतान नहीं कर पाऊंगा।"

इससे पहले कि आगे कुछ कहें, "मैं..." वाक्य को रोकिए और किसी रचनात्मक वाक्य पर ध्यान केंद्रित करें, जैसे–"हर दिन हर रात मैं हर तरह से संपन्न हो रहा हूं।"

समृद्धि का स्रोत

आपके अवचेतन के पास विचारों की कोई कमी नहीं है। अनगिनत तरीकों से असीमित संख्या में इसके पास विचार तैयार हैं, जो आपकी जेब में नकदी की तरह आएंगे। यह प्रक्रिया आपके मस्तिष्क में चलती रहेगी, चाहे शेयर बाजार ऊपर जाए या नीचे गिरे, अपना पाउंड स्टर्लिंग या डॉलर का मूल्य घटे।

आपकी धन-संपदा वास्तव में बांड, शेयर अथवा बैंक में धन पर निर्भर नहीं है, यह केवल जरूरी चिह्न और फायदे की चीज है, लेकिन फिर भी केवल चिह्न है।

मेरे कहने का तात्पर्य है कि मैं इस बात पर जोर देना चाहता हूं कि यदि आप अपने अवचेतन मस्तिष्क को यकीन दिला दें कि यह धन आपका है और यह हमेशा से आपके जीवन के इर्द-गिर्द है तो वाकई हमेशा आपका होगा, चाहे यह किसी भी रूप में हो।

गुजारा करने की कोशिश और असली कारण

कई व्यक्ति दावा करते रहते हैं कि वे किसी तरह से गुजारा करने की कोशिश कर रहे हैं। ऐसा लगता है, आप अपने दायित्वों को पूरा करने में भटक गए हैं। क्या आपने कभी उनकी बातें सुनी हैं? कई बार उनका वार्तालाप इस प्रकार चलता रहता है। वह हमेशा उनको भला-बुरा कहते रहते हैं, जो अपनी जिंदगी में सफल हैं और जिन्होंने भीड़ में अपनी पहचान बनाई है। शायद वे कहते हैं, "ओह, उसका तो कोई रैकेट चल रहा है, वह बहुत निर्दयी है, वह बदमाश है। इसी कारण उनमें कमी है, वे उन चीजों को बुरा कह रहे हैं, जिसकी इच्छा उनको भी है, वे भी वह सब चाहते हैं। वे अपने से ज्यादा अमीर और धनाढ्य साथी की इसलिए बुराई करते हैं, क्योंकि वे उसकी समृद्धि से ईर्ष्या करते हैं। समृद्धि में पंख लगाने का सबसे बेहतर तरीका है, उनकी बुराई बंद करना, जो आपसे ज्यादा संपन्न और अमीर हैं।

समृद्धि के रास्ते का एक सामान्य रोड़ा

कइयों के जीवन में धन की कमी का एक कारण भावना है। अधिकतर व्यक्ति इसे बहुत कठिन तरीके से सीखता है। यह है ईर्ष्या, उदाहरण के तौर पर-यदि आप अपने प्रतिद्वंद्वी को ढेर सारा धन बैंक में रखते देखते हैं और आपके पास जमा करने के लिए बहुत कम धन है, तो क्या यह आपको ईर्ष्यालु बनाता है? इस भावना पर काबू पाने के लिए आपको स्वयं से कहना है, "क्या यह बढ़िया नहीं है, मैं इस व्यक्ति की संपन्नता से प्रसन्न हूं। मैं उसके लिए और ज्यादा समृद्धि की कामना करता हूं।"

ईर्ष्या के भाव वाले विचारों को पालना विनाशकारी है, क्योंकि ये आपको नकारात्मक स्थिति में रखते है; इसलिए समृद्धि आपसे दूर बहती है, बजाय आपकी ओर बहने के। यदि आप कभी भी किसी दूसरे की संपन्नता अथवा उसका अधिक धन देखकर चिढ़ते या परेशान होते हैं तो तुरंत उसके लिए हर तरह से और समृद्धि की दुआ दें। इस तरह आप नकारात्मक विचार को निष्क्रिय कर देंगे और फिर आपके अपने अवचेतन मस्तिष्क के नियम के अनुसार आपकी ओर ज्यादा बहुलता से धन का बहाव होगा।

समृद्धि के रास्ते से बड़ी मानसिक रुकावट को हटाना

यदि आप किसी व्यक्ति के बारे में चिंतित अथवा बुरा सोच रहे हैं कि वह बेईमानी से धन अर्जित कर रहा है तो उसके बारे में चिंता छोड़िए। आपको पता है कि ऐसा व्यक्ति मस्तिष्क के नियम का नकारात्मक ढंग से उपयोग कर रहा है, मस्तिष्क का नियम उससे खुद निबटेगा। सावधान रहें, उसे टोकने की जरूरत नहीं है। याद रखें: समृद्धि का रोड़ा अथवा अड़चन आपके अपने मन में है। अब आप अपनी मानसिक अड़चन को नष्ट कर सकते हैं। ऐसा आप सभी के साथ अच्छे संबंध बनाकर कर सकते हैं।

सोएं और अमीर बनें

जब आप रात में सोने जाएं तो निम्नलिखित तकनीक अपनाएं:

शब्द को दोहराएं, "समृद्धि" धीमे से, आराम से और अहसास के साथ। इसे बार-बार कहें। एक लोरी की तरह इस एक शब्द को दोहराएं, "धन-संपत्ति।" आप इसके परिणाम से चकित रह जाएंगे।

धन आपके पास तूफान की तरह बहुलता में आएगा। यह आपके अवचेतन मस्तिष्क के चमत्कार का अन्य उदाहरण है।

अपने मस्तिष्क की शक्ति स्वयं को परोसें

1. सीधे तरीके से धनवान बनने का निर्णय लें।
2. पसीना बहाकर, कड़ी मेहनत से धन अर्जित कर सबसे अमीर कब्रिस्तान में बनते हैं। आपको इतनी कड़ी मेहनत की जरूरत नहीं है।
3. धन-संपदा एक अवचेतन का यकीन है। अपने मन में समृद्धि का विचार बनाएं।
4. अधिकांश व्यक्तियों की समस्या है कि उनके पास कोई अदृश्य समर्थन नहीं है।
5. सोने से पहले स्वयं को "धन" शब्द का उच्चारण धीरे-धीरे और शांति से करीब पांच मिनट तक करें तो आपका अवचेतन धन को आपके अनुभव के लिए लाएगा।

6. धन का अहसास धन को बनाता है। इसे अपने मन में हमेशा रखें।
7. आपके चेतन और अवचेतन का सहमत होना जरूरी है। आपका अवचेतन उसे ही स्वीकार करता है, जिसे आप सच समझते हैं। आपका प्रमुख विचार आपका अवचेतन मस्तिष्क हमेशा स्वीकार करता है। प्रमुख विचार समृद्धि का होना चाहिए, गरीबी का नहीं।
8. धन से संबंधित किसी भी मानसिक संघर्ष को और अक्सर दृढ़ता से यह कहकर हटा सकते हैं, "दिन-रात मैं अपने सभी कार्यों में उन्नति करता हूं।"
9. अपनी बिक्री इस वक्तव्य को बार-बार कहकर बढ़ाएं, "मेरी बिक्री हर दिन सुधर रही है, मैं आगे बढ़ रहा हूं, उन्नति कर रहा हूं और हर दिन और अमीर बन रहा हूं।
10. खाली चेक भरना बंद करें, जैसे–"यहां कुछ करने को नहीं है," या "यहां कमी है," इत्यादि। इस तरह के वक्तव्य आपकी कमी को कई गुणा बढ़ाते हैं।
11. समृद्धि, अमीरी और सफलता के विचारों को अपने अवचेतन मस्तिष्क में जमा करें तो यह आपको चक्रवृद्धि ब्याज देगा।
12. जिस चीज को आप दृढ़ता से स्वीकार करते हैं, उसे कुछ क्षण के लिए बदनाम मत कीजिए। ऐसा करने से जो कुछ अच्छा आपने स्वीकार किया है, वह निष्क्रिय हो जाता है।
13. विचार, जो आपके मन में हैं, वही समृद्धि के असली स्रोत हैं। आपके पास लाखों डॉलर के बराबर के विचार हो सकते हैं। आपका अवचेतन आपको वही विचार देगा जिसे आप चाहते हैं।
14. धन के बहाव के रास्ते में ईर्ष्या और द्वेष रोड़ा अटकाने वाले हैं। दूसरों की समृद्धि का आनंद लें।
15. समृद्धि का रोड़ा भी आपके मन में ही है। सबके साथ अच्छे मानसिक संबंध बनाकर उस रोड़े को नष्ट कीजिए।

10

अमीर होना आपका अधिकार

यह आपका अधिकार है कि आप अमीर बनें। आप यहां पर जीवन की प्रचुरता का नेतृत्व करने और खुश, दीप्तिमान और आजाद रहने के लिए हैं। इसलिए आपके पास पर्याप्त धन होना चाहिए, जिससे आप संपूर्ण, खुश और संपन्न जीवन जी सकें।

केवल काम चलाने लायक धन से ही क्यों संतुष्ट हों, जब आप अपने अवचेतन मस्तिष्क की अमीरी का मजा ले सकते है? इस अध्याय में आप धन के साथ दोस्ती बनाना सीख सकते हैं और आपके पास हमेशा अतिरिक्त धन रहना चाहिए। धनी होने की आपकी इच्छा का तात्पर्य यह है कि और ज्यादा पूर्ण, खुशनुमा और ज्यादा भरपूर जिंदगी की इच्छा। यह ब्रह्मांडीय (लौकिक) इच्छा है।

धन एक चिह्न है

धन विनिमय का चिह्न है। आपके लिए इसका अर्थ केवल चाहत से आजादी ही नहीं, बल्कि खूबसूरती, ऐशो-आराम, बहुलता और उत्कृष्टता से भी है। यह किसी भी देश के आर्थिक स्वास्थ्य का भी एक चिह्न है। जब आपके शरीर में रक्त का प्रवाह बिना किसी रुकावट के निरंतर बहता है तो आप स्वस्थ हैं। जब धन का प्रवाह आपके जीवन में बिना किसी रुकावट के निरंतर होता है तो आप आर्थिक रूप से स्वस्थ हैं। जब लोग धन का भंडारण करने लगते हैं, टिन के बक्सों में भर-भरकर अलग रखने लगते हैं, तब उनके अंदर भय का संचार होता है और वह आर्थिक बीमारी है। सदियों से धन ने विभिन्न माध्यमों का आकार लिया है,

जैसे नमक, मोती और जवाहरात के विभिन्न प्रकार। प्राचीन काल में व्यक्ति की संपन्नता उसके भेड़, बैलों की संख्या से पहचानी जाती थी। अब हम मुद्रा और अन्य तोल-भाव वाले उपकरणों का उपयोग करते हैं, क्योंकि बिल भुगतान के लिए चेक लिखना ज्यादा सरल है, बजाय भेड़ों के साथ जाने के।

समृद्धि की सड़क पर कैसे चलें

आपके अवचेतन मस्तिष्क के ज्ञान की शक्ति आध्यात्मिक, मानसिक और आर्थिक सभी प्रकार की शाही सड़कों पर चलने का माध्यम है। मस्तिष्क के नियम का छात्र निश्चित रूप से इस पर विश्वास रखता और जानता है कि चाहे शेयर बाजार की उठा-पटक कैसी भी हो, मंदी, हड़तालें, युद्ध अथवा अन्य स्थितियां और परिस्थितियां कैसी भी हों, उसे हमेशा प्रचुरता से धन मिलता रहेगा, चाहे धन का कोई भी रूप (धन किसी भी रूप में हो) हो। इसका कारण है कि उसने अपने अवचेतन मस्तिष्क को धन का विचार भेजा है और जहां कहीं भी वह है, इसका प्रवाह होता रहता है। उसने अपने मन को यकीन दिला दिया है कि उसके जीवन में धन का निरंतर प्रवाह है और वहां हमेशा उत्तम प्रकार का अतिरिक्त धन रहेगा। यदि कल सरकार की आर्थिक स्थिति डूबती है और मनुष्य की सभी संपत्तियां मूल्यहीन हो जाती हैं। जैसा कि जर्मनी ने प्रथम विश्वयुद्ध के बाद किया था, वह फिर भी धन को आकर्षित करेगा, चाहे नई मुद्रा कैसी भी हो।

क्यों आपके पास ज्यादा धन नहीं है

जब आप यह अध्याय पढ़ रहे होते हैं, तब आप शायद यह कह रहे हैं कि "जितनी तनख्वाह मुझे मिल रही है, मैं उससे ज्यादा पाने का अधिकारी हूं।" मेरा विश्वास है कि अधिकतर लोगों को कम प्रतिफल मिलता है। कई लोगों के पास ज्यादा धन इसलिए नहीं है, क्योंकि वे चुप हैं अथवा खुलकर इसकी निंदा कर रहे हैं।

वे धन को "गंदा धन" या "धन के लिए प्रेम, सभी बुराइयों की जड़ है" की तरह संबोधित करते हैं।

एक अन्य कारण है, उनके समृद्ध न होने का कि उन्हें अवचेतन के किसी कोने में संशय है कि गरीबी में कुछ सद्गुण हैं। अवचेतन में ऐसी प्रकृति अथवा

भावना बचपन में बैठे अंधविश्वास अथवा धर्मग्रंथों पर आधारित मिथ्या व्याख्या के कारण हो सकती है।

धन और संतुलित जीवन

एक बार एक व्यक्ति ने मुझसे कहा, "मैं कंगाल हूं। मुझे धन पसंद नहीं है। यह सब बुराइयों की जड़ है।"

इस तरह का कथन एक व्याकुल विक्षिप्त मन का प्रतिनिधित्व करता है। सब कुछ त्यागकर केवल धन से प्रेम आपको असंतुलित और अव्यवस्थित बनाएगा। आप यहां पर अपनी शक्ति और अधिकार का समझदारी से उपयोग करने के लिए हैं। कुछ व्यक्ति शक्ति की इच्छा रखते हैं और कुछ धन की। यदि आप अपना पूरा दिल केवल धन के लिए, यह कहते हुए रखेंगे, "मुझे केवल धन चाहिए; मैं अपना पूरा ध्यान केवल धन एकत्रित करने में लगाऊंगा; मेरे लिए किसी और चीज का कोई महत्त्व नहीं है," तो आपको धन मिल सकता है और एक अकूत संपत्ति पा सकते हैं, लेकिन आप भूल गए हैं कि यहां आप एक संतुलित जीवन का नेतृत्व करने के लिए हैं। आपको मानसिक शंति, सामंजस्यता, प्रेम, खुशी और उत्तम स्वास्थ्य की भूख को भी शांत करना है। धन को केवल ध्येय बनाकर आप केवल एक गलत चुनाव कर रहे हैं। आपने सोचा आपको केवल इसकी जरूरत है, लेकिन इतना सब कोशिश करने के बाद आपको पता चला कि आपको केवल धन की जरूरत नहीं थी।

आपको अपनी छुपी हुई प्रतिभा को दिखाने, जीवन में सही स्थान, खूबसूरती, दूसरों की भलाई और सफलता में अपना सहयोग देने की खुशी की इच्छा भी थी। अपने अवचेतन मस्तिष्क के नियमों को सीखने के पश्चात् आपके पास एक लाख अथवा कई लाख डॉलर यदि आप चाहते, तो हो सकते थे और साथ ही मानसिक शांति, सामंजस्यता, उत्तम स्वास्थ्य और उत्तम अभिव्यक्ति भी आप प्राप्त कर सकते थे।

गरीबी एक मानसिक बीमारी है

गरीबी में कोई सद्‌गुण नहीं है; यह अन्य मानसिक बीमारियों की तरह एक बीमारी है। यदि आप शारीरिक रूप से अस्वस्थ हैं तो आपको लगेगा कि आप में कोई

गड़बड़ी है। आप सहायता मांगेंगे और अपनी स्थिति के लिए फौरन कुछ करेंगे। इसी प्रकार यदि आपके जीवन में धन का निरंतर प्रवाह नहीं है, आपमें जरूर कुछ बहुत गलत है।

जीवन के सिद्धांत की चाहत विकास, फैलाव और प्रचुर जिंदगी की है। आप यहां पर झोंपड़ी में रहने, चीथड़े पहनने और भूखे रहने के लिए नहीं हैं। आपको खुश, समृद्ध और सफल रहना है।

आपको क्यों धन की आलोचना नहीं करनी चाहिए

धन से संबंधित सभी अजीबोगरीब और अंधविश्वासों को हटा दीजिए। कभी भी धन को खराब अथवा गंदा मत समझिए। यदि आप ऐसा करते हैं तो आप इसे पंख लगाकर अपने से दूर उड़ने के लिए प्रेरित करते हैं। याद रखें, जिसकी आप बुराई करते हैं, उसे आप गंवा देते हैं। आप उसको अपनी ओर आकर्षित नहीं कर सकते, जिसकी आप आलोचना करते हैं।

धन के लिए सही दृष्टिकोण

यहां सरल-सी तकनीक है, जिसे आप धन को कई गुणा बढ़ाने के लिए उपयोग कर अनुभव पा सकते हैं। निम्नलिखित वक्तव्य को दिन में कई बार कहें, "मुझे धन पसंद है, मैं इससे प्यार करता हूं, मैं इसका बुद्धिमत्ता, रचनात्मकता के साथ और न्यायसंगत ढ़ग से उपयोग करता हूं। धन निरंतर मेरे जीवन में प्रवाहित हो रहा है। मैं इसे खुशी के साथ खर्च करता हूं और यह अद्‌भुत तरीके से मेरे पास कई गुणा होकर वापस आता है। यह अच्छा है कि मेरे पास तूफान की तरह प्रचुरता में अच्छा धन प्रवाहित हो रहा है। मैं इसका उपयोग अच्छाई के लिए करता हूं और मैं अपनी अच्छाई और मन की समृद्धि के लिए इसका आभारी हूं।"

एक वैज्ञानिक विचारक धन को किस प्रकार देखता है

उदाहरण के तौर पर–मान लीजिए आपको सोना, चांदी, शीशा, तांबा अथवा लोहा जमीन पर पड़ा मिलता है। क्या आप इन वस्तुओं को बुरा कहेंगे। सभी बुराइयां

मनुष्य अंधकारमय समझदारी से, अज्ञानतावश, जिंदगी की गलत ढंग से उसकी व्याख्या के कारण और अवचेतन मस्तिष्क के गलत उपयोग के कारण आती हैं। यूरेनियम, शीशा और किसी अन्य धातु को विनिमय के माध्यम के रूप में उपयोग किया जा सकता था। कागज के बिल, चेक, गिलट और चांदी; यकीनन ये बुरे नहीं हैं। आज भौतिक विज्ञानी और रसायनज्ञ जानते हैं कि एक धातु और धातु में अंतर केवल उनके केंद्रीय नाभिक के चारों ओर घूमने वाले परमाणुओं की संख्या और गति के आधार पर होता है। वे अब एक धातु का दूसरी धातु में केवल कुछ परमाणुओं को एक शक्तिशाली साइक्लोट्रोन में फोड़कर बदल सकते हैं। सोना विशिष्ट परिस्थिति में पारे में बदल जाता है। मेरा विश्वास है कि निकट भविष्य में सोना, चांदी और अन्य धातुओं को कृत्रिम तरीके से रसायन प्रयोगशाला में बनाने लगेंगे। अभी इनको बनाना बहुत महंगा हो सकता है, लेकिन ऐसा किया जा सकता है। मुझे नहीं लगता किसी बुद्धिमान व्यक्ति को इलेक्ट्रॉन, न्यूट्रॉन, प्रोटॉन और आइसोटॉप में कोई बुराई दिखेगी।

आपकी जेब का एक कागज का टुकड़ा परमाणु और अणुओं से बना है, जिसके इलेक्ट्रॉन और प्रोटॉन अलग ढंग से लगे हुए हैं। उनकी संख्या और घूमने की गति अलग है।

केवल यही अंतर आपकी जेब में पड़े कागज और चांदी में है।

कैसे अपनी जरूरत के धन को आकर्षित करें

कई वर्ष पूर्व मैं ऑस्ट्रेलिया में एक युवक से मिला था, जो एक चिकित्सक और सर्जन बनना चाहता था, लेकिन उसके पास धन नहीं था। मैंने उसे समझाया कि कैसे एक बीज जो जमीन में पड़ा होता है, अपनी ओर उन सभी जरूरी चीजों को आकर्षित करता है, जो इसे उगा सके। उसे केवल उस बीज से सबक लेना है और अपने अवचेतन में जरूरी विचार को जमा करना है। खर्चे के लिए यह युवक डॉक्टरों के ऑफिस साफ करता, खिड़कियां धोता और मरम्मत का काम करता। उसने मुझे बताया कि हर रात जब वह सोने जाता तो वह अपने मन की आंखों से दीवार पर एक डॉक्टरी डिप्लोमा देखता, जिसमें उसका नाम बड़े-बड़े शब्दों में लिखा रहता। जिस चिकित्सा इमारत में वह काम करता, वहां पर वह फ्रेम किए हुए डिप्लोमा को चमकाकर साफ करता था। उसके लिए अपने मन में डिप्लोमा की छवि को बनाना कठिन नहीं था।

चार महीने तक उसने अपने मन में छवि बनाना जारी रखा और फिर

सकारात्मक परिणाम निकला। इस कहानी का क्रम बहुत दिलचस्प था। उनमें से एक डॉक्टर इस युवक को बहुत पसंद करने लगा और फिर उसे उपकरणों को कीटाणु रहित बनाने, इंजेक्शन देने और इसी तरह के अन्य प्राथमिक उपचार कार्यों को सिखाने के बाद उसने उसे तकनीक असिस्टेंट के तौर पर अपने ऑफिस में नौकरी पर रख लिया। डॉक्टर ने फिर उसे अपने खर्चे पर मेडिकल स्कूल भेजा। आज वह युवक मोनट्रियल कनाडा में एक जाना-माना डॉक्टर है।

उसने अवचेतन मस्तिष्क को सही प्रकार से उपयोग करते हुए आकर्षण का नियम खोजा। उसने प्राचीन नियम के अनुसार काम किया, जो कहता है, "अंत को देखकर आपने इसके माध्यमों को अंत तक लाने के लिए तैयार किया।" इस मामले में अंत उसका डॉक्टर बनना था।

यह युवक डॉक्टर बनने की कल्पना को देख और अनुभव कर सकता था। वह इसी विचार के साथ जी रहा था, उसने इस विचार को बनाए रखा और इससे प्यार किया, जब तक उसने अपनी कल्पना से उसे अपने अवचेतन में गहराई से बिठाया नहीं और जब यह यकीन में बदला, फिर इसने उसके सपने को साकार करने के लिए उन सब चीजों को आकर्षित किया, जो इसके लिए जरूरी था।

क्यों कुछ लोगों की तनख्वाह नहीं बढ़ती

यदि आप किसी बड़े संगठन में काम कर रहे हैं और यह सोचते और पछताते हैं कि आपको कम तनख्वाह मिल रही है और आपके काम की तारीफ नहीं होती, जबकि आप इससे कहीं ज्यादा के पात्र हैं, तो आप अवचेतन रूप से अपने संबंध संगठन के साथ कम कर रहे हैं और फिर सुपरिंटेंडेंट या मैनेजर आपको कहेगा, "हमें आपको जाने को कहना पड़ेगा," वास्तव में आपने स्वयं को बर्खास्त किया है। मैनेजर तो केवल एक उपकरण था, जिसे आपकी नकारात्मक मानसिक स्थिति ने निश्चित किया है। यह क्रिया और प्रतिक्रिया का नियम था। क्रिया आपका विचार था और प्रतिक्रिया आपके अवचेतन मस्तिष्क का जवाब।

आपकी समृद्धि के मार्ग की रुकावटें और प्रभाव

मुझे यकीन है कि आपने लोगों को कहते सुना है, "उस व्यक्ति के पास एक तिकड़म (विद्या) है, वह ठग है," "उसे बेईमानी का धन मिल रहा है," "वह

नकली है," "मैं उसे तब से जानता हूं, जब वह कुछ नहीं था," "वह एक बदमाश, चोर और घपलेबाज है।" यदि आप उस व्यक्ति का विश्लेषण करें, जो इस तरह की बातें करता है तो आप देखते हैं कि उसे अधिकतर किसी की जरूरत या वह किसी आर्थिक अथवा शारीरिक बीमारी से पीड़ित है। शायद उसका पूर्व मित्र उससे ज्यादा सफल और समृद्ध है। अब वह उसकी उन्नति से कड़वाहट और ईर्ष्या करता है। कई स्थितियों में यही उसकी गिरावट अथवा असफलता के कारण हैं। अपनी स्थितियों के बारे में नकारात्मक और उनकी समृद्धि की बुराई करके स्वयं के लिए जिस समृद्धि और अमीरी के लिए वह प्रार्थना करता है, वह गायब और दूर उड़ जाएगी, क्योंकि वह उस चीज की बुराई कर रहा है, जिसे वह स्वयं के लिए चाहता है।

वह दो प्रकार से प्रार्थना कर रहा है। एक ओर वह कह रहा है, "धन-संपदा मेरी ओर आ रही है," और दूसरी ओर चुपचाप या धीमे से कह रहा है कि "मैं उस व्यक्ति की अमीरी से खुश नहीं हूं।"

हमेशा दूसरे व्यक्ति की समृद्धि पर विशेष रूप से प्रसन्न होएं।

अपने निवेश की सुरक्षा करें

यदि आप निवेश के संबंध में ज्ञान पाना चाहते हैं या यदि आप अपने निवेश अथवा बांड के लिए परेशान हैं तो शांतिपूर्वक कहें, अनंत बुद्धिमत्ता (ज्ञान) मेरे सभी आर्थिक लेन-देन को देखता और नियंत्रित करता है अथवा "जो कुछ भी मैं करूंगा, वह समृद्ध होगा।" इसे आप अक्सर करें और आप पाएंगे कि आपके निवेश अक्लमंदी वाले होंगे; यही नहीं आपका नुकसान से बचाव होता रहेगा, क्योंकि इससे पहले कि घाटा हो, आप उस निवेश या बांड को बेच देंगे।

कुछ भी न करने पर आपको कुछ नहीं मिलेगा

बड़े स्टोरों में प्रबंधन के कर्मचारी स्टोर जासूसों को नौकरी पर रखते हैं, जिससे वे लोगों को चोरी करने से रोक सकें। वे हर दिन लोगों को मुफ्त में लेते हुए पकड़ते हैं। इस तरह के सभी व्यक्ति अभाव की मानसिक स्थिति में रह रहे हैं और अपने अंदर से शांति, सामंजस्यता, विश्वास, ईमानदारी, सच्चाई, प्रतिष्ठा और आत्म-विश्वास चुरा रहे हैं।

यही नहीं, वे अपने लिए सभी प्रकार के नुकसान, जैसे–चरित्र हनन, प्रतिष्ठा में कमी, सामाजिक स्थिति और मानसिक अशांति को अपनी ओर आकर्षित कर रहे हैं। उन्हें सप्लाई के स्रोत पर विश्वास नहीं है और वे नहीं समझ पाते कि उनका मस्तिष्क कैसे कार्य करता है, यदि वे मानसिक रूप से अपने अवचेतन मस्तिष्क की शक्ति का आह्वान करते हैं और स्वीकार करते कि उनका अपनी सच्ची अभिव्यक्ति के लिए मार्गदर्शन किया गया है तो उन्हें काम और निरंतर सप्लाई मिलेगी। वे ईमानदारी, सच्चाई और स्थिरता से स्वयं और समाज को इसका श्रेय देते हैं।

धन की निरंतर सप्लाई

अवचेतन मस्तिष्क की शक्ति, विचार और मानसिक छवि की रचनात्मक शक्ति ही आपकी धन की प्रचुरता, आजादी और निरंतर सप्लाई का रास्ता है। आपकी मानसिक स्वीकृति और धन की आशा का अपना गणित और अभिव्यक्ति की अपनी प्रणाली है। जब आप विपुलता की मनोदशा में हों, तब जीवन में प्रचुरता के लिए सभी जरूरी वस्तुएं आने लगती हैं।

इसे अपनी दैनिक स्वीकारोक्ति बनाएं; अपने दिल में लिखें, "मैं अपने अवचेतन की अनंत संपन्नता के साथ हूं। अमीरी, खुशी और सफलता मेरा अधिकार है। धन मेरी ओर निरंतर, प्रचुरता के साथ असीमित मात्रा में प्रवाहित हो रहा है। मैं हमेशा अपनी वास्तविकता से परिचित हूं। मैं अपनी प्रतिभा को बांटता हूं और मेरे ऊपर अद्‌भुत आर्थिक कृपा है। यह चमत्कारिक है।

अमीरी का मार्ग इस प्रकार पाएं

1. यह दावा करने की हिम्मत करें कि अमीर होना आपका अधिकार है और आपका मन अंदर से आपके दावे को फलीभूत करेगा।
2. आपको केवल काम चलाऊ धन नहीं चाहिए। आपको अपनी इच्छानुसार सभी चीजें करने के लिए विपुलता में धन चाहिए, जिससे कभी भी कहीं भी आप अपनी इच्छा पूरी कर सकें। अपने अवचेतन मस्तिष्क की संपन्नता से पहचान बनाएं।
3. जब आपके जीवन में धन निरंतर प्रवाहित हो रहा हो, तो आप आर्थिक रूप से स्वस्थ होंगे। धन को ज्वार-भाटे की तरह देखें तो आपके पास उसकी

प्रचुरता रहेगी। भाटा और ज्वार का प्रवाह निरंतर है। जब लहर जाती है तो आपको यकीन होता है कि यह वापस आएगी।

4. अपने अवचेतन मस्तिष्क के नियम को जानते हुए, आपको हमेशा इसकी सप्लाई बनी रहेगी, चाहे धन का स्वरूप कैसा भी हो।
5. कई लोगों के पास केवल गुजारे लायक धन होने का एक ही कारण है, यह कि वे हमेशा धन की बुराई करते रहते हैं। वह पंख लगाकर उड़ जाता है।
6. पैसे को भगवान मत बनाइए। यह केवल एक चिह्न है। याद रखें कि असली अमीरी आपके मन में है। आप यहां एक संतुलित जीवन का नेतृत्व करने के लिए हैं–इसमें अपनी जरूरत के हिसाब से धन को पाना भी है।
7. धन पाने को अपना एकमात्र ध्येय न बनाएं। धन-संपदा, खुशहाली, शांति, सच्ची अभिव्यक्ति एवं प्यार को पाएं और व्यक्तिगत रूप से सबको प्यार और सद्भाव दें। तब आपका अवचेतन आपको इन सब अभिव्यक्ति के विभागों को चक्रवृद्धि ब्याज देगा।
8. गरीबी में कोई सद्गुण नहीं है। यह मन की एक बीमारी है और आपको स्वयं ही इस मानसिक संघर्ष अथवा बीमारी को तुरंत हटाना है।
9. आप यहां किसी झोंपड़ी में रहने, चीथड़ों को पहनने या भूखे रहने के लिए नहीं हैं। आप यहां भरपूर जिंदगी जीने आए हैं।
10. कभी भी ऐसे वाक्य न कहें–"गंदा धन" या "मैं पैसे से नफरत करता हूं।" जब आप निंदा करते हैं, तब आप उसे खो देते हैं। यहां कुछ अच्छा या बुरा नहीं है, लेकिन किसी भी प्रकार की सोच इसे ऐसा बनाती है।
11. अक्सर दोहराएं, मुझे धन प्रिय है। मैं इसे समझदारी, रचनात्मक रूप में और न्यायपूर्ण ढंग से प्रयोग में लाता हूं, मैं इसे खुशी के साथ छोड़ता हूं और यह कई गुना बढ़कर वापस मेरे पास आता है।
12. धन में कोई बुराई नहीं है जैसे कि तांबा, शीशा, टिन या लोहा जिसे आप जमीन पर पा सकते हैं। सभी बुराइयां अज्ञानता और मन की शक्ति के दुरुपयोग से होती हैं।
13. अपने मन में अंतिम परिणाम को छवि के रूप में देखना आपके अवचेतन को प्रतिक्रिया देने और उसे पूरा करने के लिए प्रेरित करता है।
14. बिना कुछ किए कुछ पाने की कोशिश न करें। मुफ्त में खाना जैसी यहां कोई चीज नहीं है। आपको पाने के लिए देना पड़ेगा। आपको अपने ध्येय, आदर्शों और व्यवसायों के लिए मानसिक ध्यान देना होगा और आपका गहरा मन आपका सहयोग करेगा। अमीरी की चाबी अवचेतन मन का नियम है, जो इस अमीरी के विचार को अपने अंदर व्याप्त करता है।

11

आपका अवचेतन मस्तिष्क सफलता में एक साथी की तरह

सफलता का अर्थ है–सफल जीवन। इस धरती पर शांति, आनंद और प्रसन्नता से भरपूर लंबे जीवन को ही सफल जीवन कहा जा सकता है। ईसा मसीह के अनुसार, ऐसे गुणों का अनंत अनुभव चिर-स्थाई जीवन है। जीवन का यथार्थ, जैसे-शांति, सामंजस्यता, प्रतिष्ठा, सुरक्षा और प्रसन्नता अमूर्त है। ये सब मनुष्य की गहराइयों से निकलते हैं। इन गुणों पर अपना ध्यान केंद्रित करने से हमारे अवचेतन में स्वर्ग का खजाना बनाते हैं। *यह वह जगह है जिसको कीट और जंक नहीं खाते और जहां चोर पहुंचकर चोरी नहीं कर सकते। मैथ्यू 6:20।*

सफलता के तीन चरण

आइए, सफलता के तीन चरणों के बारे में बात करते हैं। सफलता का पहला चरण है, उस काम का पता करें जिसे करना आप पसंद करते हैं; उसे करिए। सफलता अपने कार्य से प्रेम करने में है। यद्यपि यदि एक व्यक्ति मनोवैज्ञानिक है, तो केवल डिप्लोमा होना और उसे दीवार पर टांगना काफी नहीं है। उसे समय के साथ चलना होगा, उसे सम्मेलनों में जाना और मन को सम्मेलन की पढ़ाई और इसकी कार्य-शैली समझाते रहना होगा। एक सफल मनोवैज्ञानिक क्लीनिक जाता है और नवीनतम वैज्ञानिक लेख पढ़ता है। आम शब्दों में कहा जाए तो उसे सबसे विकसित प्रणालियों का ज्ञान है, जिससे वह मानव पीड़ा को कम कर सके। एक सफल मनोचिकित्सक या डॉक्टर के दिल में मरीज का हित सर्वोपरि है। कोई यह भी कह सकता है, "मैं ऑपरेशन के लिए पहला कदम कैसे उठाऊं, मुझे

नहीं पता, इसे कैसे करना है।" इस स्थिति में निम्नलिखित प्रकार से मार्गदर्शन के लिए प्रार्थना कीजिए: "मेरे अवचेतन मस्तिष्क का अनंत ज्ञान मुझे जीवन में मेरी स्थिति दिखाता है।" इस प्रार्थना को चुपचाप, सकारात्मक ढंग और प्यार से अपने मन की गहराइयों से कहें। जब आपका विश्वास और आस्था बनी रहती है, तब जवाब आपके पास एहसास, आभास या किसी विशिष्ट मार्ग की प्रवृत्ति की तरह आएगा। यह आपके पास स्पष्ट रूप से, शांतिपूर्वक और अंदर की शांत जागरुकता की तरह आएगा।

सफलता का दूसरा चरण कार्य के किसी विशेष विभाग में विशेषज्ञता लाने में दूसरों की अपेक्षा ज्यादा ज्ञान और जानकारी का होना है, उदाहरण के तौर पर–यदि एक युवा व्यक्ति रसायन को एक व्यवसाय की तरह चुनता है तो उसे उसके कई विभागों में से किसी एक पर अपना ध्यान केंद्रित करना चाहिए। उसे अपना पूरा समय और ध्यान चुने हुए उस विशिष्ट विभाग पर देना चाहिए। उसे पूरे उत्साह के साथ उस क्षेत्र के बारे में जो कुछ सूचना भी उपलब्ध है, उसे जानना चाहिए और यदि संभव हो तो उसे दूसरों की अपेक्षा अधिक ज्ञान होना चाहिए। इस युवक को अपने काम में पूरा समर्पण और दुनिया की सेवा करने की इच्छा होनी चाहिए। *आपके बीच में जो सबसे बड़ा है, उसे अपना गुलाम (सेवक) बनने दीजिए।* वे व्यक्ति जो केवल अपनी जीविका चलाने या गुजारा करने की इच्छा रखते हैं, उनके मन की ऐसी प्रवृत्ति एकदम अलग है, क्योंकि गुजारा चलाना एक सच्ची सफलता नहीं है।

मनुष्य का ध्येय बड़ा, शानदार और ज्यादा परोपकारी होना चाहिए। उसे दूसरों की सेवा करनी चाहिए, जिससे वह अपनी रोटी जल पर बना सके यानी असंभव को संभव कर सके।

तीसरा चरण सबसे महत्त्वपूर्ण है। आपको इस बात पर यकीन होना चाहिए कि जो कुछ भी आप करना चाहते हैं, वह केवल आपको ही सफलता न दे। आपकी इच्छा स्वार्थ भरी नहीं होनी चाहिए, इससे मानवता का कल्याण भी होना चाहिए। रास्ते की एक संपूर्ण परिधि (परिक्रमा) बननी चाहिए। दूसरे शब्दों में आपका विचार विश्व की सेवा और उसका भला करने वाला होना चाहिए। ऐसा विचार चारों ओर से आना चाहिए। यदि इसका फायदा आपको पूरी तरह से लेना है और यदि गोला अथवा पूर्ण परिधि नहीं बनी है तो आप अपनी जिंदगी में शॉर्ट सर्किट अथवा रोड़ा/कठिनाई अनुभव कर सकते हैं, जो किसी प्रकार की सीमा अथवा बीमारी भी हो सकती है।

सच्ची सफलता का पैमाना

कुछ व्यक्ति कह सकते हैं, "लेकिन श्रीमान जेम्स ने बेईमानी से तेल का भंडार बेचकर संपत्ति बनाई," एक व्यक्ति थोड़े समय के लिए सफल होता दिखाई दे सकता है, लेकिन जो धन उसने बेईमानी से बनाया है, अधिकतर वह पंख लगाकर उड़ जाता है। जब हम दूसरों को लूटते हैं तो हम स्वयं को लूटते हैं, क्योंकि हमारी मनोदशा अभावों से भरी और सीमित है। यह हमारे शरीर में, घर में, जीवन में और हमारी कार्य-शैली में प्रदर्शित होता है। जैसा हम सोचते और महसूस करते हैं, उसे हम वैसा ही बनाते हैं।

यद्यपि एक व्यक्ति बेईमानी से संपत्ति एकत्रित कर सकता है, लेकिन वह सफल नहीं कहा जा सकता। बिना मानसिक शांति के कोई सफलता नहीं मिलती। ऐसी एकत्रित संपत्ति का क्या लाभ यदि व्यक्ति चैन की नींद नहीं सो सकता, यदि बीमार हो या उसके मन में अपराध की भावना हो? मैं लंदन में एक व्यक्ति को जानता था, जिसने अपने कारनामों के बारे में बताया। वह पेशेवर पॉकेटमार था और उसने अकूत धन एकत्रित किया था। फ्रांस में उसके पास ग्रीष्म ऋतु का घर था और इंग्लैंड में शाही अंदाज में रहता था। उसकी कहानी थी कि उसे हमेशा स्कॉटलैंड यार्ड द्वारा पकड़े जाने का भय रहता था। उसके अंदर बहुत-सी अनिमियताएं थीं, जिनकी मुख्य वजह उसके अंदर का डर और मन में बैठा अपराधबोध था। उसे पता था कि उसने गलत किया है। उसके अंदर के गहरे अपराधबोध की वजह से सभी तरह की मुसीबतें उसकी ओर खिंच रही थीं। आखिरकार उसने अपनी इच्छा से पुलिस में आत्मसर्मपण कर दिया और जेल की सजा काटी। जेल से छूटने के बाद उसने मनोवैज्ञानिक और आध्यात्मिक सलाह ली और उसमें अभूतपूर्व बदलाव आया। वह काम करने लगा और एक ईमानदार और नियम पालन करने वाला नागरिक बना और अब वह बहुत खुश था।

उसे वह कार्य करने को मिला, जो उसे करना पसंद था। एक सफल व्यक्ति अपने काम से प्यार करता है और अपने को पूरी तरह व्यक्त करता है। सफलता संपत्ति एकत्रित करने के बजाय ऊंचा आदर्श प्राप्त करना है। सफल वह व्यक्ति है, जिसके पास महान मनोवैज्ञानिक और आध्यात्मिक समझ है। आज कई महान उद्योगपति सफलता के लिए अपने अवचेतन के सही उपयोग पर निर्भर हैं।

कुछ वर्ष पहले तेल के एक बड़े व्यापारी फ्लैगलर के बारे में एक लेख प्रकाशित हुआ था, जिसमें उसने स्वीकार किया था कि उसकी सफलता का राज उसके प्रोजेक्ट को पूर्ण रूप से तैयार देखने की क्षमता थी, जैसे–उसके अपने मामले में उसने आंखें बंद कर एक बड़े तेल उद्योग की कल्पना की और ट्रेन

को ट्रैक पर चलते देखा, उसकी सीटी की आवाज सुनी और धुआं देखा। इस प्रकार देखने और इसी तरह अपनी प्रार्थना को पूरा होते देख उसके अवचेतन मस्तिष्क ने इसे यथार्थ में किया। यदि आप एक वस्तु को साफ-साफ देखेंगे तो आपको जरूरत की वस्तुएं मिलेंगी, वे भी ऐसे तरीकों से जिनके बारे में आपको पता ही नहीं है, यह सब आपके अवचेतन के चमत्कारी रूप से कार्य करने की शक्ति द्वारा होता है।

सफलता के इन तीन चरणों को ध्यान में रखते हुए आपको अपने अवचेतन मस्तिष्क की रचनात्मक शक्तियों की छुपी हुई ताकत को कभी नहीं भूलना चाहिए। यह आपकी सफलता की योजना के सभी चरणों के पीछे की ऊर्जा है। आपका विचार रचनात्मक है। जब विचार अहसास के साथ मिलते हैं तो वे *एक विषयपरक विश्वास अथवा आस्था बन जाते हैं और आपकी आस्था के अनुसार आपके साथ वैसा घटित होता है। मैथ्यू 9:29।*

विशाल शक्ति का ज्ञान जिसकी वजह से आपकी सभी इच्छाएं पूर्ण होती हैं, वह आपको आत्म-विश्वास और शांति का एहसास दिलाता है। आपका कार्य-क्षेत्र किसी भी प्रकार का हो, आपको अपने अवचेतन मस्तिष्क का नियम जरूर सीखना चाहिए। जब आप अपने मस्तिष्क की शक्ति को कैसे उपयोग में लाना है, उसे जानते हैं और जब आप अपने को पूर्ण रूप से अभिव्यक्त करते हैं और अपनी प्रतिभा को दूसरों को देते हैं, तब आप निश्चित रूप से सफलता के मार्ग पर अग्रसर होते हैं। यदि आपका कार्य ईश्वर के कार्य अथवा इसके किसी भी हिस्से से संबंधित है, तो ईश्वर अपनी प्रकृति के अनुसार आपके लिए है, फिर आपके विरोध में कौन हो सकता है? अर्थात् इस पृथ्वी अथवा स्वर्ग में कोई ऐसी शक्ति नहीं है, जो आपको सफल होने से रोक सके।

कैसे उसने अपने सपने को सच किया

एक फिल्म अभिनेता ने मुझे बताया कि वह बहुत कम पढ़ा-लिखा था, लेकिन उसका सपना एक सफल फिल्म अभिनेता बनने का था। खेतों में घास काटते हुए, गायों को घर वापसी के लिए हांकते हुए, जब वह दूध दुह रहा होता था, उसने कहा कि "मैं लगातार अपना नाम बड़े-बड़े थिएटरों में रौशन होते हुए देखता रहता था। यह मैं कई साल तक करता रहा, अंत में मैं घर से भाग गया। मैं फिल्मी दुनिया के क्षेत्र में अलग-अलग तरह के काम करता रहा और फिर एक दिन आया, जब मैंने उसी तरह अपना नाम बड़ी रोशनी में जगमगाते देखा,

जैसा मैं बचपन में देखा करता था।" फिर उसने कहा, "मुझे सफलता पाने के लिए लगातार कल्पना करने की ताकत का पता है।"

उसके सपनों की फार्मेसी वास्तविकता बनी

तीस वर्ष पूर्व मैं एक फार्मासिस्ट को जानता था, जिसे हफ्ते का चालीस डॉलर मिलता था और थोड़ा बहुत बिक्री पर कमीशन। उसने मुझसे कहा, "पच्चीस वर्ष बाद मुझे पेंशन मिलेगी और मैं रिटायर हो जाऊंगा।" मैंने उस युवक से कहा, "क्यों नहीं तुम अपना स्टोर खोलते हो? इस जगह से बाहर निकलो, अपनी सोच ऊपर करो, अपने बच्चों के लिए सपने देखो। हो सकता है, तुम्हारा बेटा डॉक्टर बनना चाहे, शायद तुम्हारी बेटी महान संगीतकार बनना चाहे।"

उसका जवाब था कि उसके पास धन नहीं था। उसके अंदर एक भावना जाग्रत हुई कि जो कुछ वह सच की तरह सोचेगा, उसकी सोच पूरी होगी। उसके ध्येय का पहला कदम उसके अंदर अवचेतन मस्तिष्क की शक्तियों के बारे में जागरुकता पैदा करना था जिसे मैंने उसके फायदे के लिए विस्तार से उसे समझाया। उसका दूसरा कदम था कि यदि वह अपने विचार को अपने अवचेतन तक पहुंचाने में सफल होगा तो अवचेतन मस्तिष्क उसे किसी भी प्रकार से पूरा करेगा।

उसने कल्पना में सोचना शुरू किया कि उसका अपना स्टोर है। उसने अपने मन में बोतलों को व्यवस्थित किया, नुस्खों को निबटाया और कल्पना की कि कई क्लर्क ग्राहकों को देख रहे हैं।

उसने मोटे से बैंक-बैलेंस की भी कल्पना की। मानसिक रूप से उसने काल्पनिक स्टोर में काम किया। एक अच्छे अभिनेता की तरह उसने अपनी भूमिका जी, *ऐसी भूमिका निभाओ जैसे कि मैं ऐसा ही* हूं और ऐसा ही रहूंगा। फार्मासिस्ट अपने पूरे दिल से उस भूमिका में मगन हो गया, जिसमें उसका हर कार्य ऐसा होता जैसे कि वह स्टोर उसका अपना ही है।

परिणाम बहुत दिलचस्प था। उसको नौकरी से निकाल दिया गया। उसे एक नया रोजगार एक बड़ी शृंखला वाले स्टोर में मिला, वह मैनेजर बन गया और फिर बाद में डिस्ट्रिक्ट मैनेजर। उसने चार साल में काफी धन बचाया, जिससे उसने अपने स्टोर के लिए बयाना दिया।

उसने इसे, "कल्पना की फार्मेसी" नाम दिया। उसने कहा, "यह वैसा ही स्टोर था, एकदम वैसा ही, जैसे स्टोर की मैं कल्पना करता था।" वह अपने क्षेत्र

का जाना-माना सफल व्यवसायी बना और जो कुछ वह कर रहा था, उसमें वह बहुत प्रसन्न था।

व्यवसाय में अवचेतन मस्तिष्क का उपयोग

कुछ वर्ष पहले मैंने एक व्यवसायी समूह को कल्पना और अवचेतन मस्तिष्क की शक्ति के बारे में व्याख्यान दिया। व्याख्यान में मैंने बताया कि कैसे गोयथे ने अपनी कल्पनाशक्ति का उपयोग बुद्धिमत्ता से किया, जब उसके सामने कठिनाइयां और कठिन परिस्थितियां आईं।

उसकी जीवनी लिखने वालों ने बताया कि किस प्रकार वह कई घंटे चुपचाप अपनी काल्पनिक वार्ताओं में व्यस्त रहता था। यह बात सबको ज्ञात है कि वह कल्पना में अपने एक दोस्त को अपने सामने कुर्सी पर बैठाकर उसे सही जवाब बताता था। दूसरे शब्दों में उसने कल्पना की कि उसका दोस्त उसे सही जवाब दे रहा है। इसे सजीव रूप देने के लिए उसके हाव-भाव और आवाज की प्रकृति असली जैसी होती।

व्याख्यान में एक युवक शेयर मार्केट का दलाल था। उसने गोयथे की तकनीक अपनानी शुरू की। उसने अपने एक करोड़पति बैंक के दोस्त की कल्पना की और उससे बातें करनी शुरू कीं, जो उसे बुद्धिमानी भरे निर्णय के लिए बधाई देता और उसे सही शेयर खरीदने पर उसकी तारीफ करता। वह इस काल्पनिक बातचीत होने का नाटक करता रहा, जब तक उसने इसे अपने मन में पूरी तरह बसा नहीं लिया।

उस ब्रोकर की आंतरिक बातचीत और नियंत्रित कल्पना ने उसके ध्येय के साथ सामंजस्य बनाया, जो उसके अपने ग्राहकों के लिए सही निवेश करना था। उसके जीवन का ध्येय अपने ग्राहकों के लिए धन अर्जित करना था और अपने बुद्धिमत्तापूर्ण सुझावों द्वारा उन्हें समृद्ध बनते देखना था। वह अभी भी अपने अवचेतन मस्तिष्क का उपयोग अपने व्यवसाय के लिए करता है और अपने प्रयास में सफल है।

सोलह वर्ष के बालक ने असफलता को सफलता में बदला

एक हाईस्कूल में पढ़ने वाले जवान बच्चे ने मुझसे कहा, "मुझे बहुत खराब ग्रेड मिल रहे हैं। मेरी याद्दाश्त कम हो रही है। मुझे पता नहीं 'द्रव्य' क्या है?" मैंने पाया कि उस बालक में एक कमी थी, वह थी उसकी अपने अध्यापकों और साथी छात्रों के प्रति नाराजगी और नाराजगी की प्रवृत्ति। मैंने उसे सिखाया कि अपने अवचेतन मस्तिष्क का उपयोग कैसे करें और अपनी पढ़ाई में कैसे सफल बनें।

उसने विशिष्ट सत्यों को दिन में कई बार सोने से पहले और सुबह जागने के बाद दृढ़ता से स्वीकार करना शुरू किया। अपने अवचेतन मस्तिष्क में ग्रहण कराने का यह सबसे सही समय होता है। उसने निम्नलिखित विचार को दृढ़ता से कहा, "मैं जानता हूं कि मेरा अवचेतन मस्तिष्क यादों का भंडार है, यह जो कुछ मैं पढ़ता और अपने अध्यापकों से सुनता है, वह बना रहता है, मेरी याद्दाश्त उत्तम है और मेरे अवचेतन मस्तिष्क की अनंत बुद्धिमत्ता लगातार वे सभी जानकारियां जिनकी मुझे अपनी परीक्षा के लिए जानने की जरूरत है, चाहे वे लिखित अथवा मौखिक हों, सब कुछ बताती रहती है। मैं अपने सभी अध्यापकों और साथी छात्रों के बीच प्यार और सद्भावना रखता हूं। मैं दिल से सभी के लिए सफलता और शुभकामनाओं की इच्छा रखता हूं।"

यह युवक अब ज्यादा आजादी का आनंद ले रहा है, जितना उसने कभी नहीं जाना। अब उसे सभी विषयों में 'ए' ग्रेड मिल रहे हैं। वह निरंतर अपनी मां और अध्यापकों को पढ़ाई में अपने सफल होने की बधाई देने की कल्पना करता रहता है।

खरीदने और बेचने में कैसे सफलता पाएं? याद रखें, क्रय और विक्रय में आपका चेतन मस्तिष्क स्टार्टर और अवचेतन मस्तिष्क मोटर है। आपको कार्य करने के लिए उसे स्टार्ट करना होगा। आपका चेतन मन उसका डायनमो है, जो आपके अवचेतन मन की शक्ति को जगाता है। सबसे पहला कदम जिससे आपके मन की गहराइयों तक आपके स्पष्ट विचार, इच्छा या छवि पहुंच सके, उसके लिए आराम अवस्था में, बिना ध्यान बंटाए, एकाग्रचित्त होकर, मन को स्थिर रखें और शांत हो जाएं। यह निश्चिंत और शांत प्रवृत्ति सभी बाह्य पदार्थों और नकली विचारों को आपके आदर्श को मन में शोषित होने से रोकती है। यही नहीं, इस प्रकार की शांत और निष्क्रिय और सब कुछ ग्रहण करने की मन की प्रवृत्ति की वजह से आपका प्रयास सबसे कम रहता है।

दूसरा कदम अपनी इच्छा को एक सत्य की तरह कल्पना करना है, उदाहरण के तौर पर–आप घर खरीदना चाहते हैं तो अपने मन की आराम अवस्था में निम्नलिखित बात बड़ी दृढ़ता से स्वीकारें: "मेरे अवचेतन मस्तिष्क की अंनत बुद्धिमत्ता सर्वज्ञानी है, यह मुझे बताती है कि आदर्श घर बीचोबीच और एक खूबसूरत माहौल में है और मेरी सभी जरूरतों को पूरा करता है तथा मेरी आमदनी के अनुकूल है। मैं अपनी इस याचना को अपने अवचेतन मस्तिष्क को देता हूं। मैं इस याचना को पूरे विश्वास और आस्था के साथ उसी प्रकार से दे रहा हूं, जिस प्रकार एक किसान जमीन में बीज बोता है और जिसके विकास पर उसे पूरा भरोसा है।"

आपकी प्रार्थना का जवाब अखबार में किसी विज्ञापन, किसी दोस्त या आपका सीधे किसी ऐसे मकान की ओर मार्गदर्शन करेगा, जैसा कि आप चाहते हैं। कई तरीकों से आपकी प्रार्थना का जवाब मिल सकता है। प्रमुख ज्ञान, जिस पर आपको विश्वास है, उसका जवाब पहले आता है, बशर्ते यदि आप अपने मन की गहराई की कार्य-शैली पर आस्था रखते हैं।

आप किसी मकान, जमीन अथवा किसी भी प्रकार की संपत्ति को बेचना चाह सकते हैं। जमीन के दलालों को मैं निजी सुझावों में बता चुका हूं कि कैसे मैंने लॉस एंजेल्स के ऑरलैंडो एवेन्यू का अपना घर बेचा था। उसमें से कई ने मेरी वह तकनीक अपनाई और अप्रत्याशित और शीघ्र परिणाम पाया। मैंने अपने घर के आगे बाग में एक बोर्ड लगाया, जिस पर लिखा था, "मकान मालिक द्वारा बिकाऊ संपत्ति।" अगले दिन सोने से पहले मैंने स्वयं से कहा, "कल्पना करो, अपना घर बेचने के बाद तुम क्या करोगे?" मैंने अपने प्रश्न का स्वयं जवाब दिया और कहा, "मैं उस साइनबोर्ड को निकालकर गैराज में फेंक दूंगा। अपनी कल्पना में मैंने उस साइनबोर्ड को पकड़कर जमीन से उखाडा और अपने कंधों पर उठाकर गैराज गया और फर्श पर पटक दिया। मजाक उड़ाते हुए मैंने साइन बोर्ड से कहा, "मुझे अब तुम्हारी जरूरत नहीं।" मैंने घर बिकने का अनुभव करते हुए आंतरिक शांति महसूस की। अगले दिन एक व्यक्ति ने मुझे हजार डॉलर दिए और कहा, "अपना साइन बोर्ड हटाओ, इसका अब हम सौदा करेंगे।"

मैंने फौरन साइनबोर्ड उखाड़ा और गैराज में ले गया। बाह्य क्रिया ने आंतरिक क्रिया का साथ दिया। इसमें कोई नई बात नहीं है। *जैसा अंदर, वैसा बाहर* यानी जैसी छवि आपके अवचेतन मन में चिह्नित होती है, वही आपके जीवन-पटल पर घटित होता है।

अपना घर, जमीन अथवा किसी अन्य प्रकार की संपत्ति को बेचने का एक और तरीका बहुत लोकप्रिय है।

धीरे-धीरे चुपचाप अनुभव करते हुए दृढ़ता से इस प्रकार स्वीकार करें: "अनंत शक्ति इस घर के लिए खरीददार को मेरी ओर आकर्षित कर रही है, जो इस संपत्ति को चाहता है, वह इससे समृद्ध होगा। इस खरीददार को मेरे अवचेतन मस्तिष्क के रचनात्मक ज्ञान ने भेजा है और वह कभी कोई गलती नहीं करता। यह खरीददार कई और घरों को देख सकता है, लेकिन मेरा ही घर है जिसे वह चाहता है और खरीदेगा, क्योंकि उसके अंदर की अनंत शक्ति उसका मार्गदर्शन कर रही है और दिव्य क्रम में हमें एक दूसरे के पास ला रही है।

मैं जानता हूं यह ऐसा है, "स्मरण रहे, जिस वस्तु को आप खोज रहे हैं, वह भी आपको ढूंढ रही है और जब कभी भी आप किसी घर, जमीन अथवा अन्य संपत्ति को बेचना चाहते हैं, वहां हमेशा कोई है, जो इसे लेना चाहता है। अपने अवचेतन मस्तिष्क की शक्ति का सही उपयोग करने से आप अपने मन को सभी प्रतियोगिता और चिंताओं से आजाद करते हैं।

उसे अपने पसंद की वस्तु प्राप्त करने में कैसे सफलता मिली

एक युवती मेरे व्याख्यानों और कक्षाओं में नियमित रूप से आती है। उसे तीन बसें बदलनी पड़ती थीं। मेरे हर व्याख्यान पर पहुंचने के लिए उसे डेढ़ घंटा लगता था। किसी एक व्याख्यान में मैंने बताया कि किस प्रकार एक युवक को एक कार की आवश्यकता थी और उसे वह अपने काम के दौरान मिली। वह घर गई और जैसा मैंने अपने लेक्चर में कहा था, उसने उसका प्रयोग किया। मैं उसके पत्र का हिस्सा जैसा उसने मेरा तरीका अपनाते हुए लिखा था और मेरी अनुमति मिलने पर उसे प्रकाशित किया था, उसे बता रहा हूं। प्रिय डॉक्टर मर्फी: इस प्रकार मुझे कैडिलॉक कार प्राप्त हुई–मैं व्याख्यान में रोज आने के लिए एक कार चाहती थी। मैंने अपनी कल्पना में उसी प्रकार की प्रक्रिया दी, मैं जैसे कि कार चला रही हूं। मैं शोरूम गई और सेल्समैन मुझे एक ड्राइव पर ले गया। मैंने उसे कुछ दूर तक चलाया। मैंने कैडिलॉक को बार-बार अपनी गाड़ी के रूप में सोचा।

मैंने कार में अंदर जाते हुए कल्पना की, चलाने की, इसके कवर को छूने आदि की, लगातार दो हफ्ते से ज्यादा समय तक इसकी कल्पना की। पिछले हफ्ते मैं आपके व्याख्यान में कैडिलॉक में चलकर आई। इगलवुड में मेरे अंकल गुजर गए और उन्होंने अपनी कैडिलॉक और पूरी संपत्ति मेरे नाम कर दी थी।

कई प्रतिभाशाली अधिकारियों और व्यवसाइयों द्वारा अपनाई गई सफल तकनीक

कई व्यवसायी, जो शांतिपूर्वक निराकार शब्द 'सफलता' का उपयोग दिन में बार-बार करते हैं, जब तक उन्हें यकीन नहीं हो जाता कि सफलता उनकी है। उन्हें पता है कि सफलता के विचार के अंदर ही सफल होने के सभी जरूरी तत्त्व मौजूद हैं, इसलिए अब आप बार-बार आस्था और विश्वास के साथ 'सफलता' शब्द को दोहराएं। आपका अवचेतन मस्तिष्क इसे आपके सत्य की भांति स्वीकार करेगा और अवचेतन मन इसे सफल बनाने के लिए विवश है। आप अपने व्यक्तिनिष्ठ आस्थाओं, चिह्नों और इरादों को व्यक्त करने के लिए मजबूर हैं। सफलता का आपके लिए क्या मतलब है? जाहिर है, आप अपने घर, जीवन और अन्य के साथ संबंधों में सफल होना चाहते हैं। आप अपने चुने हुए कार्य-क्षेत्र में सफल होना चाहते हैं। आप एक सुंदर घर और अच्छा, आरामदायक और खुशहाल जीवन जीने के लिए पर्याप्त धन चाहते हैं। आप अपनी प्रार्थना और अवचेतन मस्तिष्क की शक्ति के संपर्क में सफलतापूर्वक रहना चाहते हैं।

आप व्यवसायी हैं, क्योंकि आप जीवन के व्यवसाय में हैं। एक सफल व्यवसायी बनिए, यह कल्पना करते हुए कि आप वही कर रहे हैं, जिसे आप करना पसंद करते हैं और वही वस्तुएं प्राप्त कर रहे हैं, जिनकी इच्छा आप रखते हैं। कल्पनाशील बनिए, मानसिक रूप से सफल स्थिति की वास्तविकता का अनुभव करें और उसमें भाग लें। इसकी आदत डालिए। हर रात सोते समय सफलता को अनुभव करते हुए पूर्ण रूप से निश्चित होकर सोएं, इसके फलस्वरूप आखिर आप अपने अवचेतन मस्तिष्क में इस विचार को रोपने में सफल होंगे। इस बात पर विश्वास रखें कि आपका जन्म सफल होने के लिए हुआ है और फिर जैसे ही आप प्रार्थना करेंगे आपके जीवन में चमत्कार होंगे।

लाभदायक सूची

1. सफलता का अर्थ है–सफलतापूर्ण जीवन। जब आप शांत, आनंदित व प्रसन्नचित्त हैं और वह करते हैं, जिसे करना आप पसंद करते हैं तो आप सफल हैं।
2. पता करें कि आपको क्या करना अच्छा लगता है, फिर उसे करें। यदि आप

अपनी वास्तविक अभिव्यक्ति नहीं जानते हैं, मार्गदर्शन के लिए पूछें तो आपको रास्ता मिलेगा।

3. किसी विशेष क्षेत्र में विशेषज्ञता हासिल कीजिए और किसी अन्य की अपेक्षा अधिक जानिए।
4. एक सफल व्यक्ति मतलबी नहीं होता। उसकी मुख्य इच्छा मानवता की सेवा करना है।
5. बिना मानसिक शांति के कोई सच्ची सफलता नहीं है।
6. एक सफल व्यक्ति के पास ज्यादा मनोवैज्ञानिकीय और आध्यात्मिक समझदारी होती है।
7. यदि आप अपने ध्येय की स्पष्ट कल्पना करेंगे तो आपको अपनी जरूरी चीजें अपने अवचेतन मस्तिष्क की चमत्कारी कार्यशक्ति द्वारा मिलेंगी।
8. जब आपकी सोच आपके उत्साह के साथ मिलकर वस्तुनिष्ठ आस्था बन जाती है तो *आपकी आस्था के अनुसार वैसा ही होता है।*
9. लगातार बने रहने वाली कल्पना की शक्ति आपके अवचेतन मस्तिष्क की चमत्कारिक कार्य-शक्ति को अपनी ओर खींचती है।
10. यदि आप अपने कार्य में प्रोन्नति चाहते हैं तो अपने नियोक्ता, सुपरवाइजर या किसी अपने प्रिय द्वारा प्रमोशन होने पर आपको बधाई देने की कल्पना करें। इस छवि को जीवंत और सजीव होने की कल्पना करें। आवाज सुनें, हाव-भाव देखें, इस क्षण की वास्तविकता का अनुभव करें। इसे अक्सर करते रहें और मन को अक्सर ऐसी छवि भरने से आपको अपनी प्रार्थना के जवाब की खुशी का अनुभव होगा।
11. आपका अवचेतन मस्तिष्क यादों का भंडार है। एक उत्तम याद के लिए अक्सर दृढ़ता से स्वीकार करें: "मेरे अवचेतन मस्तिष्क का अनंत ज्ञान मुझे वह सब हर जगह दिखाता है जिसे जानने की मुझको जरूरत है।"
12. यदि आप किसी घर या संपत्ति को बेचना चाहते हैं तो धीरे-धीरे, शांति का अनुभव करते हुए दृढ़ता से स्वीकार करें: "अनंत शक्ति मेरी ओर इसको खरीदने वाले को आकर्षित कर रही है, ग्राहक जो इसे चाहता है, वह इसमें और ज्यादा समृद्ध होगा।" इस जागरुकता को बनाए रखें और आपके अवचेतन मस्तिष्क की अंदर की लहरें इसे यकीनन करेंगी।
13. सफलता के विचार में सभी सफलता के तत्त्व मौजूद हैं। "सफलता" शब्द को विश्वास और आस्था के साथ अपने अंदर बार-बार दोहराएं। अवचेतन इसको सफल बनाने के लिए विवश होगा।

12

वैज्ञानिक अवचेतन मस्तिष्क का उपयोग करते हैं

कई वैज्ञानिक अवचेतन मस्तिष्क के सच्चे महत्त्व को समझते हैं। एडिसन, मारकोनी, कैटरिंग, प्वाइनकेयर, आइंस्टीन और कई अन्य वैज्ञानिकों ने अवचेतन मस्तिष्क का उपयोग किया है। आधुनिक विज्ञान और उद्योग में उनकी उपलब्धियों के लिए उन्हें अंतर्दृष्टि और तकनीकी जानकारियां अवचेतन मस्तिष्क ने ही दीं। अनुसंधान ने दिखाया है कि किसी भी चीज के क्रियान्वयन में अवचेतन शक्ति ने ही सभी महान वैज्ञानिकों और अनुसंधानकर्मियों को सफलता दिलाई है।

मशहूर रसायनज्ञ फ्रेडरिक वान स्ट्राडोनिट्ज का एक वाकिया है–उन्होंने अवचेतन मस्तिष्क को उपयोग में लाकर अपनी समस्या का हल इस तरह किया: वे बहुत समय से प्रयोगशाला में छह कार्बन और छह हाइड्रोजन के अणुओं को क्रम में रखकर बैंजीन का सूत्र बनाने का प्रयास कर रहे थे। इसका हल न ढूंढ पाने के कारण वे बहुत चिंतित थे। बुरी तरह से थक और हारकर आखिर उन्होंने अपनी प्रार्थना पूरी तरह अपने अवचेतन को सौंप दी। थोड़ी देर बाद जैसे ही वे लंदन जानेवाली बस में सवार ही होने वाले थे कि उनके अवचेतन ने चेतन को एक छवि पेश की जिसमें एक सांप ने अपनी पूंछ को डसा और वह एक चक्री की तरह घूमा।

अपने अवचेतन के इस जवाब ने उन्हें अणुओं का वृत्ताकार क्रम का विचार दिया, जिसे बेंजीन रिंग कहा जाता है। इस प्रकार काफी समय से हल ढूंढने में परेशान फ्रेडरिक को अपना जवाब मिल गया।

कैसे एक विशिष्ट वैज्ञानिक ने अपना आविष्कार पाया

निकोला टेस्ला एक प्रतिभाशाली इलेक्ट्रिकल वैज्ञानिक थे, जिन्होंने आश्चर्यजनक नई खोज की। जब नई खोज का विचार उनके मन में आया, तब उन्होंने इसे अपनी कल्पना में बनाया। वे जानते थे कि उनका अवचेतन मस्तिष्क इसको बनाकर चेतन मस्तिष्क के सभी जरूरी भागों को दिखाएगा, जिनकी जरूरत इसको यथार्थ/मूर्त रूप में बनाने पर पड़ेगी।

चुपचाप हर सुधार के बारे में विचार करते हुए उन्होंने अपनी कमियों को जल्दी सुधारा और वे अपने मन में बनी छवि के अनुरूप उत्तम उत्पाद तकनीशियनों को दे पाए।

उन्होंने कहा, "आखिरकार जैसी मैंने इसकी कल्पना की थी, हू-ब-हू वैसे ही मेरा यंत्र काम करता है। बीस साल में एक भी शिकायत नहीं आई है।"

कैसे एक प्रकृतिवादी ने अपनी समस्या का हल निकाला

प्रतिष्ठित अमेरिकी प्रकृतिवादी प्रोफेसर अगासिज को अपने अवचेतन मस्तिष्क की अथक कार्य-शैली के बारे में उस समय पता लगा, जब वे सो रहे थे। पत्नी ने उनके स्वर्गवासी होने के पश्चात् लिखी उनकी जीवनी में इस बात का निम्नलिखित प्रकार से उल्लेख किया, "दो सप्ताह से वे एक पत्थर के टुकड़े पर संरक्षित किए एक मछली के जीवाश्म के चिह्न को पढ़ने की कोशिश कर रहे थे। परेशान होकर उन्होंने अपने कार्य को एक किनारे रखकर इस विचार को अपने मन से दूर करने की कोशिश की। एक रात वे कुछ देर बाद इस यकीन के साथ उठे कि जब वे सोए हुए थे, उन्होंने एक मछली को उसके सभी खोए हुए अंगों के साथ स्पष्ट रूप से देखा, लेकिन जब उन्होंने उस छवि को ध्यान में रखकर बनाने की कोशिश की तो वह उनसे दूर हो गई। फिर भी वे यह सोचकर अपनी प्रयोगशाला जारोडिन डी प्लांटिस गए कि उसे फिर से देखने पर शायद उनकी सपने की छवि वापस आ जाए। अगली रात उन्होंने मछली को फिर से देखा, लेकिन फिर भी सफलता हाथ नहीं लगी। जब वे जगे तो पहले की भांति वह उनकी याद्दाश्त से गायब हो चुकी थी। इस आशा में कि वैसा ही अनुभव फिर से हो सकता है, तीसरी रात उन्होंने सोने से पहले एक पेंसिल और कागज अपने बगल में रखा।

"जैसा कि सोचा था, सुबह के समय उनके स्वप्न में मछली फिर से दिखाई

दी, पहले धुंधली फिर आखिर में एकदम स्पष्ट जिससे उसके लक्षणों पर कोई शक नहीं रहा, फिर भी अर्ध स्वप्नावस्था में उन्होंने उस काली रात्रि में भी अपने सिरहाने रखे पेपर पर उसके लक्षणों को रेखांकित किया।

सुबह उन्हें अपनी रात में बनाई आकृति को देखकर आश्चर्य हुआ, उन्हें यकीन नहीं था कि उस जीवाश्म में ऐसे लक्षण इतने स्पष्ट रूप में होंगे। वे जल्दी-जल्दी जार्डिन डे प्लांटिस गए, जहां उनके द्वारा रेखांकित चित्र उनका मार्गदर्शन कर रहा था और वे उस पत्थर की सतह को हटाने में कामयाब रहे, जिसके नीचे मछली का हिस्सा दबा हुआ था। जब उसे पूरी तरह से उघाड़ा गया, तब वह पूर्ण रूप से उनके सपने में देखी गई उनकी ड्राइंग के अनुरूप था, इस प्रकार वे इसे आसानी से वर्गीकृत कर सके।

एक निपुण चिकित्सक ने मधुमेह की समस्या को सुलझाया

कुछ वर्ष पूर्व मुझे एक पत्रिका में लेख मिला, जिसमें इंसुलिन की खोज के स्रोत का वर्णन था। उसे याद किया तो उस लेख का सार इस प्रकार था–

करीब चालीस अथवा इससे कुछ वर्ष पहले डॉक्टर फ्रेडिरिक बेंटिग जो कनाडा के उत्कृष्ट चिकित्सक और सर्जन थे, वे मधुमेह के भीषण प्रकोप पर अपना ध्यान केंद्रित कर रहे थे।

उस समय चिकित्सा विज्ञान में इस बीमारी को असरदार तरीके से रोकने का कोई विकल्प नहीं था। डॉक्टर बेंटिग ने इस विषय पर बहुत से प्रयोग किए और अंतर्राष्ट्रीय साहित्य पढ़ने में काफी समय व्यतीत किया।

एक रात वे बहुत थके हुए थे और उन्हें नींद आ गई। सोते समय उनके अवचेतन मस्तिष्क ने उन्हे कुत्ते के बेकार पड़े पेंक्रियास की नली से अवशेष निकालने का निर्देश दिया। इस प्रकार इंसुलिन की खोज हुई, जिसने लाखों लोगों की सहायता की। आप देखेंगे कि डॉक्टर बेंटिग लगातार इस समस्या का निदान पाने में व्यस्त थे, वे एक रास्ता निकालना चाहते थे और उनके अवचेतन मस्तिष्क ने उसके अनुसार अपनी प्रतिक्रिया दी।

इसका यह तात्पर्य नहीं है कि आपको हमेशा रातो-रात अपना जवाब मिल जाएगा। हो सकता है, जवाब कुछ समय तक न आ पाए। आप हतोत्साहित न हों। हर रात सोने से पहले अपनी समस्या अवचेतन मस्तिष्क को देते रहिए, जैसा आपने पहले कभी नहीं किया था।

देरी होने का एक यह भी कारण हो सकता है कि आप इसे एक बृहत् समस्या की तरह देखते हैं। आप यह विश्वास करके चलते हैं कि इसके हल होने में काफी समय लगेगा। आपका अवचेतन मस्तिष्क समय विहीन और स्थान विहीन है। आप यह सोचकर सोइए कि आपके पास जवाब अभी है। अपने जवाब को भविष्य के लिए मत छोड़िए। इसके निर्णय पर आस्था के साथ विश्वास रखें। इस बात से सुनिश्चित हो जाइए कि जैसे-जैसे आप इस पुस्तक को पढ़ते हैं, आपकी समस्या का उचित जवाब और उत्तम हल आपको मिलता है।

किस प्रकार एक सुप्रसिद्ध वैज्ञानिक और भौतिक शास्त्री रूसी यातनागृह से बचकर निकला

डॉक्टर लोथाक्स वान ब्लैंक शिमट राकेट सोसाइटी के सदस्य और इलेक्ट्रॉनिक इंजीनियरिंग के एक उत्कृष्ट शोधकर्ता थे। उन्होंने संक्षिप्त विवरण में बताया कि किस प्रकार उन्होंने अपने अवचेतन मस्तिष्क के द्वारा कोयला खदान के रूसी जेल के कैंप में निर्दयी गार्डों द्वारा अपनी मृत्यु होने से स्वयं को बचाया। उनका विवरण इस प्रकार है: "मैं युद्ध कैदी के रूप में कोयला की खदान में था और मैंने जेल के प्रांगण में अपने चारों ओर लोगों को मरते हुए देखा। हमारे ऊपर निर्दयी सुरक्षाकर्मियों, अहंकारी अफसरों, तेज-तर्रार और चौकस कर्मियों द्वारा निगरानी रखी जा रही थी।

"एक छोटे-से चिकित्सीय परीक्षण के उपरांत हर व्यक्ति को कोयले की एक निश्चित मात्रा आवंटित की जाती थी। मेरा कोटा तीन सौ पाउंड प्रतिदिन था। यदि कोई अपना निश्चित कोटा उठा नहीं पाता तो उसकी खुराक का एक हिस्सा कम कर दिया जाता था, कुछ ही समय पश्चात् वह श्मशान घाट पर आराम कर रहा होता।

"मैंने अपना ध्यान इस कैंप से भागने पर केंद्रित करना शुरू किया। मुझे पता था कि मेरा अवचेतन मस्तिष्क कोई रास्ता निकाल लेगा। मेरा जर्मनी का घर नष्ट कर दिया गया था और मेरा परिवार साफ हो चुका था; मेरे सभी दोस्त और पूर्व साथी या तो युद्ध में मारे जा चुके थे या वे भी मेरी तरह किसी यातनागृह में थे। मैंने अपने अवचेतन मस्तिष्क से कहा, मैं लॉस एंजेल्स जाना चाहता हूं और मुझे आप रास्ता दिखाओगे। मैंने लॉस एंजेल्स की तस्वीरें देखी थीं। मुझे कुछ रास्ते और इमारतें अच्छी तरह से याद थीं। हर दिन और रात मैं कल्पना करता कि मैं विलशायर के रास्ते में अपनी अमेरिकी दोस्त (अब वह मेरी पत्नी है) के साथ

जा रहा हूं जिससे मैं युद्ध से पहले बर्लिन में मिला था। अपनी कल्पना में हम स्टोरों, बसों में जाते और रेस्तरां में खाते। हर रात मैं अपनी कल्पना में एक खास जगह से अमेरिकी गााड़ी को लॉस एंजेल्स के रास्तों में ऊपर-नीचे चलाता। मैंने इन सबको बहुत सजीव और असली की तरह किया। मेरे दिमाग में ये तस्वीरें उसी तरह स्वाभाविक थीं, जैसे जेल के बाहर का वृक्ष।

"हर सुबह मुख्य सुरक्षा प्रहरी कैदियों को लाइन में खड़ा कर गिनता। उसने पुकारा एक, दो, तीन आदि और जब सत्रह नंबर की पुकार लगी, जो मेरा नंबर था तो मैं एक किनारे हो गया। इस बीच गार्ड को एक-दो मिनट के लिए बुलाया गया। जब वह वापस आया, तब उसने गलती से मेरे बाद के कैदी को सत्रह की तरह गिना। जब शाम को कैदी वापस आए, तब संख्या समान थी, उन्हें मेरी कमी महसूस नहीं हुई और जब तक पता चलता, तब तक काफी समय हो चुका था और ढूंढने में काफी समय लगा।

"मैं बिना चिह्नित हुए कैंप से बाहर निकला और पूरे चौबीस घंटे बिना रुके चलता रहा, अगले दिन एक सुनसान जगह पर आराम किया। मैंने मछली और जंगली जानवरों को मारकर कुछ समय गुजारा किया। मुझे एक कोयले की ट्रेन पोलैंड को जाती हुई मिली और रात को उसमें बैठकर आखिर मैं पोलैंड पहुंच गया। अपने दोस्तों की सहायता से मैं स्विट्जरलैंड में ल्यूसरिन पहुंचा।

"एक शाम ल्यूसरिन के पैलेस होटल में मेरी एक अमेरिकी दंपती से बातचीत हुई। उस व्यक्ति ने मुझसे पूछा, क्या मैं कैलिफोर्निया के सांता मोनिका में उसके घर में अतिथि की तरह रहना पसंद करूंगा, मैंने स्वीकार किया और जब मैं लॉस एंजेल्स पहुंचा, तब मैंने देखा, उसका ड्राइवर मुझे उसी विलशायर के उन रास्तों से ले गया जिसे मैं कई महीनों तक रूस की कोयले की खदान में कल्पना में इतना सजीव देखता था। मैंने उन इमारतों को अब वास्तव में देखा। मैंने अपने मन में देखा, उन इमारतों को पहचान लिया। वास्तव में ऐसा प्रतीत हुआ मानो मैं लॉस एंजेल्स में पहले आ चुका हूं। मैंने अपना लक्ष्य पा लिया था।

"मैं कभी भी अवचेतन मस्तिष्क के चमत्कारों पर आश्चर्य करना नहीं छोड़ सकता। वास्तव में इसके पास ऐसे तरीके हैं, जिनके बारे में हमें कोई ज्ञान नहीं है।"

कैसे पुरातत्वशास्त्री और जीवाश्म विज्ञानी प्राचीन दृश्यों को दुबारा बनाते हैं

यह वैज्ञानिक जानते हैं कि उनका अवचेतन मस्तिष्क जो कुछ अतीत में घटा है, उसे याद रखता है। जब वे प्राचीन खंडहरों (ध्वंसावशेषों) और जीवाश्म का अध्ययन कर रहे होते हैं तो कल्पना शक्ति के द्वारा उनका अवचेतन मस्तिष्क उनके प्राचीन दृश्यों को दुबारा बनाने (पुनर्निर्माण) में सहायता करता है।

एक बार पुनः मृत अतीत जीवंत और सुनने योग्य हो जाता है। इन प्राचीन मंदिरों और मिट्टी के बर्तनों, प्रतिमाओं, औजारों और इन प्राचीन काल के घर के बर्तनों को देखकर वैज्ञानिक हमें उनकी उम्र बताते हैं, जबकि उस समय कोई भाषा नहीं थी। बातचीत का माध्यम गुर्राकर, आहें लेकर और इशारों से होता था।

उत्सुकता, एकाग्रता और अनुशासित कल्पना वैज्ञानिकों के अवचेतन मस्तिष्क की छुपी हुई शक्तियों को जगाती थीं, जिनसे वे प्राचीन मंदिरों की छत को आवरण पहनाते और उसके चारों ओर बाग, तालाब और झरने की कल्पना करते। जीवाश्मों में आंखों, नसों और मांसपेशियों का निर्माण करते, जिससे वे फिर से चल और बोल सकें। अतीत वर्तमान बन जाता और इससे हमें पता चलता है कि मन के अंदर कोई समय और स्थान नहीं है। अपनी अनुशासित, नियंत्रित और निर्देशित कल्पना द्वारा आप किसी भी विज्ञानी और प्रेरित विचारक के साथी बन सकते हैं।

अपने अवचेतन मस्तिष्क से किस प्रकार मार्गदर्शन प्राप्त करें

जब कभी आप किसी कार्य को "कठिन निर्णय" की संज्ञा देते हैं अथवा अपनी किसी समस्या का निदान नहीं देख पाते हैं, तब तत्काल उसके बारे में रचनात्मक ढंग से सोचना शुरू कर दीजिए। यदि आप डरे हुए और चिंताग्रस्त हैं तो इसका तात्पर्य है कि वास्तव में आप सोच नहीं रहे हैं। एक सच्ची सोच में डर नहीं होता है, वह डर से उन्मुक्त होती है।

यहां पर एक सरल-सी तकनीक है, जिसके द्वारा आप किसी विषय पर मार्गदर्शन पा सकते हैं: अपने मस्तिष्क को शांत कीजिए और शरीर को स्थिर कीजिए। अपने शरीर को शिथिल होने का आदेश दें। इसे आपका आदेश मानना होगा। इसकी कोई अपनी इच्छा, प्रेरणा या पहल अथवा स्वचेतना वाली बुद्धिमत्ता

नहीं होती। आपका शरीर एक भावनात्मक डिस्क है, जो आपके विश्वास और चिह्नों को रिकॉर्ड करता है।

अपने ध्यान को केंद्रित कीजिए; अपनी सोच को अपनी समस्या पर केंद्रित कीजिए। अपने अवचेतन मस्तिष्क द्वारा इसे हल करने की कोशिश कीजिए। यदि आपको अपनी समस्या का उत्कृष्ट उत्तर मिलता तो आपको कैसा अनुभव होता, वैसा ही अनुभव कीजिए। अपने मन को निश्चित होकर इस मनोदशा के साथ खेलने दीजिए; फिर सो जाइए। जब आप जागते हैं और आपको अपना जवाब नहीं मिलता है तो स्वयं को किसी अन्य कार्य में व्यस्त रखें। हो सकता है, यदि आप किसी अन्य में व्यस्त हों तो अचानक उसका हल आपके सामने उसी प्रकार आ जाए, जैसे टोस्टर में से ब्रेड-स्लाइस बाहर आती है। अपने अवचेतन मन से मार्गदर्शन पाने के लिए सरल तरीका, सबसे सही तरीका होता है। यह एक उदाहरण है: एक बार मैंने एक पुश्तैनी बहुमूल्य अगूंठी खो दी। मैंने इसे सब जगह ढूंढा मगर मुझे यह कहीं नहीं मिली। रात्रि को मैंने अपने अवचेतन से उसी प्रकार कहा, जैसा कि मैं किसी व्यक्ति को कहता। मैंने सोने से पहले उससे कहा, "तुम्हें सब कुछ पता है; तुम्हें पता है कि अंगूठी कहां है और अब तुम मुझे बताओगे कि वह कहां है।"

सुबह मैं अचानक झटके से उठा, मेरे कान में शब्द बज रहे थे, "रॉबर्ट से पूछो।"

रॉबर्ट जो कि केवल नौ वर्ष का था, मुझे उससे यह पूछना अजीब-सा लगा, फिर भी मैंने अपनी अंतरात्मा की आवाज सुनी और उससे पूछा रॉबर्ट ने कहा, "हां, जब मैं लड़कों के साथ आंगन में खेल रहा था, तब यह मुझे वहां पड़ी मिली, मैंने उठाकर इसे मेज पर रख दिया, क्योंकि मेरी नजर में इसका कुछ मूल्य नहीं था, इसलिए मैंने इसके बारे में कुछ नहीं कहा।"

यदि आप अपने अवचेतन मस्तिष्क पर विश्वास करें तो यह हमेशा जवाब देता है।

अवचेतन मस्तिष्क ने पिता की वसीयत दिखाई

मेरी कक्षा में आने वाले एक युवक के पिता की मृत्यु हो गई थी और ऐसा लगता था कि उन्होंने कोई वसीयत नहीं छोड़ी थी। उसकी बहन ने बताया कि उसके पिता ने एक वसीयत बनाई थी, जिसमें हर एक को उचित हिस्सा दिया गया था। वसीयत को ढूंढने की हर कोशिश नाकामयाब रही।

सोने से पहले उसने अपने मन की गहराई से निम्नलिखित प्रकार कहा; "मैं इस याचना को अवचेतन मस्तिष्क को सौंपता हूं। इसे पता है कि वसीयत कहां है और यह इसे मुझे दिखाएगा।" फिर उसने अपनी याचना को एक शब्द में समेटा, "जवाब दो" और उसे वह एक लोरी की तरह बार-बार गाने लगा। वह सोते हुए इस एक शब्द को गाते हुए सो गया, "जवाब दो।"

अगली सुबह इस युवक को लॉस एंजेल्स के बैंक में जाने की उत्कट इच्छा हुई, जहां उसे एक सेफ डिपॉजिट का पता चला, जो उसके पिता के नाम रजिस्टर्ड थी। उसमें रखे कागजात ने उसकी सभी समस्याओं को हल कर दिया।

जब आप सोने जाते हैं, आपके विचार आपके अंदर छुपी हुई शक्ति को जगाते हैं, उदाहरण के तौर पर–कल्पना करें कि आप सोच में हैं कि क्या अपनी संपत्ति बेचें, कुछ शेयर खरीदें, अपने पार्टनरशिप नियम को कड़ा बनाएं, न्यूयॉर्क जाएं अथवा लॉस एंजेल्स में रहें, वर्तमान सौदे को बनाए रखें अथवा नया बनाएं। इसके लिए कुछ ऐसा करें: एक आरामकुर्सी पर अथवा अपने ऑफिस की मेज पर शांति से बैठें। याद रखें कि क्रिया और प्रतिक्रिया का एक सार्वभौमिक नियम है।

क्रिया आपका विचार है–प्रतिक्रिया आपके अवचेतन मन का जवाब है।

अवचेतन मस्तिष्क प्रतिक्रिया देने वाला और बाध्य कर देने वाला है; यह इसकी प्रकृति है। यह पलटकर आता है, इनाम देता है और चुकाता अथवा प्रतिफल देता है। यह अनुरूप का नियम है। यह इसी तरह से प्रतिक्रिया देता है। जैसे ही आप उचित क्रिया के बारे में सोचते हैं, तुरंत आप अपने अंदर उसकी प्रतिक्रिया अथवा जवाब का अनुभव करते हैं, जो कि आपके अवचेतन मस्तिष्क का मार्गदर्शन अथवा जवाब का प्रतिनिधित्व करता है।

मार्गदर्शन की खोज में आप केवल शांति से सही कार्य के बारे में सोचते हैं, जिसका तात्पर्य है कि आप अपने अवचेतन मस्तिष्क में बसी अनंत बुद्धिमत्ता का उपयोग इसे पाने के लिए करते हैं। उसके पश्चात् आपकी क्रिया का निर्देशन और नियंत्रण आपके अंदर मौजूद विषयपरक बुद्धिमत्ता, जो सर्वज्ञानी और सर्वशक्तिशाली है, उसके द्वारा होता है। आपका निर्णय सही होगा, क्योंकि आपकी व्यक्तिपरक मजबूरी है, इसलिए केवल सही कार्य होगा। मैं मजबूरी की बात कर रहा हूं, क्योंकि अवचेतन मजबूरी है।

मार्गदर्शन का रहस्य

मार्गदर्शन के रहस्य का अर्थ है—मानसिक रूप से स्वयं को सही जवाब के लिए समर्पित करना होगा, जब तक आपको इसका सही जवाब नहीं मिलता। प्रतिक्रिया एक अहसास है, एक आंतरिक जागरूकता, एक उत्कट इच्छा जिससे आपको पता चलता है कि आपको पता है।

अपनी शक्ति का उस बिंदु तक उपयोग किया जाए, जहां से यह आपका उपयोग करना शुरू करता है। जब आप अपने अंदर मौजूद व्यक्तिपरक बुद्धिमत्ता का उपयोग कर रहे हैं तो आप कभी हार या एक भी गलत कदम नहीं उठा सकते। आप पाएंगे कि आपके सभी तरीके सुहाने और सभी मार्ग शांति के हैं।

याद करने योग्य बिंदु

1. याद रखें कि सभी महान वैज्ञानिकों की सफलता और उनकी अद्‌भुत उपलब्धियों का चुनाव अवचेतन मस्तिष्क द्वारा किया गया है।
2. किसी भी जटिल समस्या के हल में अपनी सचेत उपस्थिति और समर्पण देने से आपका अवचेतन मस्तिष्क सभी सूचनाएं एकत्रित करता है।
3. यदि आप किसी समस्या के हल के बारे में चिंतित हैं तो इसे निष्पक्ष ढंग से हल करें। शोध करके और दूसरों से पूछकर सभी प्रकार की सूचनाएं एकत्रित करें। यदि कोई जवाब नहीं मिलता तो इसे अपने अवचेतन मस्तिष्क को सोने से पहले हस्तांतरित कर दें, तब जवाब जरूर आएगा। यह तरीका कभी असफल नहीं होता।
4. आपको जवाब रातोरात नहीं मिल जाते। अपने अवचेतन को अपनी याचिका बार-बार देते रहिए, जब तक कि प्रकाश न हो जाए और अंधेरा विलीन न हो जाए।
5. आप जवाब के देरी से मिलने के लिए जिम्मेदार हैं, इस सोच के साथ कि इसमें देर लगेगी अथवा इसमें कुछ बड़ी समस्या है। आपके अवचेतन के पास कोई समस्या नहीं है। इसके पास केवल जवाब है।
6. इस बात का विश्वास करें कि अब आपके पास जवाब है। जवाब पाने की खुशी का आनंद लें, जैसे आपको वाकई उत्कृष्ट जवाब मिल गया हो। आपका अवचेतन आपकी भावनाओं पर आपकी प्रतिक्रिया देगा।
7. कोई भी मानसिक छवि, जिसके पीछे विश्वास और दृढ़ता हो, वह आपके

अवचेतन की अद्भुत कार्य-शैली पर खरा उतरेगा, इस पर विश्वास रखिए। इसकी शक्ति पर विश्वास रखेंगे तो प्रार्थना जरूर चमत्कार लाएगी।

8. आपका अवचेतन मस्तिष्क यादों का भंडार है और आपके अवचेतन मन के अंदर आपके बचपन से लेकर सभी अनुभव दर्ज हैं।
9. वैज्ञानिक जो प्राचीन लिखावटों, मंदिरों, अवशेषों इत्यादि पर अपना ध्यान केंद्रित कर रहे हैं, वे अतीत के दृश्यों का पुनर्निर्माण कर सकते हैं। उनका अवचेतन मस्तिष्क उनकी मदद करता है।
10. सोने से पहले अपने जवाब की याचना अपने अवचेतन को दें। इस पर विश्वास रखें, आपको जवाब मिलेगा। यह सब कुछ जानता और देखता है, लेकिन आप इसकी ताकत पर कोई शक अथवा सवाल नहीं करेंगे।
11. कोई भी कार्य आपका विचार है और इसकी प्रतिक्रिया आपके अवचेतन मस्तिष्क का जवाब है। यदि आपके विचार ज्ञानपूर्ण हैं, तब आपके कार्य और निर्णय भी ज्ञानपूर्ण होंगे।
12. मार्गदर्शन एक अहसास की तरह आता है, एक आतंरिक जागरूकता, एक उत्कट विचार जिसमें आपको पता है कि वस्तुस्थिति क्या है–यह एक अंदरूनी अहसास है, इसका अनुसरण कीजिए।

13

आपका अवचेतन और निद्रा के चमत्कार

आप हर चौबीस घंटों में से करीब आठ घंटे सोकर व्यतीत करते हैं यानी अपने पूर्ण जीवनकाल का एक तिहाई हिस्सा। यह जीवन का अनवरत् नियम है। यह जीव-जंतुओं और पौधों पर समान रूप से लागू होता है। निद्रा एक दिव्य नियम है और हमारी कई समस्याओं का जवाब तभी हमारे पास आता है, जब हम अपने बिस्तर पर सोए हुए होते हैं। कई लोगों ने इस सिद्धांत का पक्ष लिया कि जब हम दिन में थक जाते हैं, तब हम अपने शरीर को विश्राम देने के लिए सोने चले जाते हैं और जब हम सो रहे होते हैं, तब शरीर अपनी मरम्मत करता है। सोते समय कोई भी अंग विश्राम नहीं करता। दिल, फेफड़े और शरीर के सभी जरूरी अंग आपके सोते रहने पर भी अपना काम करते रहते हैं।

यदि आप सोने से पहले खाना खाते हैं, तब भी खाने का पाचन और अवशोषण होता है। आपकी त्वचा पसीना निकालती है और आपके नाखून और बालों का बढ़ना जारी रहता है। आपका अवचेतन कभी भी आराम नहीं करता अथवा सोता नहीं है। यह हमेशा सक्रिय रहता है और आपकी सभी जरूरी शक्तियों को नियंत्रित करता रहता है। जब आप निद्रा में होते हैं, तब शरीर की उपचार प्रक्रिया तीव्र गति से होती है, क्योंकि आपके चेतन मस्तिष्क का इस समय कोई दखल नहीं होता। जब आप सोए हुए होते हैं, तब आपको अद्‌भुत जवाब मिलते हैं।

हम क्यों सोते हैं

डॉक्टर जॉन बिगेलो निद्रा पर एक प्रसिद्ध शोधकर्ता (न्यूयॉर्क और लंदन में हार्पर ब्रदर्स द्वारा 1903 में प्रकाशित निद्रा का रहस्य–लेखक जॉन बिगेलो) हैं। उन्होंने प्रदर्शित किया कि रात्रि में जब आप सोए हुए होते हैं, तब आप इस तरह के लक्षण दिखाते हैं, जिससे पता चलता है कि आंख, कान, नाक और स्वाद ग्रंथियों की नाड़ियां निद्रा में भी बहुत सक्रिय रहती हैं। उन्होंने यह भी दिखाया कि आपके मस्तिष्क की नाड़ियां भी बहुत सक्रिय रहती हैं। उनके अनुसार, हमारे सोने का मुख्य कारण यह है कि "हमारी आत्मा का बेहतर हिस्सा हमारी उच्च प्रकृति के निराकार के साथ एक होता है और ईश्वरीय बुद्धिमत्ता और पूर्ण ज्ञान में सहभागी बनता है।"

डॉक्टर बिगेलो यह भी कहते हैं कि मेरे इन अध्ययनों से मिले परिणामों ने न केवल मेरी यह सोच पक्की की है कि दैनिक निवृत्तियों और कार्यों से केवल मुक्त करना ही नींद का मुख्य ध्येय है, बल्कि इसने मेरी इस सोच को भी स्पष्ट किया कि मनुष्य के जीवन का कोई भी हिस्सा विषमता और उत्तम आध्यात्मिक विकास के लिए इतना जरूरी नहीं समझा जाना चाहिए, जितना वह अपनी निद्रा में इस अभूतपूर्व दुनिया से अलग रहने पर होता है।"

प्रार्थना, निद्रा का एक रूप

आपका चेतन मस्तिष्क रोजमर्रा के गुबारों, कलह और विवादों में फंस जाता है। यह बहुत जरूरी है कि इस प्रकार की समझ, साक्ष्यों और व्यक्तिपरक दुनिया से बीच-बीच में संपर्क तोड़ना चाहिए और अपने अवचेतन मस्तिष्क की आंतरिक बुद्धिमत्ता के साथ चुपचाप शांति से बातचीत करनी चाहिए। अपने जीवन की सभी अवस्थाओं में मार्गदर्शन, शक्ति और बढ़ी हुई बुद्धिमत्ता को पाकर आप अपनी सभी समस्याओं पर काबू पा सकते हैं और अपनी दैनिक कठिनाइयों को हल कर सकते हैं।

इस प्रकार समझ, साक्ष्यों, शोर-शराबे और दैनिक उलझनों से निजात पाना भी नींद का एक प्रकार है, उदाहरणस्वरूप–आप इंद्रियों की दुनिया के लिए सोए हुए और अपने अवचेतन मस्तिष्क की बुद्धिमत्ता और शक्ति के लिए जाग सकते हैं।

नींद की कमी के चौंकाने वाले प्रभाव

नींद की कमी आपको चिड़चिड़ा, बदमिजाज और उदास बना सकती है। नेशनल एसोसिएशन फॉर मेंटल हेल्थ के डॉक्टर जॉर्ज स्टीवेंसन के अनुसार, "मेरा विश्वास है, यह सहज रूप से कहा जा सकता है कि सभी मनुष्यों को स्वस्थ रहने के लिए कम-से-कम छह घंटे की नींद जरूरी है। ज्यादातर मनुष्यों को इससे ज्यादा समय की जरूरत होती है। वे जिनका विचार है कि उनका काम इससे कम से चल सकता है, वे अपने को बेवकूफ बना रहे हैं।"

चिकित्सीय शोध के विद्यार्थी जो नींद की प्रक्रिया और नींद की कमी पर खोजबीन कर रहे थे, उन्होंने इस ओर इशारा किया कि गंभीर अनिद्रा वाले व्यक्ति आगे चलकर कुछ मामलों में मानसिक अवरोध का सामना कर सकते हैं।

याद रखें, नींद में आप आध्यात्मिक रूप से ऊर्जावान हो सकते हैं और जिंदगी में खुशी और जीवनशक्ति लाने के लिए पर्याप्त नींद जरूरी है।

आपको ज्यादा नींद की आवश्यकता है

एक लेख में रॉबर्ट ओ ब्रायन लिखते हैं, "हो सकता है, आपको अधिक नींद की आवश्यकता हो," रीडर्स डाइजेस्ट की एक रिपोर्ट नींद पर किए गए निम्नलिखित प्रयोग के बारे में बताती है कि पिछले तीन वर्षों में वाशिंगटन डीसी के वाल्टर रीड आर्मी इंस्टीट्यूट ऑफ रिसर्च में सौ से ज्यादा आर्मी और सिविलियन स्वयंसेवकों पर प्रयोग किए गए। उन्हें चार दिन तक जगाकर रखा गया। उनके व्यवहार और व्यक्तित्व पर उसका असर मापने के लिए हजारों परीक्षण किए गए। इन परीक्षणों के परिणामों ने वैज्ञानिकों को नींद के रहस्य पर आश्चर्यजनक नई जानकारियां उपलब्ध करवाईं।

"वे अब जानते हैं कि थका हुआ मस्तिष्क जाहिर है, नींद के लिए इतना भूखा है कि वह इसको पाने के लिए कोई भी कुर्बानी दे सकता है। केवल कुछ घंटों की नींद के अभाव में, छोटी-छोटी नींद जिन्हें झपकियां भी कहते हैं या सूक्ष्म नींद, एक घंटे में तीन-चार बार आने लगती है। जैसा कि असली नींद में होता है, पलकें झुक जाती हैं, दिल की धड़कनें धीमी हो जाती हैं। हर झपकी कुछ क्षणों की होती हैं; कभी खाली तो कभी-कभी वे तस्वीरों से भरी होती हैं, तो कभी सपनों के बोझ से। अनिद्रा का समय जैसे-जैसे बढ़ता गया, झपकियां और बढ़ती गईं और उनका समय भी बढ़ता गया, शायद दो से तीन सेकंड का।

यदि वह व्यक्ति एक एयरलाइनर को तूफान में भी चला रहा होता, तब भी वह इन सूक्ष्म नींदों को कुछ बेशकीमती सेकंड के लिए छोड़ नहीं पाता। ऐसा आपके साथ भी हो सकता है, ऐसे कई व्यक्ति जो कार चलाते हुए सो गए थे, वे इसकी गवाही दे सकते हैं।

नींद की कमी का दूसरा चौंकाने वाला प्रभाव इसका मानव याद्दाश्त और सोचने की शक्ति पर था। नींद की कमी वाले कई व्यक्ति उन सूचनाओं को याद रखने में नाकामयाब रहे, जो उन्हें काम के दौरान करने के लिए कहा गया था। उन परिस्थितियों में जहां उन्हें कई चीजें अपने दिमाग में रखकर काम करने के लिए कहा गया था, वे हड़बड़ा गए, उसी प्रकार जैसे किसी पायलट को करना चाहिए, जब वह कुशलतापूर्वक हवा के रुख, उसकी गति, ऊंचाई सबको ध्यान में रखते हुए सुरक्षित लैंडिंग के लिए रास्ता चुनता है।"

नींद सलाह देती है

एक युवती जो रेडियो पर सुबह का मेरा व्याख्यान सुनती है, उसने मुझे बताया कि उसे न्यूयॉर्क में उसकी वर्तमान तनख्वाह से दुगनी तनख्वाह की नौकरी की पेशकश की गई। वह सोच में थी कि उसे वह स्वीकार करे या न करे। उसने सोने से पहले यह प्रार्थना की; "मेरे अवचेतन मस्तिष्क की रचनात्मक बुद्धिमत्ता को पता है कि मेरे लिए उत्तम क्या है। इसका झुकाव जिंदगी की ओर होता है और यह मुझे सही निर्णय दिखाएगी, जो मेरे लिए और सभी के लिए कल्याणकारी होगा। मैं उसके जवाब के लिए धन्यवाद करती हूं, जो मुझे पता है, मेरे पास आएगा।"

उसने इस सरल-सी प्रार्थना का सोने से पहले लोरी की तरह बार-बार पाठ किया और सुबह उसके अंदर यह भाव लगातार बना रहा कि उसे यह नौकरी स्वीकार नहीं करनी चाहिए। उसने वह प्रस्ताव अस्वीकार कर दिया और फिर आगे होने वाली घटनाओं ने उसके आंतरिक ज्ञान को सच साबित किया, क्योंकि अपनी नौकरी के प्रस्ताव के कुछ महीने बाद वह कंपनी कंगाल हो गई।

चेतन मस्तिष्क जिन विषयों के तथ्यों को जानता है, उन पर वह सही हो सकता है, लेकिन उसके अवचेतन मस्तिष्क के अंतर्ज्ञान ने पूछे गए प्रश्न की असफलता को देख लिया था, इसलिए उसने उसे उसके अनुसार प्रेरित किया।

कुछ आपदाओं से बचाया

मैं यह दिखाता हूं कि कैसे आपके अवचेतन मस्तिष्क की बुद्धिमत्ता ने आपको आदेश दिया और आपकी रक्षा की, जब आपने सोने पर जाने से पहले सही कार्य करने की याचना की। कई वर्ष पहले दूसरे विश्वयुद्ध से पूर्व मुझे पूर्वी देश से एक बहुत आकर्षक कार्यभार का प्रस्ताव दिया गया और मैंने सही मार्गदर्शन और सही निर्णय के लिए इस प्रकार प्रार्थना की, "मेरे अंदर की अनंत बुद्धिमत्ता सभी चीजें जानती हैं और उसी क्रम में मुझे सही निर्णय बताएगी। मेरे पास जब सही जवाब आएगा, तब मैं उसे पहचान जाऊंगा।"

मैंने इस सरल प्रार्थना को सोते समय एक लोरी की तरह बार-बार दोहराया और एक सपने में वह सजीव सच्चाई की तरह आया, जो तीन साल बाद होने वाला था। एक पुराना दोस्त मेरे सपने में आया और उसने कहा, "इस मुख्य लाइन को पढ़ो–मत जाओ।" युद्ध से संबंधित समाचार-पत्र की मुख्य खबर सपने में दिखी, जिसमें पर्ल हार्बर पर आक्रमण की खबर थी। कभी-कभी लेखक भी वास्तव में सपने देखता है। उपर्युक्त स्वप्न निःसंदेह अवचेतन मस्तिष्क का नाटक था, जिसने उस व्यक्ति को दिखाया जिसका मैं आदर और विश्वास करता था। कुछ को यह चेतावनी सपने में मां के रूप में आ सकती है।

वह उस व्यक्ति को यहां-वहां जाने से मना करती है। आपका अवचेतन मस्तिष्क सर्वज्ञानी है। उसे सब कुछ पता है। अक्सर यह उस आवाज में बात करता है, जिसे आपका चेतन मस्तिष्क तुरंत सच की तरह स्वीकार करता है। कभी-कभी आपका अवचेतन उस आवाज में चेतावनी देता है, जो आपकी मां अथवा आपके प्रिय की हो सकती है, जो आपको सड़क पर रोकता है और आपको पता चलता है कि यदि आप दूसरा पैर आगे बढ़ाते तो खिड़की से गिरने वाली वस्तु सीधे आपके सिर पर गिरती।

मेरा अवचेतन मस्तिष्क सार्वभौमिक अवचेतन के साथ मिलकर एक हो गया था। उसे पता था कि जापानी युद्ध की योजना बना रहे थे और इसे यह भी पता था कि युद्ध कब शुरू होगा।

ड्यूक विश्वविद्यालय के मनोविभाग के निर्देशक डॉक्टर राइन ने बहुत बड़ी मात्रा में साक्ष्य एकत्र किए हुए हैं, जो यह बताते हैं कि विश्व में बहुत से व्यक्ति भविष्य में होने वाली घटनाओं को उनके घटने से पूर्व देख सकते थे और कई जगह इसके कारण उन्होंने दुर्घटना से बचाया, जिसे उन्होंने सपने में सजीवता से देखा था।

एक सपने में मैंने न्यूयॉर्क टाइम्स की मुख्य लाइनों को पर्ल हार्बर में घटने

से तीन वर्ष पहले देखा था। इस सपने के आधार पर फौरन मैंने वह यात्रा निरस्त की, क्योंकि मेरे अवचेतन ने मुझे ऐसा करने के लिए विवश किया। तीन वर्ष पश्चात् दूसरे विश्वयुद्ध ने मन के अंदर के भाव को सच साबित किया।

भविष्य अवचेतन मस्तिष्क के अंदर

याद रखें कि भविष्य आपकी आदतन सोच का परिणाम, वह आपके मस्तिष्क में पहले से ही मौजूद है, केवल इसे प्रार्थना द्वारा बदल सकते हैं। इसी प्रकार देश का भविष्य उस देश के लोगों के सामूहिक अवचेतन के हाथ में है। इस स्वप्न में ऐसा अजीब कुछ नहीं है कि सपने में मैंने युद्ध शुरू होने से बहुत पहले मुख्य लाइनें न्यूयॉर्क के समाचार-पत्र में देखी थी। मस्तिष्क में युद्ध पहले ही शुरू हो चुका था और आक्रमण की योजना पहले से ही इस महान रिकॉर्डिंग उपकरण में थी यानी अवचेतन मस्तिष्क अथवा विश्व के सामूहिक अवचेतन मस्तिष्क में अंकित है। आने वाले कल की घटनाएं आपके अवचेतन मस्तिष्क में हैं, इसी प्रकार अगले हफ्ते, और फिर अगले महीने जिन्हें प्रबुद्ध मनोवैज्ञानिक अथवा दिव्य दृष्टि वाला व्यक्ति देख सकता है।

कोई भी आपदा अथवा दुर्घटना नहीं घट सकती, यदि आप प्रार्थना करने का निर्णय लें। कुछ भी पहले से निश्चित अथवा पहले से आदेश नहीं दिया गया है, उदाहरण के तौर पर–जिस प्रकार आप सोचते, महसूस और विश्वास करते हैं, वही आपका भाग्य निश्चित करता है। आप अपनी वैज्ञानिक प्रार्थना, जो पहले अध्याय में बताई गई है, वह आपका अपना भविष्य ढालेगा और बनाएगा। जैसा मनुष्य बोएगा, वैसा ही काटेगा।

एक झपकी ने उसे 15,000 डॉलर दिलवाए

तीन-चार साल पहले एक व्यक्ति जिसका नाम रे हैमरस्ट्रॉम था, उसके बारे में मेरे एक छात्र ने अखबार की एक खबर भेजी, यह व्यक्ति पिट्सबर्ग में एक जोंस और लॉफलिन स्टील कॉर्पोरेशन में एक रोलर चलाने वाला था। उसे अपने सपने के लिए 15,000 डॉलर मिले।

लेख के अनुसार, कई इंजीनियर एक नई लगी हुई मशीन, जो ठंडे वाले सांचे में सीधी छड़ डालने को नियंत्रित करती थी, उसके एक खराब स्विच को

ठीक नहीं कर पा रहे थे। उन्होंने उस पर बारह-तेरह बार काम किया, लेकिन वे उसे ठीक करने में असफल रहे।

हैमरस्ट्रॉम ने उस समस्या पर बहुत विचार किया और एक नई डिजाइन बनाने की सोची, जो कामयाब हो सके, लेकिन कुछ नहीं हुआ। एक दोपहर उसने छोटी-सी झपकी लेने की सोची, झपकी लेने से पहले उसने स्विच की समस्या को ठीक करने के बारे में सोचा। उसने एक सपना देखा, जिसमें एक स्विच की उत्तम डिजाइन बनी हुई थी। उठने पर उसने उस नई डिजाइन का चित्र बनाया, जैसा उसने सपने में देखा था। उसकी कल्पनाशील झपकी ने उसे 15,000 डॉलर का इनाम दिलाया। उस कंपनी में किसी को मिलने वाली सबसे बड़ी राशि उसके नए विचार के लिए थी।

कैसे एक प्रोफेसर ने अपनी समस्या का हल नींद में निकाला

पेनसिल्वेनिया विश्वविद्यालय में असीरियाई के प्रोफेसर डॉक्टर एच.वी. हेल्परेच ने इस प्रकार लिखा; "एक शनिवार शाम मैं बहुत परेशान था, मैं सफलेमानी पत्थर के दो छोटे टुकड़ों को पढ़ने की कोशिश कर रहा था, कहा जाता था कि ये किसी बेबिलोन निवासी की अंगूठी का हिस्सा थे।

"एक मध्य रात्रि को मैं परेशान और थका हुआ बिस्तर पर गया और एक अद्‌भुत सपना देखा; एक लंबा और पतला निपुर का पादरी, जिसकी उम्र करीब चालीस वर्ष थी, वह मुझे मंदिर के खजाने की ओर ले गया...यह एक छोटा-सा कम ऊंचाई वाला कमरा था, जिसमें कोई खिड़की नहीं थी, उसके फर्श पर सफलेमानी पत्थर और चटकीले नीले रंग के पत्थर बिखरे पड़े हुए थे। उसने मुझसे निम्नलिखित बातें इस प्रकार से कहीं-"दो टुकड़े जिनके बारे में तुमने अलग-अलग पृष्ठ संख्या 22 और 26 में लिखा है-वे उंगलियों की अंगूठी नहीं हैं। पहले दो गोले ईश्वर की मूर्ति के कान के बुंदे हैं; दो टुकड़े (जो तुम्हारे पास हैं) उसका हिस्सा हैं। यदि तुम उन्हें साथ रखोगे तो मेरे शब्द सही साबित होंगे।" मैं तुरंत उठ गया। मैंने उन टुकड़ों को ध्यान से देखा और आश्चर्यजनक ढंग से मैंने अपना सपना सच पाया। मेरी समस्या का हल आखिर निकल आया था।"

यह इसको स्पष्ट करता है कि उसके अवचेतन मस्तिष्क की रचनात्मक अभिव्यक्ति उसकी सभी समस्याओं का जवाब जानती थी।

एक प्रसिद्ध लेखक के लिए उसके अवचेतन ने कैसे कार्य किया, जब वे सोए हुए थे

रॉबर्ट लुइस स्टीवेंसन ने अपनी एक पुस्तक "जमीन के पार" में एक पूरा अध्याय सपनों पर लिखा है। वह एक सजीव स्वप्नदर्शी थे और उन्हें सोने से पूर्व अपने अवचेतन को विशिष्ट आदेश देने की आदत थी। वे अपने अवचेतन को कहानियां बनाने की प्रार्थना करते, जब वे सो जाते थे, उदाहरण के तौर पर–यदि स्टीवेंसन के पास धन की कमी होती तो उनका अपने अवचेतन को निम्नलिखित प्रकार का आदेश होता: "मुझे एक रोमांचकारी उपन्यास दो, जो बाजार में बिकने वाला और फायदा देने वाला हो।" उनके अवचेतन ने उन्हें बेहतरीन तरीके से जवाब दिया।

स्टीवेंसन कहते हैं, "यह छोटे-छोटे केक (उनके अवचेतन की बुद्धिमत्ता और शक्ति) मुझे एक-एक करके कहानियां सुनाते हैं, ठीक एक सीरियल की तरह और मुझे इनका निर्माता बनाते हैं। इस पूरे प्रकरण के दौरान उनका ध्येय क्या है, इसके लिए वे पूर्ण रूप से अनभिज्ञ होते हैं," फिर उन्होंने कहा, "मेरे हिस्से का वह कार्य जो पूरा हो गया था, जब मैं जागता हूं, वह (जबकि वह पूर्ण रूप से जाग्रत और चेतन है) किसी भी रूप में जरूरी नहीं है कि मेरा हो, क्योंकि यह सब यह दिखाने के लिए हो रहा था कि केक (अवचेतन) का उसमें भी हाथ था।"

शांति से सोइए और खुशी से जागिए

वे व्यक्ति जो अनिद्रा से पीड़ित हैं, उन्हें यह प्रार्थना बहुत प्रभावकारी लगेगी।

सोने से पहले इसे शांतिपूर्वक, धीमे-धीमे और प्यार से कहिए: "मेरे अंगूठे आराम की अवस्था में हैं, मेरे टखने आराम से हैं, मेरी गरदन आराम से है, मेरा दिमाग आराम की अवस्था में है, मेरा चेहरा आराम से है, मेरी आंखें आराम की अवस्था में हैं, मेरा पूरा मस्तिष्क और शरीर आराम की अवस्था में है। मैं हर एक को अपनी इच्छा से माफ करता हूं और मैं दिल से उनमें सामंजस्यता, स्वास्थ्य और शांति तथा जीवन के आशीर्वाद की कामना करता हूं। मैं स्वयं शांति में हूं; मैं संयत, निर्मल और शांत हूं। मैं स्वयं को सुरक्षित और शांत महसूस करता हूं। एक गहरी स्थिरता मेरे चारों ओर है और एक गहरी शांति मुझे पूर्ण रूप से शांत करती है और मैं अपने अंदर एक दिव्य शक्ति की उपस्थिति को महसूस करता हूं। मैं स्वयं को प्रेम की चादर में लपेटकर सभी के प्रति मंगलकामना

की भावना के साथ सो जाता हूं। पूरी रात शांति मेरे साथ रहती है और सुबह मैं जीवंतता और प्रेम से सराबोर रहूंगा। एक प्रेम का गोला मेरे चारों ओर खींच दिया गया है। *मैं किसी अमंगल भावना से नहीं डरता, क्योंकि आप मेरे साथ हैं। मैं गहन शांति के साथ सोता हूं और उसके अंदर मैं जीता, चलता-फिरता और स्वयंभू बना रहता हूं।*

चमत्कारिक नींद में आपका सहयोग करने वालों की संक्षिप्त सूची

1. यदि आपको चिंता है कि आप समय पर नहीं उठ पाएंगे, तब सोने से पहले अपने अवचेतन मस्तिष्क को उस समय उठाने के लिए कहिए, जिस समय आप उठना चाहते हैं, यह आपको जगा देगा। इसे किसी घड़ी की जरूरत नहीं है। इस विधि को अपनी सभी समस्याओं के लिए करें। आपके अवचेतन के लिए कुछ भी कठिन नहीं है।
2. आपका अवचेतन कभी नहीं सोता। यह हमेशा अपने काम पर रहता है। यह आपके सभी जरूरी कार्यों को करता है। सोने से पहले स्वयं और अन्य सभी को माफ करें तो उपचार की गति तीव्र हो जाएगी।
3. जब आप निद्रा में रहते हैं, तब आपको मार्गदर्शन दिया जाता है। ऐसा कभी-कभी सपनों द्वारा भी होता है। इस समय उपचार की तरंगें भी छोड़ी जाती हैं और सुबह उठने पर आप ताजगी से भरपूर और ऊर्जावान महसूस करते हैं।
4. जब आप दिन के उत्पीड़न और कलह से परेशान रहते हैं, तब भी आपके मस्तिष्क का पहिया आपके अवचेतन में उपस्थित बुद्धिमत्ता और चातुर्य आपको जवाब देने के लिए तत्पर रहते हैं। यह आपको शांति, शक्ति और विश्वास देता है।
5. स्वस्थ शरीर और मन की शक्ति के लिए सोना जरूरी है। नींद की कमी, चिड़चिड़ाहट, उदासी और मानसिक विकार पैदा कर सकते हैं। आपके लिए आठ घंटे की नींद जरूरी है।
6. चिकित्सकीय विद्यार्थी इस तथ्य की ओर इशारा करते हैं कि नींद की कमी से मानसिक अवरोध उत्पन्न होता है।
7. निद्रावस्था में आप आध्यात्मिक रूप से शक्तिवान होते हैं। जीवन में खुशी और ऊर्जावान बने रहने के लिए नींद जरूरी है।

8. आपका थका हुआ मस्तिष्क नींद के लिए इतना व्याकुल है कि इसके लिए यह कुछ भी कुर्बानी देने के लिए तैयार रहता है।
9. कई नींद से वंचित व्यक्तियों की याद्दाश्त बहुत कमजोर होती है और वे चीजों को समझने में अक्षम होते हैं। वे खोए-खोए, परेशान, भ्रमित और विक्षिप्त लगते हैं।
10. नींद आपको सुझाव देती है। सोने से पहले संकल्प लें कि आपके अवचेतन मन की अनंत शक्ति आपका मार्गदर्शन कर रही है और निर्देश दे रही है, फिर उठने पर किसी प्रकार के संकेत मिलने के लिए सचेत रहें।
11. अपने अवचेतन मस्तिष्क पर पूर्ण विश्वास रखें। जानिए कि इसकी प्रवृत्ति हमेशा जीवन से ओत-प्रोत रहती है। कभी-कभी आपका अवचेतन रात में एक जीवंत स्वप्न और दृश्य के रूप में जवाब देता है। आपको स्वप्न में चेतावनी भी दी जा सकती है, जैसा कि इस पुस्तक के लेखक को मिली थी।
12. आपका भविष्य अब आपके मन में है, जिसका आधार आपकी आदतन सोच और विश्वास होता है। अपने अवचेतन के सहारे इसकी अनंत बुद्धिमत्ता आपका नेतृत्व और मार्गदर्शन करती है; सभी अच्छाइयां आपकी हैं और आपका भविष्य उज्ज्वल होगा, इस पर विश्वास रखें और इसे स्वीकार करें। आपका परिणाम अति उत्तम होगा।
13. यदि आप एक उपन्यास, नाटक या पुस्तक अथवा किसी आविष्कार पर काम कर रहे हैं, तो अपने अवचेतन मस्तिष्क से रात्रि में बात करें और निडरता से उससे कहिए कि उसकी बुद्धिमत्ता और शक्तियां आपका मार्गदर्शन और निर्देशन कर रहे हैं और वह आपको उत्तम उपन्यास, पुस्तक अथवा आप जिस चीज को खोज रहे हैं, उसका उत्तम जवाब दिखाएगा, चाहे वह कुछ भी हो। जब आप इस तरह प्रार्थना करेंगे, तब आपके साथ चमत्कार होंगे।

14

आपका अवचेतन मस्तिष्क और वैवाहिक समस्याएं

मस्तिष्क के कार्यों और इसकी शक्ति से अनभिज्ञता ही वैवाहिक समस्याओं का कारण है। पति और पत्नी के बीच की कलह को मस्तिष्क के नियमों का उपयोग करके सही ढंग से दूर किया जा सकता है। एक साथ प्रार्थना करके वे एक साथ रहते हैं। दिव्य आदर्शों पर विचार करके, जीवन के नियमों का अध्ययन करके, समान ध्येय और योजना पर परस्पर सहमति और व्यक्तिगत आजादी के आनंद द्वारा सामंजस्यतापूर्ण वैवाहिक जीवन निभाया जा सकता है–वैवाहिक परमानंद, एक होने का अहसास जिसमें दो व्यक्ति एक हो जाते हैं।

विवाह से पूर्व ही विवाह विच्छेद को बचाया जा सकता है। किसी भी बहुत बुरी स्थिति से निबटने की कोशिश करना इसमें कुछ भी गलत नहीं है, लेकिन सबसे पहले इतनी बुरी स्थिति आने ही क्यों दें? क्या वैवाहिक समस्या के असली कारण पर ध्यान देना अच्छा नहीं होगा? अन्य शब्दों में जिससे संबंधित विषय के मूल कारण को जाना जाए।

जैसे कि सभी पुरुष और स्त्रियों की समस्या होती है, तलाक, विच्छेद, विवाह रद्द करना और अंतहीन कोर्ट के मुकदमे की बड़ी सीधी-सी वजह है, वह है चेतन और अवचेतन मस्तिष्क की कार्य-शैली और उनके बीच के संबंध के बारे में ज्ञान का अभाव।

विवाह का अर्थ

विवाह को वास्तविक (असली) होने के लिए पहले उसका आध्यात्मिक आधार जरूरी है। यह दिल से होना चाहिए, क्योंकि दिल ही प्रेम का पात्र है। यद्यपि ईमानदारी, सच्चाई, दयालुता और सत्यनिष्ठा प्रेम के प्रकार हैं।

हर साथी को एक दूसरे के प्रति पूर्ण रूप से ईमानदार और निष्ठावान होना चाहिए। जब एक व्यक्ति एक स्त्री से विवाह धन, सामाजिक स्थिति अथवा अपना अहं बढ़ाने के लिए करता है तो वह सच्चा विवाह नहीं है, क्योंकि यह स्थिति सत्यनिष्ठा, ईमानदारी और सच्चे प्रेम की कमी की ओर इशारा करती है। इस तरह का विवाह एक पाखंड, ढकोसला (दिखावा) और एक बहाना है। जब एक स्त्री कहती है, "मैं काम करते-करते थक गई हूं; मैं विवाह करना चाहती हूं, क्योंकि मैं सुरक्षा चाहती हूं," तो उसका आधार झूठा है। वह मस्तिष्क के नियमों का सही उपयोग नहीं कर रही है। उसकी सुरक्षा उसके चेतन और अवचेतन मस्तिष्क के पारस्परिक संबंधों और इसके उपयोग पर निर्भर करती है। उदाहरण के तौर पर–एक स्त्री के पास कभी भी संपत्ति अथवा स्वस्थ जीवन की कमी नहीं होगी, यदि वह इस पुस्तक के अध्यायों में दी गई तकनीकियों का उपयोग करेगी। उसकी संपत्ति का उसके पति, पिता अथवा किसी से कुछ लेना-देना नहीं है। एक स्त्री धन, शांति स्वास्थ्य, खुशी, प्रेरणा, मार्गदर्शन, प्रेम, सुरक्षा, प्रसन्नता अथवा इस दुनिया की किसी चीज के लिए अपने पति पर निर्भर नहीं है। उसकी सुरक्षा और मन की शांति उसके अंदर की शक्तियों के ज्ञान और अपने मस्तिष्क के नियमों का लगातार उपयोग एक रचनात्मक तरीके से करने की वजह से आती है।

एक आदर्श पति को कैसे आकर्षित करें

अब आप जानती हैं कि कैसे आपका अवचेतन मस्तिष्क कार्य करता है। आपको पता है कि जो कुछ आप इसे बताते हैं, वही आपकी दुनिया में आपको अनुभव होगा। अब आप अपने अवचेतन मस्तिष्क को प्रभावित करना शुरू कर दें कि किस प्रकार के गुण और विशेषता आप अपने साथी में चाहती हैं।

निम्नलिखित तकनीक बहुत उत्कृष्ट है: रात में आरामकुर्सी पर बैठ जाएं, अपनी आंखें बंद करें, अपने शरीर को ढीला छोड़ दें, निश्चिंत हो जाएं, शांत चित्त और बिना किसी विचार के सब कुछ ग्राह्य करने के लिए तैयार हो जाएं। अपने अवचेतन मन से बातें करें, उससे कहें, "मैं एक व्यक्ति को अपने अनुभव

में आकर्षित करना चाहती हूं, जो कि ईमानदार, सत्यनिष्ठ, विश्वासपात्र, शांत स्वभाव का, खुश और संपन्न हो। वे सब गुण जिन्हें मैं पसंद करती हूं, उन्हें मैं अब अपने अवचेतन मस्तिष्क में बैठा रही हूं। जब मैं इनके गुणों के बारे में सोचती हूं, तो वे मेरा हिस्सा बन जाते हैं और अवचेतन रूप में गहरे बैठ जाते हैं। मुझे पता है कि आकर्षण का अनिवार्य नियम है और मैं अपनी ओर अपने अवचेतन विश्वास के अनुसार, एक व्यक्ति को अपनी ओर आकर्षित करती हूं। मैं उसको आकर्षित करती हूं, जिसके बारे में मेरा विश्वास है कि यह मेरे अवचेतन मस्तिष्क में वाकई है।

"मुझे पता है, मैं उसकी शांति और खुशी में योगदान दे सकती हूं। वह मेरे आदर्शों को प्यार करता है और मैं उसके आदर्शों से प्यार करती हूं। वह मुझ पर हावी नहीं होता और न ही मैं उस पर हावी होती हूं। यहां एक पारस्परिक प्रेम, आजादी और सम्मान है।"

इस प्रकार अपने अवचेतन में विचार भरने की प्रक्रिया का अभ्यास कीजिए, फिर आप इस प्रकार के गुणों और विशेषताओं जिनके बारे में आप मानसिक रूप से सोचते रहे हैं, उस प्रकार के गुणों वाले व्यक्ति को अपनी ओर आकर्षित करने की खुशी पाएंगे।

आपके अवचेतन की बुद्धिमत्ता एक रास्ता निकालेगी, अपने अवचेतन मस्तिष्क के अनिवार्य और अपरिवर्तनीय बहाव के अनुसार आप दोनों मिलेंगे। आपके अंदर अपने प्रेम, निष्ठा (भक्ति) और सहयोग द्वारा सर्वोत्तम होने की गहरी इच्छा होनी चाहिए।

प्रेम का उपहार जिसे आपने अपने अवचेतन मस्तिष्क को दिया है, उसे लेने के लिए तैयार रहें।

कैसे एक आदर्श पत्नी को आकर्षित करें

निम्नलिखित संकल्प लें: "मैं अब एक सही स्त्री को आकर्षित कर रहा हूं, जिसके साथ मेरा पूरा तालमेल है।

"यह एक आध्यात्मिक मिलन है, क्योंकि यह दिव्य प्रेम की कार्य-शैली है, एक ऐसे व्यक्ति के साथ, जिसके साथ मैं पूरी तरह से घुल-मिल सकता हूं। मुझे पता है कि मैं इस स्त्री को प्रेम, रोशनी, शांति और प्रसन्नता दे सकता हूं। मुझे इस बात का अहसास है कि मैं इस स्त्री के जीवन को संपूर्ण और अद्‌भुत बना सकता हूं।

"मैं आदेश देता हूं कि उसमें निम्नलिखित गुण और विशेषताएं हों: वह आध्यात्मिक, निष्ठावान और सच्ची हो। वह सामंजस्यपूर्ण, शांत और प्रसन्न स्वभाव वाली हो। मेरे अनुभव में वही हो, जिसके पास प्यार, सच्चाई और सुंदरता हो। मैं अपने आदर्श साथी को स्वीकार करता हूं।"

आप जैसा शांतिपूर्वक सोचते और कामना करते हैं तथा जो विशेषताएं आप अपने साथी में होने की अपेक्षा करते हैं, उन्हें आप अपने मन में मानसिक समानता से बना लेंगे। इसके बाद आपके अवचेतन मन की आंतरिक तरंगें आप दोनों को एक साथ दिव्य क्रम में सामने लाएंगी।

तीसरी गलती की कोई आवश्यकता नहीं

हाल ही में एक अध्यापिका ने मुझसे कहा, "मेरे तीन पति थे और वे सभी निष्क्रिय, झुकने वाले और सभी निर्णयों और नियंत्रणों पर मुझ पर आश्रित थे। मेरी ओर ऐसे पुरुष क्यों आकर्षित होते हैं?"

मैंने उससे पूछा कि क्या उसके दूसरे पति जनाना (स्त्रीवत्) प्रकार के थे?"

उसने जवाब दिया, "एकदम नहीं। यदि मुझे पता होता तो मैं कभी भी उनसे विवाह नहीं करती।"

जाहिर है, उसने अपनी पहली गलती से सबक नहीं लिया था। उसके साथ अपने व्यक्तिव से संबंधित समस्या थी। वह बहुत पुरुषों की भांति बलवान, रौब वाली और अनजाने में ऐसा पुरुष पति चाहती थी, जो झुकने वाला और निष्क्रिय हो और जिस पर वह रौब झाड़ सके। यह सब अनजाने में हो रहा था और उसके अवचेतन ने उसे वही आकर्षित करवाया, जिसे वह व्यक्तिपरक रूप से चाहती थी।

एक सही प्रार्थना प्रक्रिया द्वारा उसे इस तरीके पर रोक लगाना सीखना था।

कैसे उसने नकारात्मक स्वरूप को नष्ट किया?

उपर्युक्त वर्णित महिला ने एक सरल सत्य को सीखा। जब आप विश्वास करते हैं कि जिस प्रकार के आदर्श व्यक्ति की कामना आपको है, तो आपके विश्वास के अनुरूप ऐसा ही होगा।

उसने पुराने अवचेतन स्वरूप को तोड़कर और नए आदर्श साथी को अपनी

ओर आकर्षित करने के लिए निम्नलिखित विशिष्ट प्रार्थना का उपयोग किया: "मैं अपनी सोच में उस प्रकार के पुरुष का निर्माण कर रही हूं, जिसे मैं हार्दिक रूप से चाहती हूं। मैं ऐसे पुरुष को आकर्षित करूंगी, जो मजबूत, शक्तिशाली, प्रेम करने वाला, बहुत पौरुष वाला, सफल, ईमानदार, वफादार और विश्वस्त हो। उसे मेरे साथ प्रेम और खुशी मिले। वह जहां मुझे ले जाएगा, मैं उसका पालन करूंगी। मुझे पता है, वह मुझे चाहता है और मैं उसे चाहती हूं। मैं ईमानदार, निष्ठावान, प्रेम करने वाली और दयालु हूं। मेरे पास उसे देने के लिए उत्कृष्ट उपहार हैं–अच्छी भावना, एक खुशी भरा दिल और स्वस्थ शरीर है। वह भी मुझे यह देगा। यह आपसी सहमति वाला लेन-देन है। मैं देती हूं और वह लेता है। दिव्य बुद्धिमत्ता जानती है कि ऐसा पुरुष कहां है और मेरे अवचेतन की गहरी बौद्धिकता हम दोनों को साथ ला रही है, हम एक दूसरे को तुरंत पहचान जाते हैं। मैं इस प्रार्थना को अपने अवचेतन मस्तिष्क को देती हूं और वह जानता है कि इसे कैसे करना है। मैं इस उत्तम जवाब के लिए उसको धन्यवाद देती हूं।"

उसने उपर्युक्त तरीके से दिन-रात प्रार्थना की, इस सच्चाई को स्वीकार करते हुए और यह जानते हुए कि मस्तिष्क को इसे बार-बार पहुंचाने से वह मानसिक रूप से उस तक पहुंच जाएगी, जिसे वह खोज रही है।

उसकी प्रार्थना का जवाब

कई महीने हो गए। उसके पास बहुत सारे प्रस्ताव और सामाजिक व्यस्तताएं थीं, मगर उसे कुछ भी पसंद नहीं था। जब वह कुछ प्रश्न पूछने को अथवा उसे त्यागने और इधर-उधर करने की कोशिश करती तो फिर वह अपने को दुबारा याद दिलाती कि अनंत बुद्धिमत्ता इसे अपने तरीके से हटा देगी और उसे इस पर ध्यान देने की आवश्यकता नहीं है। आखिर उसे तलाक मिल गया, जिससे वह मानसिक रूप से बहुत आजाद और निश्ंचित हो गई।

शीघ्र ही उसके बाद वह एक डॉक्टर के ऑफिस में रिसेप्शनिस्ट की नौकरी करने लगी। उसने मुझसे कहा, जिस क्षण उसने चिकित्सक को देखा, उसे पता चल गया कि यही वह आदमी था, जिसके लिए वह प्रार्थना कर रही थी।

ऐसा प्रतीत होता था कि उसे भी यह पता चल गया था, क्योंकि उसने उसके ऑफिस आने के पहले सप्ताह में ही उसे विवाह प्रस्ताव दिया और विवाह पश्चात् वे आदर्श रूप से खुश थे।

यह चिकित्सक निष्क्रिय अथवा दब्बू स्वभाव का नहीं था, लेकिन वह एक

असली पुरुष था और पूर्व में एक बेहतरीन फुटबॉल खिलाड़ी और एथलीट था। वह बहुत आध्यात्मिक व्यक्ति था, यद्यपि वह किसी विशेष धर्म अथवा जाति से लगाव नहीं रखता था।

उसे वही मिला, जिसके लिए वह प्रार्थना कर रही थी, क्योंकि उसने मानसिक रूप से उसे स्वीकार कर लिया था, जब तक वह पूरी तरह से संतुष्ट नहीं हुई। अन्य शब्दों में–वह अपने विचार से मानसिक और भावनात्मक रूप से जुड़ गई थी और यह उसके जीवन का हिस्सा बन गया था, उसी प्रकार जैसे एक सेब उसमें प्रवाहित होने वाले रक्त का हिस्सा बन जाता है।

क्या मुझे तलाक लेना चाहिए?

तलाक अथवा विवाह विच्छेद एक व्यक्तिगत समस्या है। इसे सामान्य की तरह नहीं माना जा सकता है–कुछ मामलों में, जहां विवाह होना ही नहीं चाहिए था। कुछ मामलों में तलाक कोई हल नहीं है, उसी प्रकार जिस तरह किसी अकेले व्यक्ति के लिए विवाह करना कोई हल नहीं है। तलाक एक व्यक्ति के लिए सही हो सकता है, वहीं किसी दूसरे व्यक्ति के लिए गलत। एक तलाकशुदा महिला अपनी अन्य विवाहित बहनों जिनमें से कोई झूठ भरी जिंदगी जी रही है, वह उनसे कहीं निष्ठावान और कुलीन हो सकती है।

उदाहरण के तौर पर–एक बार मैंने एक महिला से बात की जिसका पति एक नशेड़ी, दुष्ट, एक पूर्व अपराधी, पत्नी को मारने वाला और उसके लिए कुछ भी न करने वाला था। मैंने उसे समझाया कि शादी दिलों की होती है। यदि दो दिल सामंजस्यपूर्ण तरीके से, प्यार से और निष्ठा के साथ मिलते हैं तो यह एक आदर्श विवाह है। हृदय की शुद्ध क्रिया प्रेम है।

इसी स्पष्टीकरण के बाद उसे पता था कि ऐसा कोई दिव्य नियम नहीं है, जिसकी वजह से वह इस तरह मार खाती, डरती और धमकियां खाती रहे, क्योंकि किसी ने कहा था, "मैं तुम्हें पति-पत्नी घोषित करता हूं।" यदि आपको शंका है कि आप क्या करें तो मार्गदर्शन मांगिए, यह जानते हुए कि वहां हमेशा जवाब है और आपको भी जवाब मिलेगा। अपनी आत्मा की चुप्पी में उस इशारे को समझिए और उसे मानिए। यह आपके साथ शांति में वार्तालाप करता है।

तलाक की ओर

हाल ही में एक युवा युगल जिसका विवाह हुए कुछ महीने ही हुए थे, मैंने पाया कि इस युवक को हमेशा इस बात का डर बना रहता था कि उसकी पत्नी उसे छोड़ देगी। उसने अस्वीकृत किए जाने की अपेक्षा की थी और उसका विश्वास था कि उसकी पत्नी उसके साथ विश्वासघात करेगी। ये विचार उसे हमेशा डराते रहते और यह उसका जुनून बन गया था। उसकी मानसिक प्रवृत्ति अलग होने और शक करने की थी। उसकी पत्नी अपने पति पर कोई प्रतिक्रिया नहीं देती थी, यह उसके पति का अपना विश्वास अथवा छोड़े जाने का वातावरण था और अलग होने की प्रक्रिया उनके बीच काम कर रही थी। इन सबने उनके बीच ऐसी परिस्थितियां अथवा क्रिया पैदा कर दी थी; जिसके पीछे उनका मानसिक व्यवहार था। यहां पर क्रिया और प्रतिक्रिया अथवा कारण और असर का नियम लागू होता है। सोच एक क्रिया है और अवचेतन मन का जवाब प्रतिक्रिया है। उसकी पत्नी ने घर छोड़ दिया और तलाक की मांग की, उसे इसी का डर था और उसका विश्वास था कि उसकी पत्नी ऐसा ही करेगी।

तलाक की उत्पत्ति मन के अंदर होती है

तलाक सबसे पहले मन के अंदर होता है; कानूनी प्रक्रिया उसके उपरांत होती है। ये दोनों (युगल) पछतावा, डर, शंका और क्रोध से भरे हुए थे। ऐसी प्रवृत्ति पूरे व्यक्तित्व को कमजोर, थका देने वाली और अवचेतन वाली थी। उन्होंने सीखा कि नफरत विभाजित करती है और प्रेम जोड़ता है। उन्होंने अनुभव करना शुरू किया कि वे अपने मन के साथ क्या कर रहे थे। उनमें से किसी को भी मानसिक क्रिया के नियम का ज्ञान नहीं था और अपने मस्तिष्क का उपयोग गलत तरीके से कर रहे थे। वे अपने जीवन में उथल-पुथल और परेशानियां ला रहे थे। वे दोनों व्यक्ति मेरे सुझाव पर साथ-साथ वापस गए और प्रार्थना उपचार विधि के साथ प्रयोग किया।

उन्होंने एक दूसरे को प्यार, शांति और सद्भावना देनी शुरू की। दोनों ने अलग एक दूसरे को सामंजस्यता, स्वास्थ्य, शांति और प्रेम देने का अभ्यास किया और रात्रि में वे धार्मिक उपदेशों को बारी-बारी से पढ़ते। उनका दांपत्य जीवन हर दिन के साथ खूबसूरती से बढ़ता जा रहा है।

टीका-टिप्पणी करने वाली पत्नी

कई बार पत्नी इसलिए बड़बड़ाती है, क्योंकि उस पर कोई ध्यान नहीं देता। कई बार उसे प्यार और दुलार की चाहत होती है। अपनी पत्नी पर ध्यान दीजिए और प्रशंसा कीजिए।

तारीफ और बड़ाई उसके अच्छे गुणों को उभारते हैं। यहां पर ऐसी नुक्ताचीनी करने वाली पत्नियां भी होती हैं, जो व्यक्ति को अपने अनुसार चलाना चाहती हैं। किसी भी व्यक्ति से जल्दी से छुटकारा पाने का दुनिया में यह सबसे कारगर तरीका है। पत्नी और पति को गिद्धों की तरह एक दूसरे को घूरना और हर वक्त एक दूसरे में छोटी-छोटी गलतियां देखना बंद करना चाहिए। एक दूसरे पर ध्यान दें और एक दूसरे के रचनात्मक और अच्छे गुणों की तारीफ करें।

हर समय सोच में डूबा और मुंह फुलाने वाला पति

यदि एक व्यक्ति हर समय सोचता रहता है, अपनी पत्नी के कुछ कहने या करने पर मुंह फुला देता है, तब मनोवैज्ञानिक भाषा में वह पर-स्त्रीगामी है। पर-स्त्रीगामी का दूसरा अर्थ किसी विशिष्ट को प्रेम करना भी है यानी मानसिक रूप से किसी के साथ एक होना, जो नकारात्मक अथवा विनाशकारी है। जब एक व्यक्ति चुपचाप अपनी पत्नी पर क्रोध कर रहा है और उसके प्रति बहुत निर्दयी है, तो इसका मतलब वह विश्वासघाती है। वह अपने विवाह के वायदों के प्रति वफादार नहीं है जिसका अर्थ जीवन-भर प्यार और सम्मान देना है।

वह व्यक्ति जो हमेशा नाराज, कड़वाहट से भरा और क्रोध में रहता है, वह अपने तीखे वचनों को निगल सकता है, अपने क्रोध को दबा सकता है और कोशिश करने पर समझदार, दयालु और तमीजदार बन सकता है। वह बहुत सावधनी से इन मतभेदों को कम कर सकता है। प्रशंसा और मानसिक प्रयास से वह इस दुश्मन प्रवृत्ति से बाहर निकल सकता है, फिर वह सरलता के साथ बेहतर जीवन निभा सकता है, न केवल अपनी पत्नी के साथ, वरन् अपने व्यापार के सहयोगियों के साथ भी। एक सामंजस्यपूर्ण स्थिति अपनाइए और परिणामतः आप शांति और सामंजस्यता पाएंगे।

सबसे बड़ी गलती

एक बड़ी गलती है–अपने वैवाहिक समस्याओं अथवा कठिनाइयों के बारे में पड़ोसियों और रिश्तेदारों के साथ विचार-विमर्श करना। कल्पना करें, उदाहरण के तौर पर–एक पत्नी अपने पड़ोसी को कहती है, "जॉन मुझे कभी पैसे नहीं देता। वह मेरी मां के साथ बुरी तरह से पेश आता है, बहुत अधिक शराब पीता है और हमेशा बेइज्जत करता है और गालियां भी देता रहता है।" अब यह पत्नी अपने पति को पड़ोसियों और रिश्तेदारों की नजरों में नीचा और छोटा दिखा रही है।

उनकी नजर में अब वह एक आदर्श पति नहीं है। कभी भी अपनी वैवाहिक समस्याओं को किसी के साथ मत बांटिए, सिवाय प्रशिक्षित सलाहकार के। क्यों इतने सारे लोगों के कारण अपने वैवाहिक जीवन के बारे में नकारात्मक नजरिया बनाएं? यही नहीं, जब आप अपने पति की ऐसी कमियों के बारे में बात करते और सोचते हैं, तब वास्तव में इस तरह की परिस्थितियां आप अपने अंदर बना रहे होते हैं। कौन ऐसी बातें सोच रहा और महसूस कर रहा है? आप कर रहे हैं। जैसा आप सोचते और महसूस करते हैं, वैसे ही आप भी हैं।

वास्तव में रिश्तेदार आपको गलत सलाह देंगे। यह अधिकतर एक पक्षीय और पक्षपातपूर्ण होती है, क्योंकि यह निष्पक्ष ढंग से नहीं दी जाती है। जो कुछ भी सलाह दी जाती है, वह उस सुनहरे नियम को तोड़ती है, जो ईश्वरीय नियम है, ऐसी सलाह कभी भी सही या ठीक नहीं हो सकती है।

यह बात बहुत अच्छे ढंग से समझने की है कि कोई भी दो मनुष्य कभी भी किसी एक छत के नीचे बिना विवाद, दुःख और पीड़ा के नहीं रह सकते। कभी भी अपने वैवाहिक जीवन के खराब पक्ष को अपने दोस्तों को न दिखाएं। अपनी लड़ाई अपने तक सीमित रखें। अपने साथी की आलोचना और उसकी निंदा करने से बचें।

अपनी पत्नी को अपनी तरह बनाने की कोशिश न करें

एक पति को अपनी पत्नी को अपनी तरह बनाने की कभी कोशिश नहीं करनी चाहिए। उसके स्वभाव के विपरीत उसे बदलना अव्यावहारिक प्रयास है। इस तरह के प्रयास हमेशा बेवकूफी भरे और कई बार विवाह विच्छेद का कारण बनते हैं। इस तरह के प्रयास उसकी प्रतिष्ठा और आत्म-विश्वास को खत्म करते हैं और एक विपरीत भावना और पछतावा पैदा करते हैं, जो वैवाहिक बंधन के

लिए खतरनाक साबित होता है। जाहिर है, समझौते की जरूरत होती है, लेकिन यदि आप अपने मन के अंदर अच्छी तरह झांकें, अपने चरित्र और व्यवहार को पढ़ें तो आपको कई कमियां मिलेंगी और वे सब आपको जीवन-भर व्यस्त रखेंगी। यदि आप कहते हैं, "मैं जैसा चाहता हूं, उसे उसी तरह बदल दूंगा," तो आप परेशानियों और तलाक के कोर्ट का मौका देख रहे हैं। आप परेशानियों को आमंत्रण दे रहे हैं। आपको इसे निम्नलिखित तरीके से सीखना होगा कि बदलना किसी और को नहीं, बल्कि स्वयं आपको है।

साथ-साथ रहें और प्रार्थना करें, प्रार्थना निम्नलिखित चरणों में करें

पहला चरणः छोटी-छोटी निराशाओं की वजह से उत्पन्न चिढ़ को कभी भी एक दिन से दूसरे दिन तक मत ढोइए। रात्रि में सोने से पहले हुई तीखी तकरार को जरूर माफ करें। जिस क्षण भी सुबह आप उठते हैं, अपनी अनंत बुद्धिमत्ता से अपना मार्गदर्शन करने के लिए कहें। अपने जीवन साथी, परिवार के सभी सदस्यों और पूरे विश्व को शांति, सामंजस्यता और प्यार की सोच भेजें।

दूसरा चरणः नाश्ते के समय प्रार्थना करें, उत्कृष्ट भोजन के लिए, प्रचुरता के लिए और अपने ऊपर किए गए आशीर्वाद के लिए धन्यवाद दें। सुनिश्चित करें कि खाने की मेज पर बातचीत में परेशानियां, चिंताएं अथवा विवाद न हों; यही बात रात्रि के खाने में भी होनी चाहिए। अपने पति अथवा पत्नी को निम्नलिखित प्रकार से कहें, "मैं आपके कार्यों की सराहना करता हूं और मैं आपके लिए पूरे दिन प्यार और अच्छी कामना करता हूं।"

तीसरा चरणः पति और पत्नी को हर रात प्रार्थना एक के बाद एक करके करनी चाहिए। अपने वैवाहिक साथी को साधारण तौर पर नहीं लेना चाहिए। अपनी सराहना और प्यार दिखाइए। बुराई करने, नीचा दिखाने और वाद-विवाद में पड़ने से अच्छा होगा कि आप सराहना और सद्भावना दर्शाएं। एक शांतिपूर्ण घर और खुशहाल वैवाहिक जीवन बनाने के लिए आपस में एक-दूसरे के प्रति प्यार, सुंदरता, सौहार्द, ईश्वर पर विश्वास और सभी अच्छी चीजों को अपना आधार बनाएं। सोने से पहले 23वां, 27वां और 91वां साल्म, हिब्रू के 11वें और 13वें अध्याय का एक कोरिन्थिएस और बाइबिल के अन्य महान लेख पढ़िए। जब

आप इस सत्य का अभ्यास करेंगे, तब आपका विवाह आने वाले वर्षों में और अधिक आशीर्वाद से भरा होगा।

अपने कार्यों का आकलन करें

1. मानसिक और आध्यात्मिक नियमों के बारे में अज्ञानता सभी वैवाहिक दु:खों का कारण है। वैज्ञानिक तरीके से साथ-साथ प्रार्थना करने से आप हमेशा साथ रहते हैं।
2. तलाक को बचाने का सबसे अच्छा समय विवाह से पूर्व होता है। यदि आप सही तरीके से प्रार्थना करना सीखें तो आप सही साथी को अपनी ओर आकर्षित करेंगे।
3. विवाह पुरुष और स्त्री का मिलन है, जो प्यार से बंधे होते हैं। उनके दिल एक धड़कन की तरह धड़कते हैं और वे आगे, ऊपर ईश्वर की ओर बढ़ते हैं।
4. विवाह विरासत में खुशी नहीं देते। लोगों को खुशियां ईश्वर के शाश्वत सत्य और जीवन के आध्यात्मिक मूल्यों पर ध्यान केंद्रित करने से मिलती है, तभी पुरुष और महिलाएं एक दूसरे को खुशियां और प्रसन्नता दे सकते हैं।
5. सभी गुण और विशेषताएं जिन्हें आप अपने साथी में चाहते हैं, उन पर ध्यान केंद्रित कर आप सही साथी को अपनी ओर आकर्षित कर सकते हैं और तभी आपका अवचेतन मस्तिष्क आप दोनों को दिव्य क्रम में साथ लाएगा।
6. आपको अपनी मानसिकता और मानसिक रूप से समान गुण, जिन्हें आप अपने वैवाहिक साथी में चाहते हैं, उन्हें अपने अंदर जरूर विकसित करना चाहिए। यदि आप जीवन में एक ईमानदार, निष्ठावान और प्यार करने वाला साथी चाहते हैं तो आपको भी ईमानदार, निष्ठावान और प्यार करने वाला होना चाहिए।
7. आपको अपने विवाह में गलतियां नहीं दोहरानी चाहिए। जब आपको वाकई विश्वास होता है कि इस तरह के पुरुष अथवा स्त्री आपके आदर्श हैं तो आपके साथ ऐसा ही होगा, जैसा आपका विश्वास है। इस पर सच की तरह विश्वास रखें। अपने आदर्श साथी को मानसिक रूप से अभी स्वीकार करें।
8. जिस साथी के लिए आप प्रार्थना कर रहे हैं तो इस पर क्यों, कहां और कैसे साथी से मिलेंगे, जैसा कोई आश्चर्य और प्रश्न न करें। अपने अवचेतन की वैधानिकता पर अटूट विश्वास रखें। इसे सब कुछ पता है, आपको इसकी सहायता करने की जरूरत नहीं है।

9. जब आप झुंझलाते हैं, बड़बड़ाते हैं, बुरी भावना रखते हैं, तब मानसिक रूप से आपका तलाक हो गया है। आप अपने मन में मानसिक रूप से गलती मान रहे हैं। अपनी वैवाहिक कसमों को याद करें, "मैं जीवन-भर इसका पोषण करूंगा, इसे संजोकर, प्यार से और आदर से रखूंगा।"
10. अपने जीवन साथी के प्रति डर की आकृति बनाना बंद करें। उसके प्रति प्यार, शांति, सौहार्द और सद्भावना रखें और आपका वैवाहिक जीवन आने वाले वर्षों में और सुंदर हो जाएगा।
11. एक दूसरे के प्रति प्रेम, शांति और सद्भावना रखें। इन तरंगों को आपका अवचेतन लेगा, इसका परिणाम आपसी विश्वास, स्नेह भाव और आदर होगा।
12. एक मीन-मेख निकालने वाली पत्नी वास्तव में आपका ध्यान और प्रशंसा चाहती है। वह प्रेम और स्नेह की भूखी है। उसकी तारीफ करके उसके अच्छे गुण बढ़ाइए। उन्हें दिखाएं कि आप उन्हें कितना प्यार करते और सराहते हैं।
13. एक व्यक्ति जो अपनी पत्नी से प्रेम करता है, वह कुछ ऐसा नहीं करता जिसमें प्यार न हो, किसी भी प्रकार का कठोर शब्द, व्यवहार अथवा कार्य नहीं करता। प्यार इसी को कहते हैं।
14. वैवाहिक समस्याओं में हमेशा विशेषज्ञ की सलाह लें। आप किसी बढ़ई के पास दांत उखड़वाने नहीं जाते; न ही आपको अपनी वैवाहिक समस्याएं किसी रिश्तेदार अथवा दोस्त के साथ बांटनी चाहिए। आपको किसी प्रशिक्षित विशेषज्ञ के पास सलाह के लिए जाना चाहिए।
15. कभी भी अपने पति अथवा पत्नी को अपनी तरह का न बनाएं। ऐसे प्रयास हमेशा बेवकूफी भरे होते हैं और यह स्वाभिमान और आत्मसम्मान को खत्म करते हैं। यही नहीं, इनसे क्रोध पैदा होता है और यह वैवाहिक बंधन के लिए खतरनाक होता है। अपने साथी को अपनी दूसरी प्रति बनाने की कोशिश बंद करें।
16. साथ-साथ प्रार्थना कीजिए और आप हमेशा साथ रहेंगे। वैज्ञानिक प्रार्थना सभी समस्याओं को हल कर देती है। मानसिक रूप से अपनी पत्नी को जैसा उसे होना चाहिए, उस रूप में देखिए–खुश, प्रसन्नचित्त, स्वस्थ और सुंदर। अपने पति को उसी रूप में देखिए जैसा कि उसे आप चाहते हैं। अपने पति को उसी रूप में देखिए–जैसा उसे आप चाहती हैं। शक्तिशाली, मजबूत, प्यार करनेवाला, सौहार्दपूर्ण और दयालु। इस तस्वीर को बनाए रखें और आपको अनुभव होगा कि विवाह स्वर्ग में बनते हैं, जहां सामंजस्यता और शांति है।

15

आपका अवचेतन मस्तिष्क और आपकी खुशी

अमेरिकी मनोविज्ञान के जनक विलियम जेम्स ने कहा था कि उन्नीसवीं शताब्दी की महान खोज विज्ञान के क्षेत्र में नहीं हुई। उस शताब्दी की सबसे बड़ी खोज विश्वास द्वारा अवचेतन की शक्ति की थी।

प्रत्येक मानव में शक्ति का असीमित भंडार है, जो दुनिया की किसी भी समस्या को खत्म कर सकता है। जिस दिन आपको अहसास होगा कि आपका अवचेतन आपकी सभी समस्याओं को हल कर सकता है तो तभी यह आपके शरीर को स्वस्थ कर सकता है, आपके सबसे प्रिय सपने से कहीं आगे आपको ले जा सकता है। इस तरह के स्पष्ट अहसास से आप अपनी सभी कमियों को दूर कर सकते हैं और इसके फलस्वरूप आपके जीवन में सच्ची और हमेशा रहने वाली खुशियां आएंगी। आपको बहुत खुशी हुई होगी, जब आपका बच्चा पैदा हुआ। जब आपकी ऐतिहासिक जीत हुई अथवा पुरस्कार मिला था, तब आप बहुत खुश हुए होंगे। जब आपकी सगाई सबसे सुंदर लड़की या सबसे सुंदर युवक से हुई थी, तब भी आप खुश हुए होंगे। जब आपके पास इस तरह के कई अनगिनत अवसर आए होंगे, तब आप बहुत प्रसन्न हुए होंगे।

इसके बावजूद कि ये अनुभव कितने भी अद्‌भुत क्यों न रहे हों, वे आपको हमेशा बनी रहने वाली खुशियां नहीं देते। ये सब कुछ समय के लिए होती हैं।

मुहावरों की पुस्तक में इसका जवाब है: *जिसका विश्वास ईश्वर पर होता है, वही खुश रहता है।*

जब आप ईश्वर पर विश्वास करते हैं (यानी आपके अवचेतन की शक्ति और बुद्धिमत्ता) और उससे अपने सभी रास्तों का नेतृत्व, मार्गदर्शन और शासित करने का आग्रह करते हैं, तब आप संतुलित, शांत, आराम से और निश्चिंत हो जाते

हैं। जब आप अपने चारों ओर प्यार, शांति और सद्भावना बिखेरते हैं तो वास्तव में आप अपने जीवन के आने वाले दिनों के लिए एक इमारत बना रहे होते हैं।

आपको केवल खुशी चुननी चाहिए

खुशी एक मानसिक स्थिति है। बाइबिल में एक वाक्य है, जिसके अनुसार; आप आज ही चुनिए, जो आपकी इच्छा है। आपके पास खुशी चुनने की आजादी है। यह अत्यंत सरल प्रतीत होता है और यह ऐसा ही है। यही कारण है कि लोग खुशी के रास्ते में लड़खड़ाने लगते हैं; वे खुशियों के रास्ते की सरलता की वजह को नहीं देख पाते। जीवन की महान वस्तुएं सरल, ऊर्जावान और रचनात्मक होती हैं। वे खुशहाली और प्रसन्नता को उत्पन्न करती हैं। सेंट पॉल आपको निम्नलिखित शब्दों द्वारा दिखाते हैं कि कैसे आप ऊर्जावान हैं और प्रसन्नता को पा सकते हैं: *अंतत: भाइयो, जो कुछ चीजें सत्य हैं, जो कुछ वस्तुएं ईमानदार हैं, जो कुछ वस्तुएं न्यायसंगत हैं, जो कुछ भी शुद्ध है, जो कुछ भी सुंदर है, जिस किसी के बारे में अच्छी खबर है; यदि कोई भी अच्छा गुण है और यदि आपकी प्रशंसा होती है तो आप इन वस्तुओं के बारे में चिंतन कीजिए। फिल 4:8।*

खुशियां कैसे चुनें

खुशियां चुनना शुरू करें। इसे आप इस प्रकार से करें: जब आप सुबह अपनी आंखें खोलते हैं, तब स्वयं से कहें–

"दिव्य क्रम मेरे आज का ही नहीं, हर दिन का जिम्मा भी ले। आज दिन के मेरे सभी कार्य अच्छे हों। मेरे लिए यह एक अद्भुत दिन है। आज की तरह कभी कोई दूसरा दिन नहीं होगा। दिव्य शक्ति मेरा पूरे दिन मार्गदर्शन कर रही है, जो कुछ भी मैं करूंगा, वह फूलेगा और फलेगा। मेरे चारों ओर दिव्य प्रेम है, यह मुझे अपनी बांहों में लपेट लेता है और मैं शांति से आगे बढ़ता हूं। जब कभी भी मेरा ध्यान उस चीज जो अच्छी और रचनात्मक है, उससे विमुख होता है, तब मैं सुंदर और अच्छी रिपोर्ट वाले को फौरन वापस ले आता हूं। मैं आध्यात्मिक हूं और मानसिक चुंबक मेरी ओर उन चीजों को आकर्षित करती है, जो मुझे आशीर्वाद देते हैं और मेरी उन्नति में सहायक हैं। आज के दिन मैं जो कुछ भी करूंगा, उसमें उत्तम तरीके से सफल रहूंगा।"

अपना हर दिन इस प्रकार से शुरू कीजिए; तब आप एक खुशहाल व्यक्ति को चुन रहे होंगे।

उसने प्रसन्न रहने का स्वभाव बना लिया

कुछ वर्ष पूर्व मैं आयरलैंड के पश्चिमी तट के कोनेमारा स्थान पर फैनर के घर करीब एक सप्ताह के लिए रुका। वह हमेशा गाता और सीटी बजाता रहता और हमेशा अच्छे मूड में रहता।

मैंने उससे उसकी प्रसन्नता का राज पूछा तो उसका जवाब था: "खुश रहना मेरा स्वभाव है। हर सुबह जब मैं जागता हूं और हर रात को जब मैं सोता हूं, तब मैं अपने परिवार को, फसल को, पशुओं को आशीर्वाद देता हूं और इतनी अच्छी फसल के लिए ईश्वर को धन्यवाद देता हूं।"

इस किसान ने करीब चालीस साल पहले से ऐसा करने का स्वभाव बना लिया था। जैसा कि आप जानते हैं, जिन विचारों को निरंतर दोहराया जाता है, वह एक आदत बन जाती है। उसने पाया कि प्रसन्नता एक आदत है।

आपको प्रसन्न रहने की कामना करनी चाहिए

प्रसन्न रहने का एक महत्त्वपूर्ण बिंदु है। आपको ईमानदारी के साथ सच्चे हृदय से खुश रहने की कामना करनी चाहिए। कई व्यक्ति जो काफी समय से दुःखी, नकारे हुए और परेशान हैं और वे किसी आश्चर्यजनक अच्छी और खुशी भरी खबर से अचानक बहुत खुश हो जाते हैं तो वास्तव में वे उस महिला की तरह हैं, जिसने मुझसे कहा था, "बहुत खुश होना अच्छा नहीं है!" उन्हें अपने पुराने मानसिक तरीके की इतनी आदत हो गई है कि खुश होने पर वे सहज नहीं महसूस करते। वे पुराने परेशान और दुःखी अवस्था की कमी को महसूस करते हैं और उसकी कामना करते हैं।

लंदन में मैं एक महिला को जानता था, जिसे सालों से हड्डी का रोग था और वह कहती थी, "मेरा हड्डी का रोग आज बहुत खराब है। मैं बाहर नहीं जा सकती, मेरी यह बीमारी मुझे परेशान करती है।" इस वृद्ध महिला को अपने बेटे और पड़ोसियों से बहुत ध्यान मिलता था। उसे अपनी 'परेशानी' बहुत अच्छी लगती थी, ऐसा उसका कहना था। यह महिला वास्तव में खुश नहीं रहना चाहती

थी। मैंने उसे उपचार का एक तरीका बताया। मैंने बाइबिल के कुछ पद्य लिखे और उससे कहा कि यदि वह इन सच्चाइयों पर ध्यान देगी तो उसकी मानसिक प्रवृत्ति जरूर बदलेगी और यह उसके विश्वास और फिर से स्वस्थ होने के निश्चय में बदलेगा। वह उसमें इच्छुक नहीं थी। कई व्यक्तियों में इस तरह की विशिष्ट मानसिकता, निष्क्रिय आदत होती है, जिसकी वजह से वे दुःख और परेशानी का आनंद लेते हैं।

दुःख को क्यों चुनना

कई व्यक्ति निम्नलिखित प्रकार के विचारों को स्वीकार करके दुःख का चुनाव करते हैं: "आज काला दिवस है; आज सब कुछ गलत होगा", "मुझे सफलता नहीं मिलेगी", हर कोई मेरे विरोध में है", "व्यापार बुरा चल रहा है और अब यह और खराब होगा", "मुझे हमेशा देरी होती है", "मुझे कोई मौका नहीं देता", "वह कर सकता है, मगर मैं नहीं कर सकता" आदि। यदि सुबह सबसे पहले मन में इस तरह का विचार होगा तो आपके साथ ऐसे ही अनुभव होंगे और आप बहुत दुःखी होंगे।

इस बात का अनुभव कीजिए कि जिस दुनिया में आप रहते हैं, उसका निर्णय अधिकतर वही होता है, जो आपके मन में चल रहा होता होता है। महान रोमन दार्शनिक और संन्यासी मारकस औरेलियस ने कहा था, "एक व्यक्ति की जिंदगी उसके विचार बनाते हैं।" अमेरिका के अग्रणी दार्शनिक इमर्सन के अनुसार, "एक व्यक्ति जो कुछ वह दिन-भर सोचता है, वही बनता है।" वे विचार जिनको आप अपने स्वभाव के अनुसार अपने मस्तिष्क में सोचते हैं, उनकी आदत होती है कि वे भौतिक स्थिति में अपने को वास्तविक कर देते हैं।

इस बात को सुनिश्चित करें कि आपके मन में नकारात्मक विचार, हारे हुए खराब विचार अथवा परेशानी वाले विचार न आएं। अपने मन में बार-बार दोहराएं कि आपको अपनी सोच के बाहर कुछ भी अनुभव नहीं होगा।

यदि मेरे पास एक करोड़ डॉलर होते तो मैं सुखी होता

मैं कई बार पागलखाने कुछ व्यक्तियों से मिलने गया जो करोड़पति थे, लेकिन इसके बावजूद उन्होंने इस बात पर जोर दिया कि उनके पास फूटी कौड़ी नहीं

है और वे अनाथ हैं। उनको बंद इसलिए कर दिया गया था, क्योंकि वे मानसिक रोगी, पागल, उन्मत्त और अवसादग्रस्त प्रवृत्ति के थे। संपत्ति स्वयं आपको खुश नहीं कर सकती, दूसरी ओर यह खुशी देने में बाधक भी नहीं है। आजकल कई व्यक्ति रेडियो, टेलीविजन, गाड़ियां, देश में मकान और निजी जहाज, एक तैरने का तालाब खरीदकर खुशी महसूस करते हैं; लेकिन खुशियों को इस प्रकार खरीदकर नहीं पाया जा सकता है।

खुशी का साम्राज्य आपकी भावनाओं और अहसास में है। बहुत से व्यक्तियों की अवधारणा है कि खुशी को पैदा करने के लिए कुछ बनावटी करना पड़ेगा। कुछ के अनुसार, "यदि मुझे मेयर चुन लिया जाए, किसी संगठन का अध्यक्ष बना दिया जाए, किसी कॉर्पोरेशन का जनरल मैनेजर बना दिया जाए तो मैं बहुत खुश होऊंगा।" सच यह है कि खुशी एक मानसिक और आध्यात्मिक स्थिति है। जरूरी नहीं है कि उपर्युक्त पद आपको खुशी दिला सकें। आपकी वास्तविक शक्ति, खुशी और प्रसन्नता दिव्य क्रम के नियम और अपने अवचेतन मस्तिष्क में सही कार्य को पाने और इन सिद्धांतों को अपने जीवन के सभी चरणों में लागू करने में निहित हैं।

एक शांत दिमाग की उपज में उसे खुशी मिली

कुछ वर्ष पहले सैन फ्रांसिस्को में व्याख्यान के दौरान मैंने एक व्यक्ति का साक्षात्कार लिया, जो अपने बिजनेस के कारण बहुत दुःखी और परेशान था। वह एक संगठन में महाप्रबंधक था। उसके अंदर अपने संगठन के वाइस प्रेसिडेंट और प्रेसिडेंट के प्रति बहुत रोष था। उसका दावा था कि वे उसके विरोधी हैं। इस प्रकार की आंतरिक कलह की वजह से व्यापार कम हो रहा था और उसे अपने शेयर पर कोई बोनस अथवा डेविडेंट नहीं मिल रहा था।

उसने अपनी व्यापारिक समस्या को इस प्रकार से हल किया: सबसे पहले उसने सुबह निम्नलिखित वक्तव्य को शांतिपूर्वक इस प्रकार स्वीकार किया, "वे सभी जो हमारे कॉर्पोरेशन में कार्यरत हैं, वे सभी ईमानदार, नेकनीयत वाले, सहयोग करने वाले, विश्वसनीय और सबके लिए अच्छी भावना रखने वाले हैं। वे सभी इस कॉर्पोरेशन के विकास, कल्याण और समृद्धि की चेन में मानसिक और आध्यात्मिक कड़ी हैं। मैं अपने दोनो सहयोगियों और कंपनी के सभी कर्मचारियों में प्रेम, शांति और सद्भावना अपने विचारों, शब्दों और कार्यों द्वारा फैलाता हूं। इस कंपनी के प्रेसिडेंट (अध्यक्ष) और वाइस प्रेसिडेंट (उपाध्यक्ष) दोनों को

अपने सभी कार्यों में दिव्य मार्गदर्शन मिल रहा है। मेरे अवचेतन मस्तिष्क की अनंत बुद्धिमत्ता सभी निर्णय मेरे द्वारा लेती है। हमारे सभी लेन-देन के सौदे और आपसी संबंधों में केवल सही कार्य होता है। मैं स्वयं से पहले शांति, प्रेम और सद्भावना के दूत को ऑफिस भेजता हूं। कंपनी के मेरे सहित सभी कर्मियों के दिलों में शांति और सौहार्द की भावना सबसे ऊपर है। मैं इस नए दिन की शुरुआत विश्वास, आत्म-विश्वास और पूर्ण वफादारी के साथ करता हूं।"

इस अधिकारी ने उपर्युक्त ध्यान, शांतिपूर्वक केवल तीन बार सुबह किया और जो कुछ उसने स्वीकार किया, वह सत्य भाव से किया। जब दिन में डर अथवा क्रोध के विचार उसके मन में आए तो वह स्वयं से कहता, "शांति, सौहार्द और शांतचित्तता मुझे पूरे समय नियंत्रित करती है।" जब उसने अपने मन को इस तरह से अनुशासित करना शुरू किया, तब नुकसान देने वाले भाव उसके मन में आने बंद हो गए और उसका मन शांत हो गया। उसने बढ़िया सफलता प्राप्त की।

कुछ समय पश्चात् उसने मुझे लिखा कि अपने मन में दो सप्ताह तक यह सब दोहराने के बाद, अध्यक्ष और उपाध्यक्ष ने उसे अपने ऑफिस बुलाया और उसके कार्यों और नए रचनात्मक विचारों की सराहना की और कहा कि वे मुझ जैसा महाप्रबंधक पाकर अधिक सौभाग्यशाली हैं। उसे यह जानकर अति प्रसन्नता हुई कि व्यक्ति को खुशी अपने अंदर से मिलती है।

किसी प्रकार की रुकावट अथवा डंडा वहां नहीं है

कुछ वर्ष पूर्व मैंने समाचार-पत्र में एक लेख पढ़ा था, जिसमें एक घोड़े के बारे में लिखा था, जो सड़क पर एक लकड़ी के टुकड़े की वजह से रुक गया था। इसी प्रकार जब वह घोड़ा उस डंडे के पास आता तो रुक जाता। फैनर से उस लकड़ी के टुकड़े को उखाड़कर उसे समतल कर दिया, लेकिन फिर भी पच्चीस वर्षों तक हर बार जब वह घोड़ा वहां से गुजरता, तब उस जगह पर रुक जाता, जहां पर वह टुकड़ा गड़ा हुआ था। घोड़ा उस लकड़ी को याद कर, उस जगह पर रुक जाता था। आपके मन अथवा कल्पना में इस तरह की कोई रुकावट नहीं है। क्या आपको डर और चिंताएं रोक रही हैं? डर आपके मन का विचार है, आप इसे उसी क्षण खोदकर उसमें अपनी सफलता का विश्वास, उपलब्धि और सभी कठिनाइयों पर विजय के विचार भर सकते हैं।

मैं एक व्यक्ति को जानता हूं, जो व्यापार में फेल हो गया था। उसने मुझे कहा, "मैंने गलतियां कीं। मैंने बहुत कुछ सीखा है। मैं वापस व्यापार करने जा

रहा हूं और मुझे अपार सफलता मिलेंगी।" उसने उस रुकावट का सामना किया, उसने कोई शिकायत नहीं की और न ही कुछ बड़बड़ाया, लेकिन उसने उस हार रूपी रुकावट को तोड़ दिया। उसने अपनी अंदरूनी शक्ति पर विश्वास के द्वारा सहयोग पाया। उसने अपने डर और पुराने अवसाद के सभी विचारों को ध्वस्त किया। स्वयं पर विश्वास रखेंगे तो आप सफल और खुश होंगे।

सबसे प्रसन्न लोग

सबसे खुश वही व्यक्ति है, जो लगातार अपने अंदर के सर्वश्रेष्ठ को बार-बार आगे लाता है।

प्रसन्नता और सद्‌गुण एक दूसरे के पूरक हैं। सर्वश्रेष्ठ न केवल खुश है, बल्कि खुशी ही जीवन को सफलता से जीने की कला है। ईश्वर आपके अंदर सबसे ऊंचा और सबसे अच्छा है। ईश्वरीय प्रेम, रोशनी, सच्चाई और सुंदरता को ज्यादा-से-ज्यादा दिखाइए और तब आप दुनिया के सबसे खुश व्यक्ति होंगे।

यूनान के बैरागी दार्शनिक एपिक्टेटस के अनुसार, "मन की शांति खुशी का एक ही रास्ता है; इसे दोनों समय, सुबह जब आप जागते हैं, दिन-भर और जब आप सोने जाते हैं, हमेशा ईश्वर के पास जाने के लिए तैयार रहने दीजिए। कोई भी बाह्य वस्तु आपकी नहीं है, लेकिन इन सबको ईश्वर के हवाले कर दीजिए।"

खुशी पाने के चरणों की संक्षिप्त सूची

1. विलियम जेम्स के अनुसार, उन्नीसवीं शताब्दी की सबसे बड़ी खोज अवचेतन मस्तिष्क की शक्ति थी, जिसे विश्वास ने छुआ था।
2. आपके अंदर एक शक्तिशाली शक्ति है। खुशी आपके पास तभी आएगी, जब आप इस शक्ति पर पूर्ण विश्वास करेंगे, तभी आप अपने सपनों को साकार कर पाएंगे।
3. आप किसी भी हार पर विजय पा सकते हैं और अपने अवचेतन मस्तिष्क की अद्‌भुत शक्ति के द्वारा दिल की गहरी इच्छा को पा सकते हैं। यह अर्थ है अवचेतन मस्तिष्क के आध्यात्मिक नियम का–*जो ईश्वर पर विश्वास करेगा, वही खुश रहेगा।*

4. आपको खुशी चुननी चाहिए। खुश रहना एक स्वभाव अथवा आदत है। *जो कुछ भी सत्य है, जो कुछ भी ईमानदार है, जो कुछ भी न्यायसंगत है, जो कुछ भी शुद्ध है, जो कुछ भी सुंदर है, जो कुछ भी अच्छी रिपोर्ट है: यदि कोई सद्गुण है और यदि किसी की प्रशंसा होती है, ऐसी सब चीजों के बारे में सोचिए। फिल 4:8।*
5. जब आप सुबह आंखें खोलते हैं तो स्वयं से निम्नलिखित बातें कहें, "मैं आज खुशी चुनता हूं। मैं आज सफलता चुनता हूं। मैं आज सही कार्य चुनता हूं। मैं आज सभी के लिए प्यार और सद्भावना चाहता हूं।" इन सब स्वीकृतियों पर जीवन, प्रेम और इच्छा उंडेलिए और इन सबको चुनकर अपनी खुशी चुनें।
6. अपने आशीर्वाद के लिए दिन में कई बार धन्यवाद दीजिए। इसके अलावा अपने परिवार के सभी सदस्यों, अपने सहयोगियों और सभी लोगों के लिए शांति, खुशी और समृद्धि की प्रार्थना कीजिए।
7. आपकी खुश रहने की हार्दिक इच्छा होनी चाहिए। बिना इच्छा के कुछ भी नहीं मिलता। इच्छा एक कामना है, जिसके कल्पना और विश्वास जैसे पंख होते हैं। अपनी इच्छा के पूर्ण होने की कल्पना कीजिए और इसकी वास्तविकता को अनुभव कीजिए तो यह निश्चय ही होगा। प्रार्थना के जवाब से खुशी मिलती है।
8. हमेशा डर, चिंता, क्रोध, घृणा और हार के बारे में सोचते रहने से आप बहुत परेशान और दु:खी होंगे। याद रखें, आपके विचार आपके जीवन को बनाते हैं।
9. आप दुनिया के पूरे धन से भी खुशियां नहीं खरीद सकते। कुछ करोड़पति बहुत खुश हैं और बहुत सारे दु:खी। बहुत से व्यक्ति बहुत थोड़ी सांसारिक वस्तुओं के बावजूद बहुत खुश हैं और कुछ बहुत दु:खी हैं। कुछ विवाहित व्यक्ति खुश हैं, कुछ बहुत नाखुश। कुछ अकेले व्यक्ति खुश हैं, कुछ बहुत नाखुश। खुशी का साम्राज्य आपके विचारों और अहसास में है।
10. खुशी एक शांत दिमाग की उपज है। अपने विचारों को शांति, संतुलन, सुरक्षा और दिव्य मार्गदर्शन से युक्त रखें तो आपका मन खुशियों का उत्पादक होगा।
11. आपकी खुशियों के आगे कोई रुकावट नहीं है। बाह्य वस्तुएं कारण नहीं होतीं, यह सब प्रभाव है, कारण नहीं। अपने अंदर के उपचार करने वाले सिद्धांतों से प्रेरणा लें। आपके विचार कारण हैं। नया कारण नए प्रभाव पैदा करता है। खुशियां चुनिए।
12. सबसे प्रसन्न व्यक्ति वह है, जो अपने अंदर के सबसे ऊंचे और सर्वश्रेष्ठ को लाता है। ईश्वर उसके अंदर का सर्वोच्च और सर्वश्रेष्ठ है, क्योंकि ईश्वरीय साम्राज्य उसके अंदर है।

16

आपका अवचेतन मस्तिष्क और सामंजस्यपूर्ण मानवीय संबंध

इस पुस्तक का अध्ययन करने पर आप सीखते हैं कि आपका अवचेतन मस्तिष्क एक रिकॉर्डिंग मशीन है, जो वही फिर से बनाता है जिसको आप इसमें चिह्नित करते हैं। यही मानवीय संबंधों के सुनहरे नियम को लागू करने की एक वजह है। *मैथ्यू 7:12 के अनुसार: जैसा कुछ भी मनुष्य आपके साथ करता है, आप भी उसके साथ वैसा ही करते हैं।* इस उद्धरण का बाह्य और आंतरिक अर्थ है। अपने अवचेतन मस्तिष्क के दृष्टिकोण से आप इसके आंतरिक अर्थ के इच्छुक हैं, जो निम्नलिखित है: जैसा कि मनुष्य आपके बारे में सोचते हैं, उसी के अनुरूप आप भी उसी तरह से सोचते हैं। जैसा अनुभव लोग आपके लिए करते हैं, आपका अनुभव भी लोगों के लिए उसके अनुरूप होता है। जैसे व्यवहार की आप लोगों से अपेक्षा करते हैं, वैसा ही व्यवहार आपका भी उनके लिए होगा।

उदाहरण के तौर पर–ऑफिस में किसी के प्रति आप नम्र और सौम्य होते हैं, लेकिन जैसे ही उसकी पीठ होती है, तब आप उसकी आलोचना और मन–ही–मन उस पर नाराज होते हैं। इस तरह के नकारात्मक विचार आपके लिए बहुत विनाशकारी हैं। यह जहर खाने जैसा है। असल में आप मानसिक रूप से जहर ले रहे हैं, जो आपसे आपकी ऊर्जा, उत्साह, शक्ति, मार्गदर्शन और सद्भावना छीन रहा है।

इस प्रकार के नकारात्मक विचार और भावनाएं आपके अवचेतन में गहराई से पैठ बनाते हैं और आपके जीवन में कई प्रकार की कठिनाइयों और दु:खों को लाते हैं।

दूसरों के साथ खुशहाल रिश्ते की मुख्य चाबी

अपनी राय मत बनाइए, जिससे आपके बारे में कोई राय न बनाए, क्योंकि आप जो निर्णय लेंगे, उसी के आधार पर आपके बारे में राय बनेगी; आप दूसरों को जिस माप से आंकेंगे, फिर से वही आपको आंकने की माप होगी। मैथ्यू 7: 1-2।

इस पद्य का अध्ययन और उसके अंदर मौजूद आंतरिक सच्चाई का उपयोग ही सामंजस्यपूर्ण रिश्ते की मुख्य चाबी है। किसी के बारे में अपनी राय देने का अर्थ है–सोचना, किसी मानसिक निर्णय या मन में किसी निष्कर्ष पर पहुंचना। किसी व्यक्ति के बारे में कोई विचार यह आपका अपना विचार है, क्योंकि यह सब आप सोच रहे हैं।

आपके विचार रचनात्मक हैं, इसलिए वास्तव में आप अपने अनुभव में वही बनाते हैं, जैसा आप सोचते हैं और दूसरे व्यक्ति के बारे में अनुभव करते हैं। यह भी सत्य है कि जो सुझाव आप दूसरों को देते हैं, वही आप अपने को देते हैं, क्योंकि आपका मस्तिष्क रचनात्मक माध्यम है।

यही कारण है कि ऐसा क्यों कहा जाता है, *जिस निर्णय से आप मापते हैं, उसी से आपको मापा जाएगा।* जब आप इस नियम को जानते हैं और जिस प्रकार आपका अवचेतन मस्तिष्क कार्य करता है, एक दूसरे के प्रति आप सोचते, अहसास करते और सही तरीके से कार्य करते हुए आप सावधानी अपनाते हैं। ये पद्य आपको मनुष्य की मुक्ति के बारे में सिखाते हैं और आपकी व्यक्तिगत समस्या के हल को दिखाते हैं।

जिस माप से आप मापते हैं, उसी से फिर आपको भी मापा जाएगा

जितना अच्छा आप दूसरों के लिए करते, वह आपको उसी मात्रा में वापस आता है और यदि आप कुछ बुराई करते हैं तो आपके मन के नियमानुसार बुराई भी वापस आती है। यदि कोई व्यक्ति किसी को लूटता अथवा धोखा देता है तो वास्तव में स्वयं को लूट रहा और धोखा दे रहा है। उसके अंदर का अपराधबोध और मिजाज में कमी अंततः उसकी ओर किसी समय किसी भी प्रकार से नुकसान को आकर्षित करेगी। उसका अवचेतन मस्तिष्क इसे रिकॉर्ड करता है और मानसिक भावना अथवा प्रेरणा द्वारा प्रतिक्रिया देता है।

आपका अवचेतन मस्तिष्क अवैयक्तिक और बिना किसी बदलाव वाला है।

यह न तो किसी व्यक्तिवाद अथवा जातिवाद से अथवा किसी भी प्रकार के संस्थान से कोई लगाव नहीं रखता। यह न तो किसी पर कोई अनुकंपा करता है और न ही किसी प्रकार का बैर। दूसरों के प्रति जिस प्रकार की सोच, भावना और कार्य आप रखते हैं, वह अंत में आपके पास वापस आती है।

रोजमर्रा की खबरें उसे बीमार बनाती हैं

अब अपने को गौर से देखना शुरू करें। व्यक्तियों, स्थितियों और परिस्थितियों पर अपनी प्रतिक्रिया पर गौर करें। आपकी दिन की घटनाओं और खबरों पर कैसी प्रतिक्रिया होती है? इससे कोई फर्क नहीं पड़ता, यदि दूसरे लोग गलत थे और अकेले आप ही सही थे। यदि कोई समाचार आपको विचलित करता है तो यह आपका बुरा पक्ष है, क्योंकि आपकी नकारात्मक भावनाओं ने आपसे शांति और सामंजस्यता छीन ली है।

एक महिला ने मुझे अपने पति के बारे में यह कहते हुए लिखा कि जब एक विशेष समाचार-पत्र का लेखक कुछ उस समाचार-पत्र में लिखता है तो उसका पति बहुत क्रोधित हो जाता है। साथ ही उसने यह भी लिखा कि इस प्रकार का लगातार क्रोध और दबाए हुए गुस्से के कारण उसे रक्तस्राव वाला अल्सर हो गया और चिकित्सक ने उसे मानसिक रूप से ट्रेनिंग लेने का सुझाव दिया।

मैंने इस व्यक्ति को मिलने का आमंत्रण दिया और उसे समझाया कि उसके मस्तिष्क की कार्य-शैली दिखाती है कि किसी भी अन्य के लिए लिखे लेख को पढ़कर जिससे वह सहमत और असहमत होता है, उस पर उसका इस प्रकार से क्रोधित होना, वह भावनात्मक रूप से कितना अपरिपक्व है। उसने अनुभव किया कि उसे समाचार-पत्र को स्वयं को व्यक्त करने की आजादी देनी चाहिए, चाहे वह उससे कितना भी राजनीतिक, धार्मिक और किसी अन्य प्रकार से असहमत क्यों न हो। इसी प्रकार से समाचार-पत्र उसे इस बात की आजादी देंगे कि वह उन्हें किसी भी प्रकाशित लेख पर अपनी असहमति जताते हुए पत्र लिख सके। उसने सीखा कि वह बिना अप्रिय हुए असहमति जता सकता है। वह इस सत्य से भी परिचित हुआ कि व्यक्ति जो कुछ कहता अथवा करता है, वह नहीं, बल्कि उस पर उसकी प्रतिक्रिया क्या है, यह जरूरी है।

इस प्रकार की व्याख्या इस व्यक्ति का उपचार थी और उसने समझ लिया कि थोड़े-से अभ्यास से वह अपने सुबह के आवेश पर काबू पा सकता है। उसकी पत्नी ने मुझे बताया कि बाद में वह स्वयं पर और उस लेखक के लेख

पर भी मुस्कराया। अब उन लेखों में वह शक्ति नहीं रही, जो उसे परेशान, उकसा अथवा चिढ़ा सके।

मैं स्त्रियों से घृणा करती हूं, मगर पुरुषों को पसंद करती हूं

एक निजी सेक्रेटरी अपने ऑफिस की महिला सहयोगियों से बहुत परेशान थी, क्योंकि वे उसके बारे में झूठी अफवाहें फैला रही थीं। उसने स्वीकार किया कि उसे औरतें पसंद नहीं थीं। उसने कहा, "मैं स्त्रियों से नफरत करती हूं, मगर पुरुषों को पसंद करती हूं।" मैंने देखा कि वह अपने अधीन काम करने वाली लड़कियों से बहुत अभिमानी, रौबीली और चिढ़ाने वाली आवाज में बातें करती थी। उसने बताया कि ये लड़कियां उसके लिए परेशानियां पैदा करके उसका आनंद लेती थीं। उसके बोलने के अंदाज में भड़कीलापन था। मैं देख सकता था कि उसके बोलने का लहजा लोगों पर नकारात्मक प्रभाव डालता था।

यदि ऑफिस अथवा फैक्टरी के सभी व्यक्ति आपको परेशान करते हैं तो क्या यह संभव नहीं है कि इस तरह की परेशानी, चिड़चिड़ापन और उथल-पुथल आपके किसी अवचेतन तरीके अथवा मानसिकता के कारण हो? हमें पता है कि एक कुत्ता बहुत भयंकर तरीके से प्रतिक्रिया देगा, यदि आप उससे नफरत करते अथवा डरते हैं। कई अनुशासनहीन मनुष्य भी कुत्ते, बिल्ली और अन्य जानवरों की तरह संवेदनशील होते हैं।

स्त्रियों से नफरत करने वाली इस निजी सेक्रेटरी से मैंने प्रार्थना के एक तरीके का सुझाव दिया और उसे समझाया कि जब वह अपने आध्यात्मिक गुणों और जीवन के सत्य को पहचानने लगेगी तो उसकी आवाज, उसका तरीका और स्त्रियों के प्रति उसकी नफरत गायब हो जाएगी। उसे यह जानकर आश्चर्य हुआ कि व्यक्ति के बोलने से उसके कार्यों, लेखों और जीवन के सभी क्षेत्रों से उसकी नफरत की भावना पता चलती है। उसने अपने पुराने, परेशान और क्रोधित तरीकों से प्रतिक्रिया देनी बंद कर दी। उसने प्रार्थना का एक निश्चित तरीका निकाला और नियमित क्रम और एकाग्रचित्त होकर ऑफिस में अभ्यास करना शुरू किया। प्रार्थना इस प्रकार थी: मैं प्रेमपूर्वक, शांत, चुपचाप सोचती, बोलती और कार्य करती हूं। मैं अब उन सभी लड़कियों के बीच, जो मेरी आलोचना और मेरे बारे में अफवाहें फैलाती थीं, उनके बीच प्रेम, शांति, सहनशीलता (धैर्य) और नेक-नीयत फैलाती हूं। मैं अपने विचार शांति, सामंजस्यता और सद्‌भावना के साथ रखती हूं। जब भी मैं नकारात्मकता के साथ प्रतिक्रिया देने

वाली होती हूं तो मैं सख्ती से स्वयं को कहती हूं, "मैं अपने अंदर सामंजस्यता, स्वास्थ्य और शांति के नियमों के आधार पर सोचूंगी, बोलूंगी और कार्य करूंगी। मेरी रचनात्मक बुद्धिमत्ता मुझे सभी रास्तों पर मेरा नेतृत्व, शासन और मार्गदर्शन करती है।"

इस प्रार्थना के अभ्यास ने उसके जीवन की कायापलट कर दी और उसने अनुभव किया कि सभी आलोचनाएं और चिड़चिड़ाहट खत्म हो गई थीं। ऑफिस की लड़कियां उसकी सहयोगी और जीवन की यात्रा की साथी बन गईं। उसने पाया कि *यहां पर किसी और को नहीं, बल्कि स्वयं को बदलना था।*

उसके अंदर की वाणी ने उसकी पदोन्नति रोकी

एक दिन एक विक्रेता मेरे पास आया और उसने अपने संगठन के बिक्री प्रबंधक के साथ कार्य करने में अपनी परेशानियों का जिक्र किया। वह कंपनी में दस वर्ष से कार्य कर रहा था और अभी तक उसे कोई पदोन्नति अथवा किसी प्रकार का प्रशंसा-पत्र नहीं मिला था। उसने मुझे अपनी बिक्री की रकम बताई, जो क्षेत्र के विक्रेताओं के मुकाबले कहीं ज्यादा थी। उसने कहा कि बिक्री प्रबंधक उसे पसंद नहीं करता और उसके साथ न्यायपूर्ण व्यवहार नहीं हो रहा था और कॉन्फ्रेंस में भी प्रबंधक उसके साथ बहुत रूखा था और कई बार उसके सुझावों की खिल्ली उड़ाता था।

मैंने समझाया कि निश्चित रूप से इसकी वजह ज्यादातर उसके अंदर ही थी। उसके अपने बॉस के बारे में विचार और विश्वास उसकी प्रतिक्रिया के गवाह थे। *जिस माप से हम आंकते हैं, उसी से फिर हमें आंका जाएगा।* उस बिक्री प्रबंधक के बारे में उसका मानसिक आकलन अथवा धारणा थी कि वह छोटी सोच वाला और झगड़ालू था। उसकी सोच अपने अफसर के प्रति कड़वाहट और शत्रुता भरी थी। काम पर जाते हुए रास्ते-भर वह मन-ही-मन बिक्री प्रबंधक के प्रति आलोचना, मानसिक वाद-विवाद, दोषारोपण और निंदा करता रहता।

उसने मानसिक रूप से जितनी भड़ास निकाली, जाहिर है उन सबका उसके पास वापस आना निश्चित था। इस विक्रेता ने महसूस किया कि अपने प्रबंधक के लिए उसके अंदर होने वाला द्वंद्व बहुत विनाशकारी था, क्योंकि उसके गुपचुप विचार और भावनाएं और व्यक्तिगत रूप से की गई मानसिक आलोचनाएं और गालियां उसके अपने अवचेतन मस्तिष्क में प्रवेश कर गई थीं। इन सबकी वजह से उसके बॉस की भी प्रतिक्रिया उसके लिए नकारात्मक थी। यही नहीं, इसके

अलावा उसने कई अन्य व्यक्तिगत, शारीरिक और भावनात्मक विकार को भी जन्म दिया।

उसने निम्नलिखित प्रार्थना बार-बार करनी शुरू की: "अपनी दुनिया में मैं ही एक अकेला विचारक हूं। अपने बॉस के लिए जो कुछ सोचता हूं, उसके लिए मैं ही जिम्मेदार हूं। मेरे बिक्री प्रबंधक का इसमें कोई हाथ नहीं है। जिस प्रकार मैं उसके बारे मे सोचता हूं। मैं किसी व्यक्ति, स्थान अथवा किसी भी चीज को अपने को चिढ़ाने अथवा परेशान करने की शक्ति किसी को नहीं दे सकता। मैं अपने बॉस के लिए अच्छे स्वास्थ्य, सफलता, मानसिक शांति और प्रसन्नता की कामना करता हूं। मैं हृदय से उनकी सकुशलता की कामना करता हूं और मैं जानता हूं कि हर प्रकार से दिव्य शक्ति उनका मार्गदर्शन करती है।"

उसने इस प्रार्थना को बार-बार धीरे-धीरे, चुपचाप और हृदय से दोहराया, यह जानते हुए भी कि मस्तिष्क एक बाग की तरह है और जो कुछ हम बाग में लगाते हैं, वह उसी प्रकार के बीज के रूप में उगता है। मैंने उसको सोने से पहले मानसिक छवि का अभ्यास करना इस प्रकार सिखाया: उसने कल्पना की कि उसका बिक्री प्रबंधक उसे अच्छे कार्य, उसके उत्साह और जोश के लिए और उसको अपने ग्राहकों से बढ़िया प्रतिक्रिया मिलने पर बधाई दे रहा है। उसने इसकी वास्तविकता को महसूस किया, बॉस को हाथ मिलाते, उसकी आवाज का लहजा और उसे मुस्कराते हुए देखा। उसने मन में एक सजीव फिल्म बनाई और इसे अपनी क्षमता के अनुसार नाटकीय बनाया। हर रात वह इस तरह मानसिक फिल्म बनाता था। वह जानता था कि उसका अवचेतन मस्तिष्क एक स्वीकार करने वाली प्लेट की तरह था जिस पर उसकी चेतन छवि छप जाएगी।

धीरे-धीरे वह प्रक्रिया जिसे मानसिक और आध्यात्मिक रसाकर्षण कहा जा सकता है, इसका चिह्न उसके अवचेतन मस्तिष्क पर बना और इसकी अभिव्यक्ति स्वतः सामने आई। आखिर बिक्री प्रबंधक ने उसे सैन फ्रांसिस्को बुलाकर बधाई दी और डिविजन में बिक्री प्रबंधक की तरह एक नया कार्य-भार दिया। भारी वेतन वृद्धि के साथ उसे सौ सहयोगियों को दिया। उसने अपने बॉस के लिए अपनी धारणा और आकलन बदल दिया और उसके बॉस ने उसी प्रकार उसकी प्रतिक्रिया दी।

भावनात्मक रूप से परिपक्व होना

दूसरा व्यक्ति क्या कहता और करता है, आपको तब तक परेशान अथवा विचलित नहीं कर सकता, जब तक आप उसे स्वयं को परेशान करने की इजाजत न दें। वह आपको केवल आपके विचारों द्वारा चिढ़ा सकता है, उदाहरण के तौर पर–यदि आप नाराज हैं तो आपको अपने मस्तिष्क के चार चरणों से गुजरना होगाः आप सोचना शुरू करते हैं कि उसने क्या कहा? आप नाराज होने का निर्णय लेते हैं और क्रोध के भाव पैदा करते हैं, फिर आप कुछ करने का निर्णय लेते हैं। शायद आप पलटकर वस्तु के रूप में जवाब देंगे। आपने देखा कि सोच, भावना, प्रतिक्रिया और क्रिया सब कुछ आपके मन में चल रहा था।

जब आप भावनात्मक रूप से परिपक्व हो जाते हैं, तब आप किसी आलोचना पर नकारात्मक ढंग से प्रतिक्रिया नहीं देते और किसी के लिए बुरा नहीं सोचते। ऐसा करने का अर्थ है कि आप धीमी मानसिक तरंगों की स्थिति में पहुंचकर दूसरे के नकारात्मक वातावरण से मिलकर एक हो गए हैं। अपने जीवन के ध्येय को पहचानिए और किसी अन्य व्यक्ति, स्थान अथवा वस्तु को अपने मन की आंतरिक खामोशी, शांति और चमकते स्वास्थ्य से विचलित न होने दें।

सामंजस्यपूर्ण मानवीय रिश्तों में प्यार के अर्थ के बारे में ऑस्ट्रियन मानसिक विश्लेषण के संस्थापक सिगमंड फ्रायड ने कहा था कि जब तक व्यक्ति के पास प्रेम नहीं है, तब तक वह बीमारी की स्थिति में रहता है और मर जाता है। प्रेम का अर्थ दूसरे व्यक्ति के अंदर समझदारी, सद्भावना और दिव्यता के लिए आदर है। जितना ज्यादा प्रेम और अच्छी भावना आप निकालते हैं और फैलाते हैं, उतना ज्यादा ही यह आपके पास वापस आता है। यदि आप दूसरे साथी के अहम को ध्वस्त करते हैं और उसके अपने स्वाभिमान को घायल करते हैं तो आप कभी भी उसकी सद्भावना नहीं पा सकते। इस बात को पहचानिए कि हर व्यक्ति प्रेम और प्रशंसा पाना चाहता है और वह चाहता है कि दुनिया में उसकी अहमियत हो। इस बात का अनुभव कीजिए कि दूसरा व्यक्ति जानता है कि उसकी असली औकात क्या है और आपकी तरह वह जानता है कि एक जीवन का सिद्धांत सभी मनुष्यों की प्रतिष्ठा है। जब आप जानबूझकर और अपनी चेतना से ऐसा करते हैं, तब आप उस व्यक्ति को ऊंचा उठाते हैं और वह आपके प्यार और सद्भावना को वापस देता है।

उसे श्रोताओं से नफरत थी

एक कलाकार ने मुझसे कहा कि श्रोता उसके पहली बार स्टेज पर आने पर चिल्लाते और हो-हल्ला मचाते हैं। उसने कहा कि नाटक को खराब ढंग से लिखा गया था और जाहिर है कि उसने अपना पात्र सही ढंग से नहीं निभाया था। उसने मुझे बेबाकी से कहा कि उसके बाद कई महीनों तक वह श्रोताओं से नफरत करता रहा। उसने उन्हें नशेड़ी पुतले, बेवकूफ, नादान और जल्दी बातों में आ जाने वाले कहा। उसने नाराजगी में नाटक करना छोड़ दिया और दवा की दुकान में एक वर्ष तक काम किया।

एक दिन मैंड ने उसे न्यूयॉर्क के टाउन हॉल में हो रहे एक व्याख्यान "स्वयं के साथ कैसे चलें" को सुनने के लिए आमंत्रित किया। इस व्याख्यान ने उसके जीवन को बदल दिया। वह वापस स्टेज पर आ गया। उसने दिल से अपने श्रोताओं और अपने लिए प्रार्थना की। वह स्टेज पर आने से पहले अपना पूरा प्यार और सद्भावना उंडेल देता। उसने यह कहने की आदत बना ली कि शांति के देवता सभी उपस्थित श्रोताओं के मन में शांति भरते हैं और सभी उपस्थित लोग उत्साहित और प्रोत्साहित रहते हैं। हर रात वह अपने श्रोताओं को प्रेम की तरंगें भेजता। आज वह एक महान अभिनेता है और वह लोगों से प्यार और उनका आदर करता है। अपनी अच्छी भावना और आदर दूसरों को दे रहा है और वे भी इसका अनुभव करते हैं।

जटिल व्यक्तियों को संभालना

दुनिया में कुछ ऐसे जटिल व्यक्ति होते हैं, जो बहुत टेढ़े-मेढ़े और विकृत मानसिकता वाले होते हैं। वे ठीक प्रकार से काम नहीं करते। कई मानसिक रूप से विकृत, बहस करने वाले, सहयोग न करने वाले, झगड़ालू, शक्की, सनकी और जीवन के लिए तल्ख रहते हैं। मानसिक रूप से वे बीमार होते हैं। कई व्यक्तियों की विकृत और विक्षिप्त मानसिकता होती है और शायद उनके साथ बचपन में कुछ घटा था। कइयों में यह जन्मजात विकृति होती है। आपको किसी व्यक्ति को इसलिए तिरष्कृत नहीं करना चाहिए, क्योंकि उसे टी.बी. है, न ही ऐसे व्यक्ति की बुराई करें, क्योंकि वह मानसिक रूप से बीमार है।

उदाहरण के तौर पर-कोई भी किसी कुबड़े से नफरत अथवा उस पर क्रोध नहीं करता है। यहां कई प्रकार के मानसिक रूप से कुबड़े हैं। आपको उनके

लिए दयावान और समझदारी वाला होना चाहिए। *सबको समझने का अर्थ सबको माफ कर देना।*

मुसीबत साथ पसंद करती है

नफरत से भरा कुंठाग्रस्त, विकृत, और तुड़े-मुड़े व्यक्तित्व का अनंत के साथ कोई मेल नहीं है। यह उन व्यक्तियों जो शांतिमय, खुश और प्रसन्नचित्त हैं, उनको पसंद नहीं करता। वह अधिकतर उन लोगों की आलोचना और बुराई करता है और उन्हें गालियां देता है, जो उसके प्रति बहुत अच्छे और दयावान होते हैं। उसका रवैया इस प्रकार है; उन्हें इतना प्रसन्न क्यों होना चाहिए, जब वह इतना दु:खी है? वह उनको खींचकर अपने स्तर पर लाना चाहता है। दु:ख को साथी चाहिए। जब आप ऐसा समझते हैं, तब आप स्थिर, शांत और उदासीन हो जाते हैं।

मानवीय रिश्तों में सहानुभूति का अभ्यास

हाल ही में एक लड़की मेरे पास आई और कहा कि वह अपने ऑफिस की एक दूसरी लड़की से नफरत करती है। उसने इसकी वजह उस दूसरी लड़की का उससे सुंदर, ज्यादा खुश और उससे अमीर होना बताया था, इसके साथ ही उसकी सगाई उस कंपनी के बॉस से हुई, जहां वे दोनों काम करती थीं।

एक दिन विवाह के बाद वह महिला जिससे वह नफरत करती थी, उसकी अपंग बेटी (पूर्व विवाह से) ऑफिस आई। बच्ची ने अपनी मां को बांहों में भरकर कहा, "ममी-ममी, मुझे अपने नए पिता बहुत प्यारे लगते हैं। देखिए, उन्होंने मुझे क्या दिया!" उसने अपनी मां को सुंदर-सा नया खिलौना दिखाया। उसने मुझसे कहा, "मेरा दिल उस नन्हीं-सी बच्ची पर आ गया और मुझे पता था वह कितनी खुश होगी। मैंने देखा, यह महिला कितनी खुश थी। अचानक मेरे मन में उसके लिए प्रेम उमड़ा और मैं उसके ऑफिस गई और उसे दुनिया की सब खुशियों की शुभकामना दी और मैं वाकई ऐसा ही उसके लिए कामना कर रही थी।"

आज मनोवैज्ञानिक चक्र में इसे सहानुभूति कहते हैं, जिसका सीधा अर्थ है–किसी अन्य के लिए आपकी कल्पनाशक्ति का उद्भव। उसने अपनी मानसिक प्रवृत्ति अथवा अपने दिल की भावना दूसरी महिला के लिए उजागर की और

उसने दूसरी महिला के दिमाग के द्वारा सोचना और महसूस करना शुरू किया। वास्तव मे वह दूसरी महिला की तरह महसूस कर रही थी और एक बच्चे की तरह भी, क्योंकि इसी तरह उसने बच्चे के दिमाग की तरह सोचना शुरू किया। वह बच्चे की मां के नजरिए से भी देख रही थी।

किसी दूसरे को घायल करने अथवा बुरा करने की इच्छा हो तो अपनी मानसिकता को मोसेस के मन में ले जाइए और जीसस के दस आदेश के अनुसार सोचिए (टेन कमांडमेंट)। यदि आप ईर्ष्या, जलन अथवा नाराजगी में डूब रहे हों तो अपने को जीसस (ईसा) के मन में जाइए और उनके नजरिए से देखिए, तब आपको शब्दों की सच्चाई का अहसास होगा–*एक दूसरे से प्रेम करें।*

तुष्टीकरण से कभी विजय नहीं मिलती

कभी भी लोगों को अपना फायदा मत उठाने दीजिए और आपका ध्यान गुस्सा दिखाकर, रोकर अथवा दिल का दौरा पड़ने का दिखावा करके अपनी ओर मत आकर्षित करनें दें। इस तरह के लोग तानाशाह होते हैं, जो आपको अपना गुलाम बनाना चाहते हैं और अपनी बात कहलवाना चाहते हैं। दयावान बनें, लेकिन विचलित न हों और उनके आगे न झुकें। तुष्टीकरण कभी नहीं जीतता। उनके पागलपन, स्वार्थीपन और अधिकार जमाने पर अपना सहयोग मत दीजिए।

याद रखें, वही करें जो सही हो। आप यह अपने आदर्श को पूरा करने और अपने जीवन में शाश्वत सत्य और आध्यात्मिक मूल्यों, जो कि अमर हैं, उनके प्रति सच्चे रहें। दुनिया में किसी को भी अपने ध्येय, जीवन के लक्ष्य, जैसे–अपनी छुपी हुई प्रतिभा को दुनिया को दिखाना, मानवता की सेवा और ईश्वरीय बुद्धिमत्ता, सच्चाई और सुंदरता को विश्व के सभी लोगों को बताना है, उससे विचलित करने की शक्ति न दें। अपने आदर्शों के प्रति सच्चे रहें। उन चीजों के बारे में पूरी तरह और निश्चितता से जानें, जिनसे आपको शांति, खुशी और पूर्णता मिलती है। विश्व के सभी मनुष्यों को आशीर्वाद दें। किसी भी हिस्से की सामंजस्यता, पूरे स्वरूप की सामंजस्यता है, किसी भी अंश की सामंजस्यता संपूर्ण की सामंजस्यता है, क्योंकि संपूर्ण अंश में है और अंश संपूर्ण में है। जैसा कि पॉल कहते हैं, आपको दूसरे को केवल प्रेम देना है और प्रेम से स्वास्थ्य, खुशी और मन की शांति के नियम की पूर्ति होती है।

मानवीय रिश्तों की लाभदायक सूची

1. आपका अवचेतन मस्तिष्क एक रिकॉर्डिंग मशीन है, जो आपकी स्वाभाविक सोच को हू-ब-हू चरितार्थ करता है। दूसरों के बारे में अच्छा सोचें, इसका तात्पर्य है कि आप अपने बारे में अच्छा सोच रहे हैं।
2. नफरत भरा अथवा बुरा विचार मानसिक जहर है। दूसरों का बुरा न सोचें, ऐसा करने पर आप अपने लिए बुरा सोच रहे होते हैं। इस विश्व में आप ही विचारक हैं और आपके विचार रचनात्मक हैं।
3. आपका मस्तिष्क एक रचनात्मक माध्यम है, इसलिए जो कुछ भी आप दूसरों के लिए सोचते हैं, हू-ब-हू वैसा ही आपको अनुभव होता है। यह सुनहरे नियम का मनोवैज्ञानिक अर्थ है। जैसा दूसरे व्यक्ति आपके लिए सोचते हैं, वैसा ही आप उनके लिए सोचते हैं।
4. किसी को ठगना, लूटना अथवा धोखा देना आपके लिए कमी, हानि और सभी प्रकार के नुकसान लाता है। आपका अवचेतन मस्तिष्क आपके अंदर की प्रेरणा, विचार और भावनाओं को रिकॉर्ड करता है। आपकी नकारात्मक प्रवृत्ति के कारण हानि, कमी और परेशानियां कई प्रकार से आपके पास आती हैं। वास्तव में जो कुछ आप दूसरों के साथ करते हैं, वही आप स्वयं के साथ कर रहे होते हैं।
5. जब आप अच्छा करते हैं, दयालुता दिखाते हैं, प्रेम और अच्छाई करते हैं, तो वह कई प्रकार से और कई गुणा होकर आपके पास आती है।
6. आप अपनी दुनिया के एकमात्र विचारक हैं। आप जो कुछ दूसरों के बारे में सोचते हैं, उसके लिए आप जिम्मेदार हैं। याद रखें, जिस प्रकार आप किसी दूसरे के लिए सोचते हैं, उसके लिए वह जिम्मेदार नहीं है। आपके विचार प्रतिलिपि की तरह वैसे ही बनते हैं। अब आप दूसरे व्यक्ति के लिए क्या सोच रहे हैं?
7. भावनात्मक रूप से परिपक्व बनिए और दूसरे लोगों को अपने से अलग (भिन्न) बनने की इजाजत दीजिए। उनको आपसे असहमत होने का अधिकार है और आपको भी इजाजत है कि आप उनसे असहमत हो सकते हैं। आप बिना अप्रिय हुए भी असहमत हो सकते हैं।
8. जानवर आपके डर के भाव को पढ़ लेते हैं और आपको डराते हैं। यदि आप जानवरों से प्रेम करते हैं तो वे कभी भी आप पर आक्रमण नहीं करेंगे। कई अनुशासनहीन मनुष्य कुत्ते, बिल्लियों और अन्य पशुओं की तरह होते हैं।

9. आपका आंतरिक भाषण, जो आपके शांत विचारों और भावनाओं का प्रतिनिधित्व कर रहा है, उसका अनुभव आप पर दूसरों के द्वारा की गई प्रतिक्रियाओं से होता है।
10. जिस कामना को आप अपने लिए चाहते हैं, वही इच्छा दूसरों के लिए भी कीजिए। यह मानवीय रिश्तों की सामंजस्यता की कुंजी है।
11. अपने नियोक्ता को नापने और उसके बारे में धारणा बनाना बदलें। इस बात को जानें और इसका अनुभव करें कि वह सुनहरे नियम और प्रेम के नियम का अभ्यास कर रहा है और फिर वह उसी के अनुरूप प्रतिक्रिया देगा।
12. दूसरे व्यक्ति आपको तब तक चिढ़ा अथवा परेशान नहीं कर सकते, जब तक आप उसे इसकी इजाजत न दें। आपके विचार रचनात्मक हैं; आप उसे आशीर्वाद दे सकते हैं। यदि आपको कोई बदमाश कहता है तो उसे कहें, "ईश्वर आपकी आत्मा को शांति से परिपूर्ण करें।"
13. दूसरों के साथ हंसी-खुशी से रहने का जवाब प्रेम है। प्रेम एक समझदारी, सद्भावना और दूसरे की दिव्यता का आदर करना है।
14. आप किसी अपंग अथवा कुबड़े से नफरत नहीं करते। आपमें दयालुता होगी। मानसिक रूप से कुबड़ों के प्रति दयालुता और समझ रखिए, क्योंकि मानसिक रूप से कुबड़ा वह है, जिसको नकारात्मक वातावरण मिला है। इस समझ के साथ सबको माफ करें।
15. सफलता, पदोन्नति और दूसरों के अच्छे भाग्य का आनंद लें। ऐसा करके आप अच्छे सौभाग्य को अपनी ओर आकर्षित करते हैं।
16. दूसरे के भावनात्मक नाटक और नखरों पर मत झुकिए। तुष्टिकरण कभी नहीं जीतता है। एक पायदान न बनें। जो सही है, उस पर टिके रहें। अपने आदर्शों पर अडिग रहें, यह जानते हुए कि मानसिक दृष्टिकोण जो आपको शांति, खुशी और प्रसन्नता देता है, वह सही, अच्छा और सत्य है। जिससे आपको आशीर्वाद मिलता है, उसी से सभी को आशीर्वाद मिलता है।
17. किसी भी व्यक्ति को इस दुनिया में कुछ देना है तो वह है-प्रेम। प्रेम का अर्थ है-सभी के लिए उसी की इच्छा करना, जिसकी इच्छा आप स्वयं के लिए करते हैं अर्थात् स्वास्थ्य, खुशी और जीवन के सभी आशीर्वाद और शुभकामनाएं।

17

अपने अवचेतन मस्तिष्क का उपयोग क्षमा करने के लिए कैसे करें

जिंदगी पक्षपात नहीं करती। ईश्वर जीवन है और यह जीवन का सिद्धांत इस क्षण भी आपके अंदर बह रहा है। ईश्वर अपने को आप लोगों के अंदर सामंजस्यता, शांति, सुंदरता, प्रसन्नता, और प्रचुरता द्वारा अभिव्यक्त करना पसंद करते हैं।

यदि आप अपने मस्तिष्क में जीवन के प्रवाह को प्रवाहित होने का विरोध करते हैं तो ऐसे भावनात्मक जमाव आपके अवचेतन मस्तिष्क में फंस जाते हैं और कई तरह की नकारात्मक स्थितियों का कारण बनते हैं। दुनिया में दुःख और अराजकता की परिस्थितियों से ईश्वर का कोई लेना-देना नहीं है। इस तरह की परिस्थितियां मनुष्य की नकारात्मक और विनाशकारी सोच की वजह से होती हैं, इसलिए अपनी परेशानियों और बीमारियों के लिए ईश्वर को दोष देना बेवकूफी है।

कई व्यक्ति स्वभाववश मानवता के पापों, बीमारियों और दुःखों के लिए ईश्वर को दोष देते हैं और उनका तिरस्कार करके जीवन के प्रवाह के आगे मानसिक अवरोध खड़ा करते हैं। अन्य अपना दर्द, पीड़ा अपने प्रिय का विछोह, निजी त्रासदी और दुर्घटना के लिए ईश्वर पर दोषारोपण करते हैं। वे ईश्वर पर नाराज होते हैं और उन्हें इसका विश्वास है कि ईश्वर ही उनके दुःखों के लिए जिम्मेदार हैं। जब तक लोग ईश्वर के लिए इस तरह की नकारात्मक धारणा रखेंगे, तो उनका अवचेतन मस्तिष्क भी उन्हें इस तरह की नकारात्मक प्रतिक्रिया देगा। वास्तव में इस तरह के व्यक्तियों को यह नहीं पता होता कि वे स्वयं को सजा दे रहे हैं। उन्हें इस सत्य को समझना चाहिए, इसको बाहर निकालने का रास्ता खोजना चाहिए और सभी प्रकार की आलोचनाओं, बुराइयों और किसी के भी प्रति क्रोध और अपने बाहर की शक्तियों को त्यागना चाहिए, अन्यथा वे स्वस्थ, खुशहाल अथवा रचनात्मक गतिविधियों की ओर नहीं बढ़ सकेंगे। जिस क्षण इस

तरह के लोग अपने मस्तिष्क और हृदय में प्रेम रूपी ईश्वर को सुनते हैं और जब वे इस बात पर विश्वास करते हैं कि ईश्वर उन्हें प्रेम करने वाला पिता है, जो उनके ऊपर नजर रखता है, उनकी देखभाल, मार्गदर्शन करता, उन्हें बनाए रखता और शक्ति देता है, तब ईश्वर के प्रति अथवा जीवन सिद्धांत के प्रति इस प्रकार की धारणा को उनका अवचेतन मस्तिष्क स्वीकार करेगा और वे अपने को कई प्रकार से अनुगृहीत (सौभाग्यशाली) पाएंगे।

जिंदगी हमेशा आपको क्षमा करती है

जब आप अपनी उंगली काटते हैं, तब जिंदगी आपको क्षमा करती है। आपके अंदर की अवचेतन बुद्धिमत्ता तुरंत इसे ठीक करने में लग जाती है। नई कोशिकाएं इस घाव के ऊपर पुल बनाती हैं। यदि आप गलती से गलत खाना खाते हैं तो जीवन आपको क्षमा करके आपको उल्टी करवाता है, जिससे यह आपको बचा सके। यदि आप अपना हाथ जला लेते हैं तो जीवन का सिद्धांत इसमें किसी भी प्रकार की सूजन अथवा जमाव को कम करता है और आपको नई त्वचा, उत्तक और कोशिकाएं देता है। यदि आप प्रकृति के साथ सामंजस्यता की सोच रखते हैं तो जीवन आपको वापस स्वस्थ, ऊर्जावान, सामंजस्यता और शांति देता है। नकारात्मक, दुःखदायी यादें, कड़वाहट और बुरे इरादे एकत्रित होंगे और आपके अंदर सुगमता से बहने वाले जीवन के सिद्धांत को बाधित करेंगे।

कैसे उसने अपराधबोध को बाहर निकाला

मैं एक व्यक्ति को जानता था, हर रात करीब सुबह के एक बजे तक वह काम करता था। उसने अपनी पत्नी और दो बच्चों पर कोई ध्यान नहीं दिया। वह हमेशा मेहनत करने में व्यस्त रहता। उसने सोचा, लोग उसे शाबाशी देंगे, क्योंकि वह आधी रात के बाद तक इतनी लगन और मेहनत से काम कर रहा था। उसका रक्त दबाव दो सौ से ज्यादा था और वह अपराधबोध से भर गया। अनजाने में उसने कड़ी मेहनत द्वारा अपने को प्रताड़ित करना शुरू किया और अपने बच्चों को पूरी तरह से नजरअंदाज किया। एक सामान्य व्यक्ति इस प्रकार नहीं करता। वह अपने बच्चों और उनके विकास में रुचि रखता है। वह अपनी पत्नी को अपनी दुनिया से नहीं निकालता।

मैंने उसे समझाया कि वह इतनी मेहनत से काम क्यों करता है, "तुम्हें अंदर-ही-अंदर कुछ परेशान कर रहा है, अन्यथा तुम इस प्रकार की हरकतें नहीं करते। तुम अपने को सजा दे रहे हो और तुम्हें अपने को माफ करना सीखना होगा।" उसके अंदर गहरा अपराधबोध था। यह उसके भाई के प्रति था।

मैंने उसे समझाया कि ईश्वर उसे सजा नहीं दे रहा था, बल्कि वह स्वयं अपने को सजा दे रहा था।

उदाहरण के तौर पर–यदि आप जीवन के नियमों को तोड़ेंगे तो आप उसके अनुसार पीड़ित होंगे। यदि आप किसी नंगे जलते हुए तार के ऊपर हाथ रखेंगे तो आप जल जाएंगे। प्रकृति की ताकतें दुष्ट नहीं होतीं, जिस प्रकार से आप उनका उपयोग करते हैं, वह निर्धारित करता है कि उनका प्रभाव अच्छा या बुरा होगा। बिजली अपने में बुरी नहीं है; यह इस पर निर्भर करता है कि आप इसका उपयोग किस प्रकार से करते हैं। किसी निर्माण को गिराने के लिए अथवा किसी घर को रौशन करने के लिए। पाप केवल एक है, वह है नियम का अज्ञान और इसकी केवल एक ही सजा है, वह है मनुष्य द्वारा नियम का गलत उपयोग से स्वतः प्रतिक्रिया का मिलना।

यदि आप रसायन के नियमों का दुरुपयोग करेंगे तो आप अपने ऑफिस या फैक्टरी को उड़ा सकते हैं। यदि आप अपना हाथ बोर्ड पर पीटेंगे तो इससे आपके हाथ से खून निकल सकता है। बोर्ड उसके लिए नहीं बनाया गया है। हो सकता है, इसे आपके झुकने अथवा अपने पैरों का सहारा देने के लिए बनाया गया हो।

इस व्यक्ति को इस बात का अहसास हुआ कि ईश्वर किसी को प्रताड़ित अथवा सजा नहीं देता और उसकी पूरी पीड़ा उसके अपने नकारात्मक और विध्वंसकारी विचारों पर उसके अवचेतन मस्तिष्क की प्रतिक्रिया थी। उसने अपने भाई को कभी धोखा दिया था और अब उसके भाई ने यह उसे दे दिया था।

उसे फिर भी बहुत ग्लानि और अपराधबोध था।

मैंने उससे पूछा, "क्या तुम अपने भाई को अब धोखा दोगे?"

उसने कहा, "नहीं।"

"क्या तुम्हें उस वक्त यह न्यायसंगत लगा था?"

उसने कहा, "हां।"

"लेकिन क्या तुम अब ऐसा करोगे?"

उसने कहा, "नहीं, जीना कैसे चाहिए, मैं इसमें औरों की सहायता कर रहा हूं।"

मैंने उसमें निम्नलिखित टिप्पणियां जोड़ीं, "अब तुम्हारे अंदर बड़ी समझदारी और विवेक है। माफी देने का अर्थ स्वयं को माफ करना है, माफी देना आपके

विचार सामंजस्यता के दिव्य नियमों के अनुरूप हैं। स्वयं की निंदा करने को नर्क कहते हैं (बंधन और सीमाएं/ प्रतिबंध) और माफी देने को स्वर्ग कहते हैं (सामंजस्यता और शांति)।"

उसके मस्तिष्क से अपराध भाव और स्वयं को प्रताड़ित करने का बोझ उतर गया और वह पूर्ण रूप से स्वस्थ हो गया। डॉक्टर ने उसके रक्त दबाव का परीक्षण किया, अब वह सामान्य था। समझाना ही उसका इलाज था।

एक हत्यारे ने अपने को माफ करना सीखा

कई वर्ष पहले एक व्यक्ति जिसने यूरोप में अपने भाई का कत्ल किया था, मेरे पास आया। वह बहुत मानसिक वेदना और यंत्रणा से गुजर रहा था, क्योंकि उसका कहना था कि ईश्वर को मुझे सजा देनी चाहिए। उसने बताया कि उसके भाई का प्रेम संबंध उसकी पत्नी के साथ था और उसने उसी क्षण उसे गोली मार दी। यह मेरे साथ बात करने से पंद्रह वर्ष पहले हुआ था। इस दौरान इस व्यक्ति ने एक अमेरिकी लड़की से विवाह किया और उससे उसके तीन प्यारे बच्चे थे। वह अब उस स्थिति में था, जहां वह लोगों की सहायता कर रहा था और वह एक परिवर्तित मनुष्य था।

मैंने उसे स्पष्ट किया कि शारीरिक और मनोवैज्ञानिक रूप से वह अब पुराना व्यक्ति नहीं रहा था, जिसने अपने भाई को मारा था, क्योंकि वैज्ञानिकों ने उसे बताया है कि हमारे शरीर की प्रत्येक कोशिका हर ग्यारह महीने में बदलती है। यही नहीं, मानसिक और आध्यात्मिक रूप से वह एक नया व्यक्ति था। मानवता के लिए उसके पास बहुत प्यार और सद्भावना थी। वह 'बूढ़ा' व्यक्ति जिसने यह अपराध पंद्रह वर्ष पहले किया था, वह अब मानसिक और आध्यात्मिक रूप से मृत था। वास्तव में वह एक निर्दोष व्यक्ति को पीड़ित कर रहा था।

इस स्पष्टीकरण का उस पर गहरा प्रभाव पड़ा और उसने कहा कि उसे ऐसा लगा, जैसे उसके दिमाग से एक भारी बोझ हट गया हो। उसने बाइबिल के निम्नलिखित सत्य की महत्ता को महसूस किया। चलो, मिलकर कारण जानें, ऐसा ईश्वर ने कहा, *चाहे तुम्हारे पाप लाल हों, वे बर्फ की तरह सफेद हो जाएंगे; चाहे वे लाल, गहरे लाल हो जाएं, वे ऊन की तरह सफेद होंगे। इशइया 1:18।*

आपकी इजाजत के बिना आलोचना दु:ख नहीं दे सकती

एक स्कूल की अध्यापिका ने मुझे बताया कि उसके सहयोगी ने उसके एक भाषण की आलोचना यह कहते हुए की कि उसने बहुत जल्दी-जल्दी बोला, उसने अपने कुछ शब्दों को निगल लिया। उन्हें सुना नहीं जा सका, उसका उच्चारण बहुत खराब था और उसके भाषण का कोई असर नहीं हुआ। यह अध्यापिका बहुत नाराज और अपने आलोचक के प्रति दु:खी थी।

उसने यह स्वीकार किया कि आलोचनाएं सही थीं। उसकी पहली प्रतिक्रिया एकदम बचकानी थी और उसने स्वीकार किया कि वह पत्र एक आशीर्वाद की तरह था और उसे सही करने में अद्‌भुत था। उसने फौरन अपने भाषण की कमियों को सही करने के लिए एक सार्वजनिक भाषण का कोर्स करने के लिए सिटी कॉलेज में दाखिला लिया। उसने उस लेखक को चिट्ठी लिखने के लिए धन्यवाद दिया और उनके परिणाम और जांच परिणाम के लिए धन्यवाद दिया, जिसकी वजह से अध्यापिका ने अपनी गलतियों को फौरन सुधारा।

दयावान कैसे बनें

कल्पना कीजिए कि जो कुछ पत्र में अध्यापिका के बारे में लिखा था, उसमें कुछ भी सत्य नहीं था। उसे यह पता चल जाता है कि उसकी कक्षा के विषय ने नोट लिखने वाले लेखक की पूर्व धारणाओं, अंधविश्वासों अथवा संकीर्ण सांप्रदायिक विश्वास को आहत किया था और उस मनोवैज्ञानिक रूप से बीमार व्यक्ति ने केवल अपनी नाराजगी को उगला था, क्योंकि एक मनोवैज्ञानिक उबाल घायल हुआ था। इसे समझने के लिए आपको करुणामय अथवा सहानुभूतिशील होना होगा। अगला तर्कसंगत कदम होगा कि आप दूसरे व्यक्ति के लिए शांति, सामंजस्यता और समझदारी की प्रार्थना करें। आप कभी भी आहत नहीं होंगे, यदि आप जानेंगे कि आप अपने विचारों, प्रतिक्रियाओं और भावनाओं के मालिक हैं। भावनाएं विचारों का अनुसरण करती हैं और आप में उन सभी विचारों जो आपको परेशान अथवा आहत कर सकते हैं, उनको अस्वीकृत करने की शक्ति है।

जब उसे वेदी पर छोड़ा गया

कुछ वर्ष पूर्व मैं एक चर्च में विवाह संपन्न कराने गया था। होने वाला दूल्हा वहां नहीं पहुंचा और दो घंटे के पश्चात् होने वाली दुल्हन ने कुछ आंसू बहाए और मुझसे कहा, "मैंने दिव्य मार्गदर्शन की प्रार्थना की। यह उसका जवाब हो सकता है, क्योंकि वह कभी बीमार नहीं हुआ था।"

यह उस लड़की की प्रतिक्रिया थी, ईश्वर में विश्वास और शुभकामनाएं। उसके हृदय में कोई दुर्भावना नहीं थी, क्योंकि उसने कहा, "हो सकता है, यह सही कार्य नहीं रहा हो, क्योंकि मैंने हम दोनों के लिए सही निर्णय की प्रार्थना की थी।" यदि इस तरह के अनुभव किसी और को होते तो वह तूफान खड़ा कर देता, भावनात्मक रूप से दौरा पड़ जाता, उसे वहां बेहोश करने की जरूरत पड़ती, शायद उसे अस्पताल में भर्ती करने की जरूरत होती। अपने अवचेतन की गहराइयों के अंदर अनंत बुद्धिमत्ता के साथ तारतम्यता बनाएं और उसके जवाब में इतना ही विश्वास रखें, जैसा आपने अपनी मां पर किया था, जब उसने आपको अपनी बांहों में उठाया था। इस तरीके से आप संयमित, मानसिक और भावनात्मक स्वास्थ्य पा सकते हैं।

विवाह करना अनुचित, शारीरिक संबंध बनाना अशुभ और मैं अशुभ हूं

कुछ समय पहले मैंने एक युवा स्त्री से बात की, जिसकी उम्र बाईस वर्ष थी। उसे सिखाया गया था कि नृत्य करना, ताश खेलना, तैरना और पुरुषों के साथ बाहर जाना पाप है। उसे उसकी मां ने धमकी दी थी कि यदि उसने उसकी आज्ञा और धार्मिक शिक्षा का उल्लंघन किया तो वह नरक की अग्नि में हमेशा जलती रहेगी। वह लड़की काले कपड़े और काली जुराबें पहनती। वह कोई लाली, लिपस्टिक अथवा किसी भी प्रकार का शृंगार नहीं करती थी, क्योंकि उसकी मां ने कहा था कि ये वस्तुएं पाप से भरी हुई हैं। उसकी मां ने उसे बताया कि सभी पुरुष दुष्ट होते हैं और सेक्स एक राक्षसी कृत्य है और यह केवल एक पैशाचिक ऐयाशी है।

इस कन्या को अपने को माफ करना सीखना था, क्योंकि उसके अंदर अपराधबोध भरा हुआ था। माफ करने का अर्थ था–त्यागना। उसे अपने इन सभी मिथ्या विश्वासों को, जीवन के सत्य के लिए और स्वयं को नए सिरे से जानने के लिए पूर्ण रूप से त्यागना था। जब ऑफिस में जहां वह काम करती थी, वहां

के पुरुषों के साथ बाहर जाती तो उसे गहरा अपराधबोध होता और वह सोचती कि ईश्वर उसे सजा देगा। कई योग्य युवा व्यक्तियों ने उसे विवाह का प्रस्ताव दिया, लेकिन उसने मुझसे कहा, "विवाह करना गलत है, किसी के साथ सेक्स भी अनुचित है और मैं दुष्ट हूं।" यह उसका चेतन और पहले से मन में बिठाए गए विचार बोल रहे थे। वह करीब दस सप्ताह तक सप्ताह में एक बार आती और मैंने उसे चेतन और अवचेतन मस्तिष्क की कार्य-शैली के बारे में उसी प्रकार बताया, जैसा मैंने इस पुस्तक में बताया है। इस युवती की धीरे-धीरे समझ में आया कि उसकी अज्ञानी, अंधविश्वासी, कट्टर और कुंठाग्रस्त मां ने उसे पूरी तरह से सम्मोहित करके उसके दिमाग में इस प्रकार के विचारों को गहराई से बैठा दिया था। उसने स्वयं को पूरी तरह से अपने परिवार से अलग कर दिया और एक उत्कृष्ट जीवन की शुरुआत की।

मेरे सुझाव पर उसने अच्छी तरह से तैयार होना और अपने केश अच्छे ढंग से बनाना शुरू किया। उसने जीवन से प्यार करना शुरू किया—उसने एक व्यक्ति से नृत्य कक्षा लेनी शुरू की, तैरना, ताश खेलना और लोगों के साथ डेट पर जाना शुरू किया। उसने एक दिव्य साथी की प्रार्थना की और अपने मन में इस प्रकार के विचार रखे कि अनंत शक्ति उसके प्रति ऐसे व्यक्ति को उसकी ओर आकर्षित करेगी, जो उसके साथ पूर्ण रूप से सामंजस्यता में होगा। आखिर में यह सच हुआ। एक शाम जब उसने मेरा ऑफिस छोड़ा, तब वहां एक व्यक्ति मेरा इंतजार कर रहा था और संयोगवश मैंने उनका आपस में परिचय कराया। वे अब विवाहित हैं और पूरी तरह से एक दूसरे के साथ हैं।

उपचार के लिए क्षमादान जरूरी है

प्रार्थना करने के लिए खड़े होते समय यदि आप किसी के विरुद्ध हैं तो उसे क्षमा करें। मार्क 11:25।

मानसिक शांति और दमकते स्वास्थ्य के लिए दूसरों को माफ करना आवश्यक है। यदि आप उत्तम स्वास्थ्य और खुशी चाहते हैं तो आपको हर उस व्यक्ति को क्षमा कर देना चाहिए, जिसने कभी भी आपको दु:ख दिया हो। अपने विचारों को दिव्य नियम और आदेश के साथ सामंजस्यता बनाते हुए स्वयं को क्षमा करें। आप स्वयं को कभी भी पूरी तरह से माफ नहीं कर सकते, जब तक आप दूसरों को पहले माफ नहीं करते। स्वयं को माफ न करना, अपने आध्यात्मिक अहंकार और अज्ञानता के सिवा कुछ नहीं है।

आज चिकित्सा के मनोदैहिक क्षेत्र में इस बात पर लगातार जोर दिया जाता है कि क्रोध, दूसरों की आलोचना, पश्चाताप और दुश्मनी कई विकृतियों का घर है, जिसमें हड्डियों के रोग जैसे आर्थराइटिस से दिल की बीमारियां तक हैं। इस तथ्य की ओर इशारा किया गया कि ऐसे बीमार व्यक्ति जिनके साथ बुरा व्यवहार, नुकसान, धोखा किया या उन्हें घायल किया था, उनका आक्रोश और नफरत उन लोगों के लिए थी, जिन्होंने उनके साथ ऐसा व्यवहार किया था। इनकी वजह से उनके अवचेतन मस्तिष्क में पनप रहे घाव सक्रिय हो गए। इसका एक ही इलाज है, उनकी इस प्रकार की चोट को हटाना होगा और इसका एकमात्र सफल रास्ता माफी देने का ही है।

माफी देना यानी प्रेम करना

माफ करने की कला का सबसे महत्त्वपूर्ण भाग माफ करने की स्वीकारोक्ति है। यदि आप हृदय से दूसरे को माफ करने की इच्छा रखते हैं, तो आपने आधे से ज्यादा यानी इक्यावन प्रतिशत रुकावट को पार कर लिया है। मुझे यकीन है कि आप जानते हैं कि दूसरों को माफ करने का यह मतलब जरूरी नहीं कि आप उसे चाहते अथवा उसके साथ जुड़ना चाहते हैं। कोई आपको किसी को चाहने के लिए बाध्य नहीं कर सकता, न ही कोई सरकार, सद्भावना, प्रेम, शक्ति अथवा सहनशीलता का नियम बना सकती है। किसी को पसंद करना असंभव है, क्योंकि वाशिंगटन से किसी ने ऐसा करने का आदेश दिया है, फिर भी हम लोगों को बिना पसंद किए उन्हें प्यार कर सकते हैं। बाइबिल कहती है, *"एक दूसरे से प्रेम करो।"* यदि कोई चाहे तो वाकई ऐसा कर सकता है। प्रेम का अर्थ है कि आप किसी और के लिए स्वास्थ्य, खुशी, शांति, प्रसन्नता और जीवन की सभी शुभकामना की इच्छा कर सकते हैं। इन सबके लिए केवल एक चीज की आवश्यकता है, वह है दिल से करना। आप कोई बहुत महान कार्य नहीं कर रहे हैं, जब आप किसी को माफ करते हैं। वास्तव में आप बहुत स्वार्थी हैं, क्योंकि जो कुछ आप दूसरों के लिए कामना करते हैं, वास्तव में आप वह सब अपने लिए मांग रहे हैं। इसकी वजह है कि जब आप विचार कर रहे होते हैं, तब आप उसका अनुभव कर रहे होते हैं। जैसा आप सोचते और अनुभव कर रहे होते हैं, वैसे ही आप होते हैं। इससे भी सरल क्या कुछ और चीज हो सकती है?

माफी देने की तकनीक

निम्नलिखित सरल तरीके से अभ्यास करने से आपके जीवन में अद्‌भुत कार्य होते हैं: "अपने दिमाग को शांत करें, निश्िंचत हों और उसे आजाद छोड़ दें। ईश्वर और उसका प्रेम आपके लिए है। उसका ध्यान करें और फिर स्वीकार करें, "मैं पूर्ण रूप से और अपनी इच्छा से...(आपको कष्ट देने वाले का नाम) माफ करता हूं। मैं मानसिक और आध्यात्मिक रूप से उसे आजाद करता हूं। मैं इससे संबंधित हर चीज को पूरी तरह से माफी देता हूं। मैं आजाद हूं और वह पुरुष/स्त्री भी आजाद है। यह एक अद्‌भुत अहसास है। यह मेरा सबको माफी देने का सामान्य दिन है। मैं हर एक और सभी को आजाद करता हूं, जिन्होंने मुझे कभी भी दु:ख दिया हो और मैं हर एक और सबको एक अच्छे स्वास्थ्य, खुशी, शांति और जीवन की सभी खुशियों की कामना करता हूं। मैं यह सब अपने हृदय से, खुश होकर और प्रेम से करता हूं। जब भी मैं इस व्यक्ति और व्यक्तियों जिन्होंने मुझे दु:ख दिया, उन्हें यह कहता हूं, 'मैंने आपको आजाद कर दिया है और जीवन के सभी आशीर्वाद आपके हैं,' मैं आजाद हूं और आप भी आजाद हैं। यह सब अद्‌भुत है!"

सच्ची माफी देने का महान रहस्य है कि जब आप एक बार मनुष्य को माफ कर देते हैं, तब दुबारा इस प्रार्थना को करना जरूरी नहीं है। जब भी वह व्यक्ति अथवा वह विशिष्ट कष्ट आपके मस्तिष्क में आता है, तब आप उस अपराधी का भला सोचते हैं और कहते हैं, "तुम्हारे साथ शांति बनी रहे।" चूंकि ऐसा विचार आपके मन में आता है तो इसे कई बार करिए। आप देखेंगे कि कुछ दिनों बाद उस व्यक्ति अथवा उस घटना का ध्यान में आना कम होता जाता है, जब तक यह पूरी तरह से गायब न हो जाए।

माफ करने का अम्लीय परीक्षण

सोने को जांचने का अम्लीय परीक्षण है। इसी प्रकार माफी देने का भी अम्लीय परीक्षण है। यदि मैं उस व्यक्ति के बारे में कुछ बहुत अच्छा कहूं, जिसने आपके साथ गलत किया है, आपको धोखा दिया है या दगा दिया है और आप उसके बारे में अच्छी खबर सुनकर बहुत क्रोधित होते हैं, तो नफरत की जड़ें अभी भी आपके अवचेतन में आपका विनाश कर रही हैं।

कल्पना कीजिए कि एक वर्ष पहले जबड़े में दर्दनाक फोड़ा हो गया था और आपने इसके बारे में मुझे बताया था। जाहिर है, मैं आपसे यूं ही पूछूंगा कि

क्या वह दर्द है? आप तुरंत कहेंगे, "एकदम नहीं, मुझे इसकी याद है, लेकिन वह दर्द अब नहीं है।" यही पूरी कहानी है। आपको उस घटना की याद तो होगी, मगर अब उसका डंक अथवा दर्द भी होगा। यह एक अम्लीय परीक्षण है और इसे आपको मनोवैज्ञानिक और आध्यात्मिक रूप से देखना चाहिए, अन्यथा आप केवल स्वयं आपको धोखा दे रहे हैं और सच में माफ करने की कला का अभ्यास नहीं कर रहे हैं।

सब कुछ समझना यानी सब माफ कर देना

जब व्यक्ति अपने मस्तिष्क के रचनात्मक नियम को समझ लेता है, तब वह अपनी जिंदगी खराब करने का आरोप दूसरों अथवा परिस्थितियों पर करना बंद कर देता है। पता है कि उसके अपने विचार, भावनाएं उसका भाग्य बनाती हैं। यही नहीं, उसे ज्ञान है कि बाह्य वस्तुएं उसके जीवन की स्थितियों और अनुभवों का कारण नहीं हैं। यह सोचना कि दूसरे आपकी खुशी को कम कर सकते हैं और आप निर्दयी भाग्य के फुटबॉल हैं। इन सबको जीने के लिए आपको दूसरों का विरोध करना और उनसे लड़ना है, वे सब नालायक हैं, जब आप ऐसा समझते हैं कि विचार वस्तुएं हैं। बाइबिल भी यही कहता है, *"क्योंकि मनुष्य अपने हृदय से ऐसा सोचता है।" प्रोवर्ब्स 23:7।*

माफी करने में सहायक वस्तुओं की सूची

1. ईश्वर अथवा जीवन किसी व्यक्ति का आदर नहीं करते। जीवन पक्षपात नहीं करता। जीवन अथवा ईश्वर आपका पक्ष तब ही लेते हैं, जब आप अपने को सामंजस्यता, स्वास्थ्य, खुशी और शांति के साथ लय में होते हैं।
2. ईश्वर अथवा जीवन कभी भी बीमारी, दुर्घटना अथवा पीड़ा को नहीं भेजता। यह सब हम अपनी नकारात्मक विनाशकारी सोच जिसका आधार निम्नलिखित नियम है–*जैसा हम बोएंगे, वैसा ही काटेंगे।*
3. आपके जीवन में ईश्वर की संकल्पना सबसे महत्त्वपूर्ण है। यदि आप वास्तव में ईश्वर के प्रेम पर विश्वास रखते हैं, तो आपका अवचेतन मस्तिष्क इसकी प्रतिक्रिया आपको अनगिनत आशीर्वाद से देता है। ईश्वरीय प्रेम पर विश्वास करें।

4. जीवन अथवा ईश्वर आपके प्रति कोई द्वेष नहीं रखते। जीवन आपकी कभी आलोचना नहीं करता। जीवन आपके हाथ की भयानक चोट को ठीक करता है। जीवन आपको माफ करता है, यदि आपने अपनी उंगली जला ली है। यह किसी भी प्रकार की सूजन को कम करके शरीर के उस भाग को फिर से सही ढंग से बनाता है।
5. आपके अपराधबोध का कारण ईश्वर और जीवन के बारे में असत्य धारणा है। ईश्वर अथवा जिंदगी आपको सजा नहीं देते अथवा आपको जांचते नहीं हैं। यह आप अपने गलत विश्वास, नकारात्मक सोच और स्वयं की आलोचना के द्वारा अपने साथ करते हैं।
6. ईश्वर अथवा जिंदगी आपकी आलोचना नहीं करते अथवा आपको सजा नहीं देते। प्रकृति की शक्ति बुरी नहीं है। उनके प्रयोग का असर इस पर निर्भर करता है कि आप अपने अंदर की शक्ति का उपयोग कैसे करते हैं। आप बिजली का प्रयोग किसी को मारने के लिए कर सकते हैं और अपने घर को रौशन करने के लिए भी। आप पानी का उपयोग किसी बच्चे को डुबाने के लिए कर सकते या उसकी प्यास बुझाने के लिए। मनुष्य के अपने मस्तिष्क में बनने वाला विचार और ध्येय अच्छे या बुरे पर निर्भर करता है।
7. ईश्वर अथवा जीवन कभी आपको सजा नहीं देते। मनुष्य ईश्वर, जीवन और ब्रह्मांड की असत्य धारणा की वजह से स्वयं को सजा देता है। उसके विचार रचनात्मक हैं और वह अपनी परेशानियां स्वयं निर्मित करता है।
8. यदि कोई दूसरा आपकी आलोचना करता है तो ये कमियां आपके अंदर हैं, खुश रहिए, धन्यवाद कीजिए और किसी की टिप्पणियों की प्रशंसा कीजिए। यह आपको विशिष्ट गलतियों को सुधारने का मौका देता है।
9. आप किसी आलोचना से दुःखी नहीं हो सकते, जबकि आपको पता है कि आप अपने विचारों, प्रतिक्रियाओं और भावनाओं के मालिक हैं। यह आपको दूसरों को आशीर्वाद देने और प्रार्थना करने का मौका देता है। इस प्रकार आप स्वयं को आशीर्वाद देते हैं।
10. जब आप मार्गदर्शन और सही कार्य के लिए प्रार्थना करते हैं तो जो कुछ आता है, ले लीजिए। अनुभव कीजिए कि यह अच्छा है, बहुत अच्छा, फिर अपने ऊपर दया करना, आलोचना और नफरत करने का कोई कारण नहीं है।
11. कुछ भी अच्छा या बुरा नहीं है, लेकिन सोच इसे ऐसा बना देती है। सेक्स करने में कोई दुष्टता नहीं है, न ही खाने की इच्छा, संपत्ति अथवा सच्ची अभिव्यक्ति में कोई बुराई है। यह इस पर निर्भर करता है कि इन इच्छाओं, कामनाओं अथवा प्रेरणाओं का उपयोग आप किस प्रकार करते हैं। आपकी

खाने की इच्छा बिना किसी को मारे एक ब्रेड के टुकड़े से भी पूरी हो सकती है।

12. क्रोध, नफरत, दुर्भावना और दुश्मनी ये सब विकृतियों का घर हैं। जिन लोगों ने आपको दुःख दिए, उन्हें और स्वयं को क्षमा करें और उन पर प्रेम, जीवन, खुशियां और संभावना उंडेलें। ऐसा करना जारी रखें, जब तक आपका मन उनके प्रति प्रेम से न भर जाए।
13. क्षमादान यानी *कुछ पाने के लिए कुछ देना।* प्यार, शांति, खुशी, बुद्धिमत्ता और जीवन की सभी शुभकामनाएं दूसरों को दें, जब तक आपके मन में कोई दंश न बचे। यही माफ करने का अम्लीय परीक्षण है।
14. कल्पना करें, एक वर्ष पूर्व आपके जबड़े में एक फोड़ा था। यह बहुत कष्टकारी था। अब आप स्वयं से पूछिए, क्या यह अभी भी कष्ट देता है? जवाब नहीं में होगा। इसी प्रकार यदि कोई आपको दुःखी करता है अथवा आपके बारे में झूठ और जहरीली बातें करता है और आपके बारे में सभी प्रकार की बुराई करता है तो क्या आपके विचार उस व्यक्ति के बारे में नकारात्मक होंगे? क्या आप क्रोधित हो जाते हैं, जब वह आपके मन में आता/आती है? यदि ऐसा है तो नफरत की जड़ें अभी भी वहां हैं, वह आप और आपकी अच्छाई के साथ खतरनाक खेल खेल रहे हैं। उनको निकालने का एकमात्र तरीका है, उस व्यक्ति को जिंदगी की सभी शुभकामनाएं दें। जब तक उस व्यक्ति से मन में नहीं मिलते, तब तक उसे आप दिल से शांति और अच्छी भावना से आशीर्वाद नहीं देते। क्षमादान का यह अर्थ है कि तब तक क्षमा करें, जब तक *सतत्तर बार न कहा जाए।*

18

कैसे आपका अवचेतन मानसिक अवरोध को दूर करता है

समस्या के अंदर ही इसका हल है। हर एक प्रश्न में जवाब निहित है। यदि आपके सामने कठिन परिस्थिति है और आप अपना रास्ता साफ तरीके से नहीं देख सकते तो सबसे सही तरीका होगा, इस बात को सोचना कि आपके अंदर के अवचेतन मस्तिष्क को सब पता है। यह सब कुछ देख सकता है, इसके पास जवाब है और इसे यह आपको दिखा रहा है। आपकी नई मानसिक प्रवृत्ति जो रचनात्मक बुद्धिमत्ता ला रही है, उसके पास एक खुशनुमा हल है और आप जवाब पाने में सफल होंगे। निश्चित रहें, क्योंकि मस्तिष्क की इस प्रकार की प्रवृत्ति एक अनुशासन, शांति और आपके सभी उपक्रमों का अर्थ बताएगी।

किसी आदत को कैसे रोकें अथवा बनाएं

आपको आपके स्वभाव ने बनाया है। स्वभाव अथवा आदत आपके अवचेतन मस्तिष्क का कार्य है। आपने तैरना, साइकिल चलाना, नृत्य करना और गाड़ी चलाना सीखा; इन सबको जानबूझकर बार-बार करते हुए जब तक इन्होंने आपके अवचेतन मस्तिष्क में एक रास्ता नहीं बना लिया। आपके अवचेतन मस्तिष्क ने आपकी स्वतः कार्य करने की आदत को ले लिया। इसे कभी-कभी दूसरा स्वभाव भी कहते हैं, जो आपके अवचेतन मस्तिष्क की सोच और कार्य करने पर उसकी प्रतिक्रिया है।

आप आजाद हैं, किसी अच्छी या बुरी आदत को चुनने के लिए। यदि आप किसी नकारात्मक विचार अथवा कार्य को कुछ समय तक करते रहते हैं

तो आप आदतन इसे करने के लिए बाध्य होते हैं। आपके अवचेतन का नियम बाध्यता है।

उसने कैसे एक बुरी आदत छोड़ी

मिस्टर जॉन ने मुझसे कहा, "पीने की इच्छा मुझे जकड़ लेती है और मैं दो हफ्ते तक शराब में धुत रहता हूं। मैं इस भयानक आदत को छोड़ नहीं सकता।" समय-समय पर इस तरह के अनुभव इस बदनसीब व्यक्ति के साथ होते थे। उसे अत्यधिक पीने की आदत पड़ गई थी। यद्यपि पीने की शुरुआत उसने स्वयं की थी, उसने यह अनुभव करना शुरू किया कि वह इस आदत को बदल सकता था और एक नई आदत बना सकता था। उसने कहा, अपनी दृढ़ इच्छाशक्ति के कारण वह इस आदत को अस्थाई रूप से दबा सका, लेकिन इसे लगातार करने की वजह से मामला और ज्यादा बिगाड़ दिया। उसके असफल प्रयासों ने उसे यकीन दिला दिया कि वह इस तरह की आदत को नियंत्रित करने में बेकार और शक्तिहीन था। शक्तिहीन के विचार ने उसके अवचेतन मस्तिष्क को एक शक्तिशाली सुझाव दिया और इससे उसकी कमजोरी और बढ़ गई, जिसने उसके जीवन की हार का क्रम बना दिया।

मैंने उसे सिखाया कि चेतन और अवचेतन मस्तिष्क की कार्य-शैली को कैसे सामंजस्य में लाया जाए। जब ये दोनों आपस में सहयोग करते हैं, तब अवचेतन मस्तिष्क में बैठाए विचार अथवा इच्छा साकार होती है।

उसके तार्किक मन ने यह स्वीकार किया कि यदि पुरानी कार्य-शैली अथवा पुराने तरीके उसे परेशानी में डालते हैं तो वह जानबूझकर एक आजादी वाला, संयम और मानसिक शांति की ओर ले जाने वाला मार्ग अपना सकता है। उसे पता था कि उसकी विनाशकारी आदत स्वचालित थी, लेकिन चूंकि यह चेतन चुनाव था, इसलिए यदि उसे नकारात्मक बनाया जा सकता है तो उसे सकारात्मक भी किया जा सकता है।

इसके परिणामस्वरूप उसने यह सोचना बंद कर दिया कि वह इस आदत को छोड़ने में सक्षम नहीं है। यही नहीं, यह बात साफ तौर पर उसकी समझ में आ गई कि उसके उपचार के आगे कोई अन्य अवरोध नहीं, बल्कि उसके अपने विचार हैं, इसलिए किसी भी प्रकार के अत्यधिक मानसिक प्रयास अथवा मानसिक तनाव का अवसर नहीं है।

आपकी मानसिक छवि की शक्ति

इस व्यक्ति ने अपने शरीर को शिथिलावस्था, सुप्तावस्था और केंद्रित अवस्था में लाने का अभ्यास हासिल किया, फिर वह अपने मन को उस इच्छा से भर देता, जिसकी वह कामना कर रहा था। वह जानता था कि उसका अवचेतन मन इसे बहुत आसानी से कर सकता था। उसने कल्पना की कि उसकी बेटी उसकी आजादी पर उसे शुभकामनाएं दे रही है और कह रही है, "डैडी आपको घर में पाकर बहुत अच्छा लगा।" शराब की लत ने उसे अपने परिवार से दूर कर दिया था। उसे अपने परिवार से मिलने की इजाजत नहीं थी और उसकी पत्नी उससे बात नहीं कर रही थी। लगातार और नियम से वह बैठता और उपर्युक्त तरीके से अपना ध्यान केंद्रित करता। जब कभी उसका मन भटकता, तब वह अपनी बेटी की मुस्कराती तस्वीर और उसके होने से घर खुशनुमा हो जाने की कल्पना करता। इन सबसे उसका मन फिर से बदल गया।

यह एक धीमी प्रक्रिया थी। उसने इसे करना जारी रखा। उसे पता था कि आखिर कभी-न-कभी वह अपने अवचेतन मस्तिष्क में एक नई आदत बनाने में सफल रहेगा।

मैंने उसे बताया कि वह अपने चेतन मस्तिष्क को एक कैमरे की तरह बना सकता था और उसका अवचेतन मस्तिष्क उस संवेदनशील प्लेट की तरह है जिस में उस तस्वीर को गढ़ा और छापा जा सकता था। इस तर्क का उस पर बहुत प्रभाव पड़ा और उसका पूरा ध्येय उसके मन में छप गया और वही विकसित हुआ। फिल्मों को अंधेरे में विकसित किया जाता है; इसी प्रकार मानसिक छवि को अवचेतन मस्तिष्क के अंधेरे कमरे में विकसित किया जाता है।

केंद्रित ध्यान

यह जानकर कि उसका चेतन मस्तिष्क केवल एक कैमरा है, उसने कोई प्रयास नहीं किया। यहां कोई मानसिक संघर्ष नहीं था। उसने चुपचाप शांति से अपने विचारों को समायोजित किया और अपना ध्यान उस दृश्य को उस समय तक अपने सामने केंद्रित किया, जब तक उसने उस छवि के साथ अपने को आत्मसात् नहीं किया। वह अपने मन में बसी छवि में डूब गया और बार-बार मन में बसी उस फिल्म को दोहराने लगा। उसके मन में अब कोई शंका नहीं थी कि उसका काम नहीं होगा। जब कभी भी उसके अंदर पीने की इच्छा जाग्रत होती, वह

अपनी कल्पना को पीने की हर चाहत से दूर कर लेता और स्वयं को परिवार के सदस्यों के साथ होने की कल्पना करता। आज वह कई अरबों वाली एक कंपनी का प्रेसीडेंट (अध्यक्ष) है और बहुत खुश है।

उसने कहा दुर्भाग्य उसका पीछा कर रहा था

मिस्टर ब्लॉक ने बताया कि उनकी सालाना आय बीस हजार पाउंड थी, लेकिन पिछले तीन महीने से उनके लिए सभी दरवाजे बंद हो गए लग रहे थे। वे अपने ग्राहकों को हस्ताक्षर करने की स्थिति में ले आते, लेकिन आखिरी वक्त पर सब कुछ खत्म हो जाता। उन्होंने कहा कि शायद दुर्भाग्य उनका पीछा कर रहा था।

ब्लॉक महाशय के साथ विचार-विमर्श करते हुए मैंने पाया कि पिछले तीन महीने से वे बहुत चिड़चिड़े और उत्तेजित रहते थे। एक दंत चिकित्सक जिसने दस्तावेज पर हस्ताक्षर करने के लिए हां कहा था, आखिरी क्षण में उन्होंने इंकार कर दिया। आपका अवचेतन आपके मानसिक अवरोधों और क्रोध को दंत चिकित्सक के लिए नहीं हटाता। वह अनजाने में ही इस डर के साथ रहने लगा कि दूसरे ग्राहक भी उसके साथ ऐसा ही करेंगे, इसलिए इस प्रकार हताशा, क्रोध और रुकावटों का वातावरण बना। धीरे-धीरे उसके मन के अंदर एक रुकावट और आखिरी क्षणों में दस्तावेज रद्द होने का भय पैदा हो गया। जब तक कि इस तरह का दुष्चक्र नहीं बन गया। जिसका हमें सबसे ज्यादा डर होता है, वही हमारे साथ होता है। मिस्टर ब्लॉक को यह अहसास हुआ कि वास्तविक परेशानी उसके अपने मन के अंदर थी और इस मानसिक अवधारणा को दूर करना जरूरी था।

उनके दुर्भाग्य की भावना के क्रम को इस प्रकार रोका गया: "मुझे अहसास है कि मैं अपने अवचेतन मस्तिष्क की अनंत बुद्धिमत्ता के साथ हूं, जो किसी रुकावट, कठिनाई अथवा देरी के बारे में नहीं जानता है। मैं सर्वश्रेष्ठ होने की भावना से प्रसन्न हूं। मेरा आंतरिक मन मेरे विचारों पर अपनी सकारात्मक प्रतिक्रिया देता है। मैं जानता हूं कि मेरे अवचेतन मस्तिष्क की अनंत शक्ति को छुपाया नहीं जा सकता। अनंत बुद्धिमत्ता सदैव जिस किसी चीज की शुरुआत करती है, उसको हमेशा सफलतापूर्वक समाप्त करती है। रचनात्मक बुद्धिमत्ता मेरे द्वारा मेरी सभी योजनाओं और ध्येय को पूरा करती है। मैं जो कुछ शुरू करता हूं, उसे सफलतापूर्वक समाप्त करता हूं। जीवन में मेरा ध्येय अभूतपूर्व सेवाएं देना है और वे सभी जिनके संपर्क में मैं हूं, उन्हें जो कुछ मैं दे सकता हूं, यह उनका सौभाग्य है कि वे इसे पाते हैं। मेरे सभी कार्य दिव्य क्रम से संपूर्ण होते हैं।"

उसने इस प्रार्थना को हर सुबह अपने ग्राहकों के पास जाने से पहले दोहराया और सोने से पहले भी हर रात प्रार्थना की। कुछ समय पश्चात् उसने अपने अवचेतन मस्तिष्क में एक नई आदत बना ली और एक सफल सेल्समैन की तरह वह अपने पुराने जाने-पहचाने अवतार में वापस आ गया।

आप कितना कुछ चाहते हैं और क्या चाहते हैं?

एक युवा व्यक्ति ने सुकरात से पूछा कि वह बुद्धिमत्ता कैसे पा सकता है? सुकरात ने जवाब दिया, "आओ, मेरे साथ आओ।" वह उस लड़के को एक नदी के पास ले गया और उसके सिर को पानी के अंदर डुबाए रखा, जब तक उसकी सांसें रुकने नहीं लगीं और फिर उसे ढीला छोड़ दिया।

जब वह लड़का वापस अपनी अवस्था में आया, तब सुकरात ने पूछा, "जब तुम पानी के अंदर थे, तब तुम सबसे ज्यादा किसकी इच्छा कर रहे थे?"

"मैं हवा चाहता था।" लड़के ने जवाब दिया।

सुकरात ने उसे बताया, "जितनी तुम हवा की इच्छा कर रहे थे, यदि उतनी ही तुम्हें बुद्धिमत्ता की भी आवश्यकता होगी, तो वह भी तुम्हें मिल जाएगी।"

इसी प्रकार यदि आपके अंदर जीवन की किसी भी रुकावट से पार पाने की उत्कट इच्छा होगी और आप किसी स्पष्ट निर्णय पर पहुंचते हैं तो इसे पाने का यही तरीका है। यदि आप इसी रास्ते को अपनाना चाहते हैं तो आपकी जीत और विजय निश्चित है।

यदि आप वाकई मानसिक शांति और आत्मिक शांति चाहते हैं तो आपके साथ कितना भी अन्याय हुआ हो अथवा चाहे आपका बॉस कितना भी पक्षपाती क्यों न हो और चाहे कोई कितना भी नीच और दुष्ट क्यों न हो, इन सबका आप पर कोई प्रभाव नहीं पड़ेगा, यदि आप अपनी मानसिक और आध्यात्मिक शक्तियों के प्रति जागरुक हैं। आप जानते हैं कि आप क्या चाहते हैं। आप निश्चित रूप से नफरत, क्रोध, दुश्मनी और बुरी नीयत जैसे विचारों यानी चोरों को अपनी शांति, सामंजस्यता, स्वास्थ्य और खुशियां नहीं छीनने देंगे। आप लोगों, परिस्थितियों, समाचारों और घटनाओं से विचलित नहीं होंगे, इसके बजाय आप ध्येय, शांति, स्वास्थ्य, प्रोत्साहन, सामंजस्यता और प्रचुरता की ओर अपना ध्यान केंद्रित करेंगे। अब आप अपने अंदर शांति की नदी को बहते हुए महसूस कीजिए। आपका विचार अमूर्त और अदृश्य शक्ति है और आप इसे आशीर्वाद, प्रोत्साहन और स्वयं को शांति देते हैं।

उसका उपचार क्यों नहीं हो पा रहा था

यह प्रकरण एक चार बच्चों वाले विवाहित व्यक्ति का है, जो अपने व्यापार से यात्रा के समय गुप-चुप ढंग से एक दूसरी महिला के साथ रह रहा था और उसका भरण-पोषण कर रहा था। वह बीमार, नर्वस, चिड़चिड़ा और झगड़ालू हो गया था और बिना किसी दवाई के सो नहीं पाता था। डॉक्टर की दवाइयों से उसका रक्तचाप दो सौ से नीचे नहीं हो पा रहा था। उसके शरीर के कई अंगों में दर्द बना रहता, जिसके कारणों को डॉक्टर पता नहीं कर पा रहे थे और उसे दर्द से मुक्ति नहीं मिल पा रही थी। यही नहीं, उसने बहुत ज्यादा पीना शुरू कर दिया था।

इन सबका कारण उसके अंदर के अवचेतन में अपराधबोध था। उसने विवाह के वचनों को तोड़ा था और यह उसे परेशान कर रहा था। जिस धार्मिक धारणा के साथ वह पला-बढ़ा था, वह उसके अवचेतन में बहुत गहराई से बैठी हुई थी और वह अपने इस अपराधबोध के घाव का उपचार करने के लिए बहुत पीने लगा था। कई अपंग अपने असहनीय दर्द पर काबू पाने के लिए अफीम और कौडीन लेते हैं और वह अपने मन के घाव के लिए शराब पी रहा था। यह आग में घी डालने वाली पुरानी कहानी थी।

इसकी व्याख्या और उपचार

उसका मस्तिष्क किस प्रकार कार्य करता है, इसकी व्याख्या उसने सुनी। उसने अपनी समस्या का सामना किया, उसे देखा और अपनी दोहरी भूमिका त्याग दी। उसे पता था कि वह इससे बचने के लिए शराब का सेवन कर रहा था। उसके अवचेतन मन में छुपे कारण को दूर करना था; तभी उपचार शुरू हो सकेगा। उसने अपने अवचेतन मन को प्रभावित करने के लिए निम्नलिखित प्रार्थना को दिन में तीन-चार बार करना शुरू किया: "मेरे मस्तिष्क में पूर्ण शांति, संयम, संतुलन और साम्यता है। मेरे अंदर अनंत हास्य लेटा हुआ है। मैं अपने अतीत के भाव अथवा भविष्य की किसी चीज से नहीं डरता। मेरे अवचेतन मस्तिष्क की अनंत बुद्धिमत्ता सभी प्रकार से मेरा नेतृत्व, मार्गदर्शन और मुझे निर्देशित कर रही है। मैं अब अपनी सभी परिस्थितियों का सामना विश्वास, संयम, शांति और आत्म-विश्वास से करता हूं। मैं अपनी आदत से पूरी तरह आजाद हूं। मेरा मन पूरी तरह से आंतरिक शांति, आजादी और खुशी से भरा हुआ है। मैं स्वयं को

क्षमा करता हूं; फिर मुझे क्षमा कर दिया जाएगा। शांति, संयम और विश्वास मेरे मस्तिष्क में पूरी तरह से राज करते हैं।"

इस प्रार्थना को बार-बार दोहराता, क्योंकि वह पूरी तरह से जानता था कि वह क्या और क्यों ऐसा कर रहा था। यह जानते हुए कि वह क्या कर रहा था, इसने उसे जरूरी विश्वास और हिम्मत दी। मैंने उसे समझाया कि जब वह इन वक्तव्यों को ऊंची आवाज में, धीरे-धीरे प्यार से और सार्थक ढंग से बोलेगा तो यह सब उसके अवचेतन मस्तिष्क में धीरे-धीरे डूब जाएगा और बीज की तरह अपनी किस्म के रूप में बढ़ेगा। इन सच्चाइयों को जिस पर उसने अपना ध्यान केंद्रित किया, वे उसकी आंखों से अंदर उतर गईं, उसके कानों ने यह आवाज सुनी और इन शब्दों की उपचारिक तरंगें उसके अवचेतन मस्तिष्क तक पहुंचीं और उसके अंदर की सब नकारात्मक छवियों, जिनकी वजह से इतनी परेशानियां हुईं, उन्हें मिटा दिया। रोशनी अंधेरे को खत्म करती है। रचनात्मक विचार विनाशकारी विचारों को नष्ट करते हैं। एक महीने के अंदर ही वह एक बदला हुआ व्यक्ति था।

स्वीकार करने के लिए मना करना

यदि आप एक शराबी अथवा नशेड़ी हैं तो इसे स्वीकार कीजिए। इस मुद्दे से मत बचिए। कई व्यक्ति शराबी ही रहते हैं, क्योंकि वे इसे स्वीकारते नहीं। आपकी बीमारी अनिश्चितता है, एक अंदर का डर। आप जीवन का सामना नहीं करना चाहते, इसलिए आप अपनी जिम्मेदारियों से इस बोतल के जरिए बचना चाहते हैं। एक शराबी की तरह आपकी कोई अपनी इच्छा नहीं है, यद्यपि आपको लगता है कि आप आजाद हैं और यहां तक कि आप अपनी मजबूत इच्छाशक्ति का दावा करते होंगे। यदि आप आदतन शराबी हैं और हिम्मत से कहते हैं, "मैं इसे अब नहीं छुऊंगा," तो आपके पास ऐसी कोई शक्ति नहीं है, जो इस दावे को सच कर सके, क्योंकि आपको पता नहीं है कि ताकत कहां से ली जाए।

आप अपनी बनाई हुई मनोवैज्ञानिक जेल में रह रहे हैं और आप अपने विश्वास, विचार, प्रशिक्षण और महौल के प्रभाव से बंधे हुए हैं। ज्यादातर लोगों की तरह आप आदत के शिकार हैं। आपकी प्रतिक्रिया उसी तरह से है, जैसे आपको तैयार किया गया है।

आजादी का विचार बनाना

आप अपने मन के अंदर आजादी का विचार और मानसिक शांति को बनाते हैं, जिससे यह आपके अवचेतन की गहराइयों तक पहुंच सके। अवचेतन जो सबसे शक्तिशाली है, वह आपको शराब की सभी इच्छाओं से मुक्ति दिलाएगा। आपका मस्तिष्क किस प्रकार से कार्य करता है, इसकी आपके पास एक नई समझदारी होगी और आप अपने वक्तव्य पर दृढ़ता से जमे रह सकते हैं और खुद को अपनी बात के सत्य को समझा सकते हैं।

इक्यावन प्रतिशत उपचार हुआ

यदि आपको अपने अंदर की किसी भी प्रकार की विनाशकारी आदत से आजादी पाने की तीव्र इच्छा है तो आप इक्यावन प्रतिशत तक ठीक हो चुके हैं। यदि आपकी खराब आदत छोड़ने की इच्छा इसे जारी रखने से ज्यादा है तो आपको इससे आजादी मिलने में ज्यादा कठिनाई नहीं होगी।

आप अपने मन में जिस प्रकार विचार लाते हैं, यह उसी प्रकार बड़ा हो जाता है। यदि आप आजादी की धारणा और मानसिक शांति से अपने मस्तिष्क को व्यस्त रखते हैं और अपने ध्यान को इस नई दिशा पर केंद्रित करते हैं तो आप उन भावनाओं और अहसास को पैदा करेंगे, धीरे-धीरे आजादी और शांति की जिस धारणा को आपका अवचेतन स्वीकार, करेगा इसे फलीभूत करेगा।

विकल्प का नियम

इस बात का ध्यान रखें कि पीड़ा अथवा कष्ट से कुछ अच्छा निकलेगा। आपने पीड़ा ऐसे ही नहीं सही, फिर भी इस तरह कष्ट में रहना भी बेवकूफी होगी। यदि आप शराबी बने रहते हैं तो यह स्थिति मानसिक, शारीरिक विकारों और विनाश को लाएगी। इस बात को याद रखिए कि आपकी अवचेतन शक्ति आपको सहयोग देगी। चाहे आपको उदासी ने घेर रखा हो, आपको अपनी आने वाली आजादी की खुशी की कल्पना शुरू कर देनी चाहिए। यह विकल्प का नियम है। आपकी कल्पना आपको बोतल तक ले गई; इसे अब आपको आजादी और मानसिक शांति की ओर ले जाने दीजिए। आपको थोड़ा कष्ट होगा, लेकिन इसका

ध्येय रचनात्मक है। इसे आप उसी तरह सहन करेंगे, जैसे एक मां अपने बच्चे के जन्म पर सहती है। आप भी इसी तरह मस्तिष्क के बालक को जन्म देंगे। आपका अवचेतन एक संयम को जन्म देगा।

शराबी बनने की वजह

शराब की लत पड़ने का असली कारण नकारात्मक और विनाशकारी विचारधारा है, क्योंकि व्यक्ति जैसा सोचता है, वैसा ही वह बनेगा। एक शराबी स्वयं को हीन, अपर्याप्त, हारा हुआ और हताश महसूस करता है, ज्यादातर इसके साथ उसके अंदर एक गहरी दुश्मनी की भावना भी होती है। पीने के लिए उसके पास अनगिनत बहाने हैं, लेकिन इसका एकमात्र कारण उसके जीवन की सोच है।

तीन जादुई कदम

पहला कदमः स्वयं को स्थिर कीजिए; अपने मन को शांत कीजिए। निद्रा और उनींदी अवस्था में जाइए। इस आराम, शांति और ग्राह्य अवस्था में आप दूसरे कदम की तैयारी कर रहे हैं।

दूसरा कदमः एक छोटा-सा वाक्य चुनिए, जिसे आप आसानी से अपनी यादों में जमा सकते हैं और इसे एक लोरी की तरह बार-बार दोहराइए। यह वाक्य कहें, "संयम और मानसिक शांति अब मेरे हैं और मैं अब इसका धन्यवाद करता हूं।" अपने मन को बहकने से रोकने के लिए इसे जोर-जोर से दोहराइए अथवा इसके उच्चारण को अपने होंठों और जबान से चित्रित कीजिए, जैसा आप मानसिक रूप से कहते हैं। इससे इसे अवचेतन मन के अंदर पहुंचाने में सहायता मिलती है। इसे पांच मिनट अथवा ज्यादा समय तक कीजिए। आपको गहरी भावनात्मक प्रतिक्रिया मिलेगी।

तीसरा कदमः सोने से पहले जैसा कि जर्मनी के लेखक जोहान वॉन गॉयथे किया करते थे, उसका अभ्यास करें। अपने सामने एक प्यारे दोस्त की कल्पना कीजिए, आपकी आंखें बंद हैं, आप निश्चिंत और शांति की अवस्था में हैं। आपका प्रिय अथवा मित्र वास्तव में आपके सामने खड़े होकर आपको 'बधाई' दे रहा है! आप उसकी मुस्कराहट को देखते हैं; उसकी आवाज सुनते हैं। आप मन-ही-मन उसका हाथ छूते हैं; यह सब एकदम वास्तविक और सजीव है।

'बधाई' शब्द का तात्पर्य है संपूर्ण आजादी। इसे बार-बार तब तक सुनते रहिए, जब तक आपको अवचेतन की वह प्रतिक्रिया न मिले, जो आपको संतोष दे।

धैर्य बनाए रखें

जब कभी डर आपके मन का दरवाजा खटखटाए या जब चिंता, परेशानी और किसी प्रकार का शक आपके मन में आए, अपनी नजर स्थिर रखें, साथ ही अपना ध्येय भी। अपने अवचेतन मस्तिष्क के अंदर की अनंत शक्ति के बारे में सोचें, जो आपकी सोच और कल्पनाशक्ति से पैदा हो सकती है और ऐसा करने से आपके अंदर आत्म-विश्वास, शांति और साहस बनेगा। इसे बनाए रखें, जब तक रोशनी न हो जाए और अंधेरे की परछाई गायब न हो जाए।

अपनी विचार-शक्ति का पुनरावलोकन

1. समस्या के अंदर ही इसका निदान छुपा होता है। प्रत्येक प्रश्न के अंदर ही इसका उत्तर है। जब आप विश्वास और साहस के साथ इसका आह्वान करते हैं, तब यह अपनी प्रतिक्रिया देती है।
2. आदत अथवा स्वभाव ही आपके अवचेतन मस्तिष्क का कार्य है। जिस प्रकार आपके जीवन में जिस शक्ति के साथ आपकी आदतें अपनी पैठ बनाती हैं, इससे ज्यादा आपके अवचेतन की अद्‌भुत शक्ति का सबसे बड़ा उदाहरण क्या हो सकता है? आप आदत के शिकार हैं।
3. आप अपने अवचेतन मस्तिष्क में एक आदत बनाते हैं, एक विचार और कार्य को बार-बार करके जब तक यह आपके अवचेतन मस्तिष्क के साथ एक पटरी पर न आ जाए, जैसा कि तैराकी, टंकण, चलना, अपनी गाड़ी स्वयं चलाना इत्यादि।
4. आपके पास चुनने की आजादी है। आप एक अच्छी अथवा बुरी आदत चुन सकते हैं। प्रार्थना करना एक अच्छी आदत है।
5. जिस प्रकार की मानसिक छवि जिसके पीछे आपका विश्वास है, उसे आप अपने अवचेतन मस्तिष्क में बसाते हैं, आपका अवचेतन उसे साकार करता है।
6. आपकी सफलता और उपलब्धि का एकमात्र अवरोध आपका अपना विचार अथवा मन में बसी छवि है।

7. जब आपका ध्यान बंटता है, तब अपने ध्येय के बारे में विचार करके इसे वापस लाएं। इसे अपनी आदत बनाएं। इसे मन को अनुशासित करना कहते हैं।
8. आपका चेतन मस्तिष्क कैमरा है और आपका अवचेतन मस्तिष्क एक संवेदनशील प्लेट जिसके ऊपर छवि बनती अथवा छपती है।
9. किसी भी व्यक्ति के मन में भय का विचार एक दुर्भाग्य की तरह बार-बार पीछा करता रहता है। इस विचार के साथ ऐसी दुर्भावना को तोड़िए कि आज जिस किसी भी चीज की शुरुआत करेंगे, वह दिव्य क्रम में परिणाम देगी। अच्छे अंत की कल्पना कीजिए और विश्वास के साथ इसे बनाए रखें।
10. एक नई आदत को बनाने के लिए आपको सुनिश्चित करना होगा कि आप ऐसा चाहते हैं। जब आपके अंदर बुरी आदत को छोड़ने की इच्छा इसे बनाए रखने से ज्यादा होती है तो इसका तात्पर्य है कि आपका इक्यावन प्रतिशत इलाज पहले ही हो चुका है।
11. आपके अपने विचारों और मन की धारणा के अलावा किसी भी दूसरे व्यक्ति का वक्तव्य आपको आहत नहीं कर सकता। स्वयं को अपने ध्येय के साथ मिलाएं, जो शांति, सामंजस्यता और खुशी है। आप अपने ब्रह्मांड के एकमात्र विचारक हैं।
12. अधिक मात्रा में शराब पीने का अर्थ है–परिस्थितियों से भागना। शराबी होने की वजह नकारात्मक और विनाशकारी विचार हैं। इसका एकमात्र उपचार आजादी, संयम और उत्कृष्टता के बारे में सोचना और इसे पाने की खुशी की कल्पना करना है।
13. कई व्यक्ति शराबी ही बने रहते हैं, क्योंकि वे स्वीकार ही नहीं करते कि वे शराबी हैं।
14. आपके अवचेतन मस्तिष्क का नियम जिसने आपको बांधकर रखा था और आपकी कार्य-शैली की स्वतंत्रता को रोका हुआ था, वह आपको आजादी और खुशी देगा। यह आप पर निर्भर करता है कि आप इसका उपयोग किस प्रकार से करते हैं।
15. आपकी कल्पना आपको बोतल तक ले गई थी, अब इसे आप आजादी की ओर ले जानें दें।
16. शराबी होने का असली कारण आपकी नकारात्मक और विनाशकारी सोच है, *क्योंकि जैसा विचार मनुष्य अपने हृदय में रखता है, वैसा ही वह* (अवचेतन मस्तिष्क) *बनता है।*
17. जब आपके मन के दरवाजे को भय खटखटाता है, तब ईश्वर पर विश्वास और सभी अच्छी चीजों को दरवाजा खोलने दीजिए।

19
भय को हटाने के लिए अपने अवचेतन मस्तिष्क का उपयोग कैसे करें

एक छात्र ने मुझे बताया कि उसे एक भोज में बोलने के लिए बुलाया गया था। उसने कहा कि वह हजारों लोगों के सामने भाषण देने-मात्र के विचार से घबरा गया। उसने अपने भय पर इस प्रकार से काबू पाया: कई रातों तक वह एक आरामकुर्सी पर बैठता और स्वयं को धीरे-धीरे, शांतिपूर्वक और सकारात्मक सोच के साथ निम्नलिखित बातें कहता, "मैं इस डर पर काबू पाने वाला हूं। अब मैं इस पर जीत पा रहा हूं। मेरा भाषण संतुलित और आत्म-विश्वास से भरा हुआ है। मैं निश्चित और आराम से हूं।" उसने मस्तिष्क के निश्चित नियम का संचालन करते हुए अपने भय पर काबू पाया।

अवचेतन मस्तिष्क सुझावों के लिए उत्तरदायी है और सुझाव इसे नियंत्रित करता है। जब आप अपने मस्तिष्क को स्थिर और शिथिल करते हैं तो आपके चेतन मस्तिष्क के विचार अवचेतन में गहराई से रसाकर्षण (आस्मोसिस) की प्रक्रिया की तरह बैठ जाते हैं, जिन्हें द्रव में से एक छिद्रित झिल्ली अलग करती है, उसमें वे आपस में घुल-मिल जाते हैं। जैसे ही सकारात्मक बीज अथवा विचार अवचेतन के क्षेत्र में प्रवेश करते हैं, वे अपनी ही तरह विकसित होते हैं और तब आप संतुलित, निर्मल और शांत हो जाते हैं।

भय मनुष्य का सबसे बड़ा शत्रु

कहा गया है कि डर अथवा भय मनुष्य का सबसे बड़ा शत्रु है। असफलता, बीमारी और निर्बल मानवीय संबंधों के पीछे डर होता है। लाखों व्यक्ति अपने

अतीत, भविष्य, वृद्धावस्था, पागलपन और मृत्यु से डरते हैं। डर आपके मन का एक विचार है और आप अपने विचारों से डरते हैं।

एक छोटा बालक डर से स्तंभित हो जाता है, जब उसे बताया जाता है कि उसके बिस्तर के नीचे बैठा बूगीमैन उसे दूर ले जाएगा। जब उसका पिता कमरे में रोशनी करके दिखाता है कि वहां कोई बूगीमैन नहीं है तो उसका डर खत्म हो जाता है। बच्चे के मन में बूगीमैन का डर वास्तविक था मानो वहां बूगीमैन वाकई था। उसके मन से एक झूठा विचार बाहर करके उसे ठीक कर दिया गया। जिस चीज का उसे डर था, उसका अस्तित्व था ही नहीं। इसी प्रकार आपके ज्यादातर भय अस्तित्व में ही नहीं हैं। यह सब केवल एक भयानक परछाइयों का समूह है और परछाइयों की कोई वास्तविकता नहीं होती है।

उस चीज को कीजिए जिससे आप डरते हैं

दार्शनिक और कवि राल्फ वाल्डो इमर्सन के अनुसार, "उन चीजों को करें जिनसे आप डरते हैं तो इस प्रकार के डर की मृत्यु निश्चित है।"

एक समय था, जब इस अध्याय का लेखक अकथनीय डर से भर गया था, तब वह श्रोताओं के सामने खड़ा था। इससे पार पाने के लिए मुझे श्रोताओं के सामने खड़ा होना था और मुझे वह सब करना था, जिन्हें करने से मैं डरता था। इस प्रकार डर की मृत्यु निश्चित थी। जब आप सकारात्मक तरीके से स्वीकार करते हैं कि आप अपने डर पर काबू पाने जा रहे हैं और आप अपने चेतन मस्तिष्क से एक निश्चित निर्णय पर पहुंचते हैं, तब आप अपने अवचेतन से उस शक्ति को छोड़ते हैं, जो आपके विचारों की प्रकृति के अनुरूप प्रतिक्रिया देती है।

मंच के भय को दूर करना

एक युवती को आवाज के परीक्षण के लिए आमंत्रित किया गया। वह ऐसे साक्षात्कार के लिए उत्सुक थी, यद्यपि पिछले तीन अवसरों पर वह मंच के डर की वजह से असफल रही थी।

उसकी आवाज बहुत अच्छी थी, लेकिन उसे पक्का विश्वास था कि जब उसके परीक्षण का समय आएगा, तब मंच का भय उसे गाने नहीं देगा। आपका अवचेतन मस्तिष्क आपके डर के विचार को आपकी प्रार्थना की तरह स्वीकृत

करता है और उसे करना शुरू कर देता है और आपको उसका अनुभव कराता है। पिछले तीन अवसरों पर उसने गलत लय निकाली, आखिरकार वह टूट गई और रोई। इसका कारण जैसा कि पहले बताया गया है कि यह अनजाने में स्वयं को सुझाया गया विचार था, उदाहरण के तौर पर–एक गुपचुप डर जो भावनात्मक और विषयपरक विचार था, उसने इस पर निम्नलिखित तकनीक को अपनाकर काबू पाया: दिन में तीन बार स्वयं को एक कमरे में अलग किया। वह एक कुर्सी पर आराम से बैठ गई, अपने शरीर को ढीला छोड़ा और अपनी आंखें बंद कर लीं।

उसने अपने मस्तिष्क और शरीर को पूरी क्षमता के साथ स्थिर किया। शारीरिक स्थिरता सहनशीलता का पक्ष लेती है और मस्तिष्क को सुझावों के प्रति ज्यादा ग्रहणशील बनाती है। अपने डर के सुझावों के विपरीत सोचकर उसने डर को प्रभावहीन (निष्क्रिय) बनाया। उसने स्वयं से कहा, "मैं बहुत सुंदर गाती हूं। मैं संयमित, निर्मल, आत्म-विश्वासी और शांत हूं।"

उसने इन शब्दों को धीरे-धीरे शांति से और भावनात्मक जुड़ाव के साथ हर बार पांच से दस बार दोहराया। वह हर दिन इस तरह से तीन बार करती और एक बार रात को सोने से पहले कहती। सप्ताह के खत्म होने तक वह पूरी तरह से संयमित और आत्म-विश्वास से भर गई थी और उसने एक बहुत सफल आवाज का परीक्षण दिया। उपर्युक्त तरीके को अपनाइए, इससे डर की मृत्यु निश्चित है।

असफलता का भय

अक्सर स्थानीय विश्वद्यिालयों के युवा और साथ ही स्कूल के अध्यापक गण मेरे पास आते हैं, इन्हें इम्तिहान के दौरान अक्सर भूलने की बीमारी होती है। इनकी शिकायत हमेशा एक ही है; "इम्तिहान खत्म होने पर मुझे उनके जवाब याद आ जाते हैं, लेकिन मुझे इम्तिाहन के समय जवाब याद नहीं रहता।"

वही विचार फलीभूत होते हैं, जिन पर हम बहुत ज्यादा ध्यान देते हैं। मुझे प्रतीत होता है कि प्रत्येक व्यक्ति के अंदर असफलता के विचार दिमाग में ज्यादा छाए रहते हैं। अस्थाई भुलक्कड़पन के पीछे भय की भावना है और यह पूरे अनुभव का कारण है।

एक युवा चिकित्सा का छात्र अपनी कक्षा का सबसे ज्यादा होशियार और होनहार छात्र था, फिर भी लिखित अथवा मौखिक परीक्षा के समय वह सरल प्रश्नों के उत्तर देने में असफल हो जाता। मैंने उसे समझाया कि इसका कारण उसका परीक्षा में कई दिन पहले से चिंतित और डरा हुआ रहना था।

इस प्रकार के नकारात्मक विचार भय से भरे होते हैं। ऐसे विचार जो डर की शक्तिशाली भावना से घिरे रहते हैं, वे अवचेतन मस्तिष्क में फलीभूत होते हैं। दूसरे शब्दों में यह युवक अपने अवचेतन मस्तिष्क को यकीन दिला रहा था कि वह फेल हो जाए और ऐसा ही हुआ। परीक्षा वाले दिन उसने स्वयं को मनोवैज्ञानिक चक्र यानी विचारोत्तेजक भुलक्कड़पन से घिरा पाया।

उसने डर पर काबू कैसे पाया

उसे पता चला कि उसका अवचेतन मस्तिष्क यादों का भंडार था और इसके अंदर जो कुछ उसने अपने चिकित्सकीय प्रशिक्षण के दौरान पढ़ा और सुना, उसका संपूर्ण विवरण दर्ज था। यही नहीं, उसे पता चला कि अवचेतन मस्तिष्क सकारात्मक और नकारात्मक प्रतिक्रिया भी देता है। इसके साथ सौहार्दपूर्वक संबंध बनाने के लिए सहजता, शांति और आत्म-विश्वास बनाए रखना चाहिए। वह रोज सुबह और रात में अद्‌भुत रिकॉर्ड बनाने पर अपनी मां को बधाई देते हुए देखता। वह अपने हाथ में मां का काल्पनिक लिखा पत्र देखता। जब उसने इस प्रकार खुशी वाले परिणाम देखना शुरू किया, तब उसने अपनी प्रतिक्रिया में उसके अनुरूप अथवा नकारात्मक प्रतिक्रिया या अपने अंदर किसी प्रकार की प्रतिक्रिया का आह्वान किया। इसके फलस्वरूप अवचेतन की सर्वज्ञानी और सर्वव्यापी शक्ति ने कमान संभाली और अपने चेतन मस्तिष्क को उसके अनुरूप कार्य करने का आदेश दिया। उसने उसके अंत की कल्पना की और परिणाम पाया। इस प्रणाली को अपनाकर उसे आने वाली परीक्षा में सफलता प्राप्त करने में कोई कठिनाई नहीं हुई। दूसरे शब्दों में विषयनिष्ठ बुद्धिमत्ता ने कमान संभाली और उसे अपना सर्वश्रेष्ठ करने पर मजबूर कर दिया।

जल, पर्वत और बंद स्थानों का भय

कई व्यक्तियों को किसी एलिवेटर, पहाड़ों पर चढ़ने, यहां तक कि पानी में तैरने में डर लगता है। यह संभव है कि उस व्यक्ति को अपनी युवा अवस्था में अप्रिय अनुभव रहा हो, जैसे–किसी ने उसे पानी में धकेल दिया, जबकि उसे तैरना नहीं आता था। उसे जबरदस्ती किसी एलिवेटर में चढ़ाया गया हो और वह ठीक से काम नहीं कर रही हो, जिसकी वजह से उसे बंद जगह का डर पैदा हो गया हो।

जब मैं करीब दस वर्ष का था, तब मेरे साथ एक घटना घटी। मैं अचानक एक तरणताल में गिर गया और तीन बार डुबकी लगाई। मुझे अभी तक याद है कि किस प्रकार गहरे पानी ने मेरे सिर को निगल लिया था और मैं हवा में सांस लेने के लिए तड़प रहा था। उसी दौरान दूसरे बालक ने मुझे आखिरी क्षणों में पानी से बाहर निकाल लिया। इस तरह का अनुभव मेरे अवचेतन में बस गया और मैं वर्षों तक पानी से डरता रहा।

एक वृद्ध मनोवैज्ञानिक ने मुझसे कहा, "तरणताल तक जाओ, पानी को देखो और जोर से ऊंची आवाज में कहो, "मैं तुम पर काबू पाऊंगा। मैं तुम पर हावी हो सकता हूं," और फिर पानी के अंदर जाओ, प्रशिक्षण लो और अपने डर को दूर करो। मैंने इसे किया और पानी को अपने बस में किया। पानी को अपने ऊपर हावी नहीं होने दिया। याद रखें, आप पानी के मालिक हैं। जब मैंने अपने मस्तिष्क में एक नया मनोभाव धारण किया, तब अवचेतन की सार्वभौमिक शक्ति ने प्रतिक्रिया दी और मुझे शक्ति, आस्था और मेरे अंदर आत्म-विश्वास पैदा किया। इस प्रकार मैं अपने डर पर काबू पाने में सफल रहा।

किसी विशिष्ट डर पर काबू पाने की अचूक तकनीक

मैं डर पर काबू पाने के लिए मंच पर निम्नलिखित प्रक्रिया और तकनीक को पढ़ाता हूं। यह एक जादू की तरह कार्य करती है। इसे करने की कोशिश करें। यदि आप पानी, पर्वत, किसी साक्षात्कार, किसी आवाज का परीक्षण या बंद स्थान से डरते हैं–यदि आप तैरने से डरते हैं, तो शांत एवं स्थिर होकर पांच से दस मिनट तक एक दिन में तीन-चार बार बैठें और फिर कल्पना करें कि आप तैर रहे हैं। वास्तव में आप अपने मन में तैर रहे हैं। यह एक वस्तुनिष्ठ अनुभव है। मानसिक रूप से आपने स्वयं को पानी के अंदर कर लिया है। आप पानी की ठंडक और अपने हाथों और पैरों की गति को महसूस कर सकते हैं। यह सजीव, वास्तविक और मन की एक खुशनुमा हरकत है। यह कोई निष्क्रिय दिवास्वप्न नहीं है, क्योंकि आप जानते हैं कि आप अपनी कल्पना में जिस किसी को भी अनुभव कर रहे हैं, आपकी कल्पना आपके अवचेतन में विकसित होगी, फिर आप उस छवि और कल्पना जिसे आपने अपने मन की गहराइयों में छापा है, उसे दिखाने को मजबूर होंगे। यह अवचेतन का नियम है।

यदि आप पहाड़ों अथवा ऊंचे स्थानों से डरते हैं तो आप इस तकनीक को अपना सकते हैं। कल्पना करें कि आप पहाड़ पर चढ़ाई कर रहे हैं, इसे वास्तविक

रूप से महसूस करें। प्राकृतिक दृश्यों का आनंद लें, क्योंकि आप जानते हैं कि यदि आप इसे अपने मन में लगातार करेंगे तो इसे शारीरिक रूप से सरलता और सहजता से कर सकेंगे।

उसने लिफ्ट को आशीर्वाद दिया

मैं एक बड़े कॉर्पोरेशन के अफसर को जानता था, जो लिफ्ट में चढ़ने से बहुत डरता था। वह हर दिन पांच मंजिल चढ़कर अपने ऑफिस जाता था। उसने कहा कि हर रात और दिन मैंने कई बार लिफ्ट को आशीर्वाद देना शुरू किया। अंत में वह अपने डर पर काबू पा सका। उसने लिफ्ट को इस तरह से आशीर्वाद दिया: "हमारी इमारत में लिफ्ट का होना एक अद्‌भुत विचार है। यह सार्वभौमिक मस्तिष्क से निकला। यह एक वरदान है और हमारे कर्मचारियों के लिए एक आशीर्वाद है। यह एक अद्‌भुत सेवा है, जो दिव्य क्रम में कार्य करती है। मैं शांति और हंसी-खुशी के साथ चढ़ता हूं। मैं अब शांत रहता हूं, जबकि जीवन, प्रेम और समझदारी की तरंगें मेरे विचारों के ढांचे से होकर बहती हैं। अपनी कल्पना में मैं अब लिफ्ट में हूं और इसके बाहर अपने ऑफिस के लिए निकलता हूं। लिफ्ट कर्मचारियों से भरी पड़ी है। मैं उनके साथ बातें करता हूं। वे दोस्ताना, खुश और आजाद हैं। यह आजादी, आस्था और आत्म-विश्वास है। मैं इसका धन्यवाद देता हूं।" उसने इस प्रार्थना को करीब दस दिन तक करना जारी रखा और वह ग्यारहवें दिन अपने संगठन के सदस्यों के साथ लिफ्ट में गया और स्वयं को पूरी तरह से आजाद महसूस किया।

साधारण और असाधारण डर

मनुष्य केवल दो प्रकार के डर के साथ पैदा हुआ है, गिरने का डर और शोर का डर। यह प्रकृति द्वारा आत्म-संरक्षण का एक माध्यम है, जिसे उसने एक चेतावनी के रूप में दिया है। साधारण डर अच्छा है। आप एक कार को सड़क से आते हुए देखते हैं और आप स्वयं को बचाने के लिए एक ओर हो जाते हैं। गाड़ी का अपने ऊपर चढ़ने का क्षणिक डर आपके कार्य से दूर हो जाता है। अन्य डर आपको आपके अभिभावक, रिश्तेदारों, अध्यापकों और वे सब जिन्होंने आपको प्रभावित किया है, उनके द्वारा दिया गया है।

असाधारण डर

असाधारण डर तब पैदा होता है, जब व्यक्ति अपनी कल्पना को खुली छूट दे देता है। मैं एक महिला को जानता था, जिसे हवाई जहाज द्वारा विश्व-भ्रमण करने का आमंत्रण मिला था। उसने समाचार-पत्रों की उन खबरों, जिनमें हवाई जहाज की दुर्घटनाओं का जिक्र था, उन्हें एकत्रित करना शुरू किया। उसने कल्पना में स्वयं को समुद्र में डूबते हुए देखा। यह असाधारण डर है। अगर उसने ऐसा करना जारी रखा होता तो निश्चय ही उसके साथ वैसा ही होता जिसका उसे डर था।

असाधारण भय का दूसरा उदाहरण न्यूयॉर्क के एक व्यापारी का है, जो बहुत धनी और सफल था। उसके मन में एक निजी चलचित्र था, जिसका वह डायरेक्टर था। वह अपने मन में अपनी असफलता, दिवालियापन की मानसिक खाली खानों और बैंक में कोई पैसा नहीं है, की फिल्म चलाता रहा, जब तक कि वह गहरे अवसाद में नहीं चला गया। वह ऐसी विकृत कल्पना करने से नहीं रुका और अपनी पत्नी को बार-बार याद दिलाता रहा कि "यह ज्यादा दिन नहीं बचेगा," "मंदी जरूर आएगी," "मुझे पक्का अहसास है कि हम दिवालिया हो जाएंगे," इत्यादि।

उसकी पत्नी ने मुझे बताया कि आखिरकार वह दिवालिया हो गया और जिन चीजों की उसने कल्पना की थी, वे सब होकर रहीं। जिन चीजों से वह डर रहा था, उनका अस्तित्व था ही नहीं, लेकिन वह लगातार डरता रहा, उस पर विश्वास करता रहा और आर्थिक विनाश की उम्मीद लगाए रहा। जॉब के अनुसार, जिन चीजों से मैं डरता था, वह सब मेरे साथ हुआ। बहुत से व्यक्ति डरते रहते हैं कि उनके बच्चों के साथ कुछ अनिष्टकारी होगा और कुछ को लगता है कि उन पर आपदा आएगी। जब कभी वे किसी महामारी अथवा असाधारण बीमारी के बारे में पढ़ते तो इस भय के साथ जीते कि उन्हें भी वह बीमारी हो जाएगी, कुछ कल्पना करते हैं कि उन्हें बीमारी ने पकड़ लिया है। यह सब असाधारण डर है।

असाधारण भय का जवाब

मानसिक रूप से विपरीत सोचें और किसी भी डर का बहुत ज्यादा बने रहना विकासहीनता के साथ ही मानसिक और शारीरिक ह्रास को जन्म देता है। जब भी डर पैदा होता है तो उसके तुरंत बाद उस डर के विपरीत होने की इच्छा भी पैदा होती है। अपना ध्यान डर के बाद तुरंत वाली इच्छा पर केंद्रित कीजिए। उसमें

ही अपना ध्यान लगाएं और उसमें व्यस्त हो जाएं, आप जानते हैं कि व्यक्तिपरक अथवा चेतना हमेशा वस्तुनिष्ठ अथवा ध्येय को उलट देती है। यह दृष्टिकोण आत्म-विश्वास पैदा करेगा और आपके उत्साह को बढ़ाएगा। आपके अवचेतन मस्तिष्क की अनंत शक्ति आपकी ओर से गतिशील है और यह कभी असफल नहीं हो सकती, इसलिए शांति और आश्वासन आपके अपने हैं।

अपने डर का आकलन करें

एक विशाल संगठन के अध्यक्ष ने मुझे बताया कि जब वह सेल्समैन था, तब उसे जिस ग्राहक के पास जाना होता था, वहां जाने से पहले वह उसके ब्लॉक के चारों ओर पांच या छह चक्कर लगाता। एक दिन उसका सेल्स प्रबंधक उसके साथ आया और फिर उससे बोला, "दरवाजे के पीछे उस बूगीमैन से डरने की जरूरत नहीं है। वहां कोई ऐसा बूगीमैन नहीं है। यह एक मिथ्या विश्वास है।"

प्रबंधक ने उसे बताया कि जब कभी भी वह अपने डर को देखता है तो वह उसे सामने से घूरता है और उसके आगे खड़ा होकर उसकी आंखों में सीधे देखता है।

वह जंगल में पहुंच गया

एक पादरी ने दूसरे विश्वयुद्ध में हुए अपने अनुभव बताए। उसे एक क्षतिग्रस्त विमान से पैराशूट से नीचे कूदकर उतरना था। उसने बताया कि वह डरा हुआ था, लेकिन उसे पता था कि डर दो प्रकार के होते हैं–साधारण और असाधारण। इनके बारे में हमने पहले ही बताया हुआ है। उसने तुरंत कुछ करने का निर्णय लिया और स्वयं से यह बातें कहने लगा, "जॉन, तुम अपने डर के आगे झुक नहीं सकते। तुम्हारा डर अपने लिए सुरक्षा, कुशलता और इससे बाहर निकलने की इच्छा रख रहा है।" वह शांत होना शुरू हो जाता है, "अनंत बुद्धिमत्ता जो ग्रहों को अपने रास्ते पर चलने का मार्गदर्शन करती है, वह अब मुझे इस जंगल से निकालने के लिए मेरा नेतृत्व और मार्गदर्शन कर रही है।"

वह दस मिनट या इससे कुछ ज्यादा समय तक इसे जोर-जोर से अपने को कहता रहा, फिर उसने बताया, "मेरे अंदर कुछ हलचल होने लगी और एक

आत्म-विश्वास के भाव ने मुझे घेरना शुरू किया और मैं चलने की तैयारी में हो गया। कुछ दिनों बाद में आश्चर्यजनक रूप से जंगल से बाहर आ गया और एक बचाव दल वाले विमान ने मुझे उठाया।" उसकी बदली हुई मानसिक दशा ने उसे बचाया। चेतन बुद्धिमत्ता पर विश्वास उसके और आस्था से उसके अंदर निहित शक्ति में ही उसकी समस्या का निदान था।

उसने कहा, "यदि मैं अपनी किस्मत को रोता और अपने डर में डूबा रहता तो मैं इस राक्षस रूपी डर से मर जाता।"

उसने स्वयं को बर्खास्त कर दिया

एक संगठन के मुख्य प्रबंधक ने मुझे बताया कि तीन वर्ष तक वह डरता रहा कि वह अपनी पोजिशन खो देगा। वह हमेशा असफलता की कल्पना करता रहता। जिन चीजों से वह डर रहा था, वास्तव में उनका अस्तित्व था ही नहीं, केवल उसके मन में ही इस तरह की दूषित बेचैनी थी। उसकी सजीव कल्पना ने नौकरी न रहने का नाटक किया, जब तक कि वह हताश और विक्षिप्त नहीं हो गया। अंत में उसे इस्तीफा देने के लिए कहा गया। वास्तव में उसने खुद को ही बर्खास्त किया। उसके द्वारा अवचेतन मस्तिष्क को लगातार नकारात्मक कल्पना और डर का सुझाव देना ही उसकी ऐसी प्रतिक्रिया का कारण बना। उसके अवचेतन ने प्रतिक्रिया दी और उसी प्रकार का जवाब दिया। उसने उसे गलतियां और बेवकूफी भरे निर्णय लेने पर मजबूर किया, जिसकी वजह से वह एक मुख्य प्रबंधक के रूप में असफल हो गया। उसकी बर्खास्तगी कभी नहीं होती, यदि वह तुरंत अपने मन में विपरीत दिशा में चलता।

उन्होंने उसके विरुद्ध षड्यंत्र रचा

हाल ही में अपनी विश्व-यात्रा के दौरान मेरी दो घंटे तक एक विशिष्ट सरकारी अधिकारी से बातचीत हुई। उसके अंदर एक गहरी शांति और शुद्धता थी। उसने कहा कि समाचार-पत्रों और विरोधी पक्ष से जो कुछ गालियां उसे मिलती हैं, वे उसे विचलित नहीं करतीं।

वह नियम से हर सुबह पंद्रह मिनट तक स्थिर बैठता है और अपने अंदर केंद्र में एक गहरी स्थिर शांति के समुद्र का अनुभव करता है। इस प्रकार से ध्यान

केंद्रित करके वह बहुत अधिक शक्ति उत्पन्न करता है, जो उसके हर प्रकार के डर और विपत्तियों को नष्ट कर देता है।

कुछ समय पूर्व उसके सहकर्मी ने मध्य रात्रि में फोन किया और बताया कि कुछ व्यक्तियों का समूह उसके विरुद्ध षड्यंत्र रच रहा है। उसने अपने सहयोगी को निम्नलिखित बातें कहीं, "मैं अब शांति से सोने जा रहा हूं। आप मेरे साथ कल इसके बारे में सुबह दस बजे बातचीत कर सकते हैं।"

उसने मुझे कहा, "मुझे पता है कि कोई भी नकारात्मक विचार व्यक्त नहीं हो सकता, जब तक कि मैं इस विचार को भावनात्मक रूप से न लूं और मानसिक रूप से स्वीकार न करूं। मैं डर की भावना के सुझाव को भी स्वीकार नहीं करूंगा, इसलिए मेरे साथ कुछ अनिष्ट नहीं हो सकता।"

यह बात ध्यान देने योग्य है कि वह कितना निश्चिंत और शांत था। उसे किसी प्रकार का जोश नहीं आया, न अपने बाल नोचे और न ही अपनी मुट्ठियां भींचीं। उसे अपने अंदर के केंद्र में ठहरा हुआ जल मिला, वहां एक आत्मिक शांति और पूर्ण स्थिरता थी।

स्वयं को सभी प्रकार के भय से मुक्त रखें

अपने भय को दूर करने के लिए इस उत्तम सूत्र का प्रयोग करें: *मैंने ईश्वर को पुकारा, उसने मुझे सुना और मुझे सभी प्रकार के भय से मुक्त किया। साल्म 34:4।* लॉर्ड एक आदिकालीन शब्द है, जिसका अर्थ है: नियम–आपके अवचेतन मस्तिष्क की शक्ति। अपने अवचेतन के चमत्कारों को सीखिए और यह भी सीखिए कि यह कैसे कार्य करता है। इस अध्याय में दी गई तकनीक पर महारत हासिल कीजिए। उसे आज, अभी अभ्यास में लाइए। आपका अवचेतन प्रतिक्रिया देगा और आप सभी प्रकार के भय से मुक्त होंगे। *मैंने ईश्वर यानी लॉर्ड को पुकारा, उसने मुझे सुना और मुझे भय से मुक्त किया।*

भय से आजादी पाने के उपाय

1. उन चीजों को करें, जिन्हें करने से आपको भय लगता है और मृत्यु का भय सत्य है। स्वयं को दृढ़ता और विश्वास से कहें, "मैं इस पर विजय पाने जा रहा हूं," तब ऐसा ही होगा।

2. भय आपके मस्तिष्क का नकारात्मक विचार है। इसमें रचनात्मक विचार भरें। भय ने लाखों की जान ली है। आत्म-विश्वास भय से बड़ा है। ईश्वर में आस्था और अच्छाई से ज्यादा शक्तिशाली कुछ भी नहीं है।
3. भय मनुष्य का सबसे बड़ा शत्रु है। यह असफलता, बीमारी और खराब मानवीय रिश्तों के पीछे है। प्रेम भय को दूर करता है। प्रेम जीवन की सभी अच्छाइयों का भावनात्मक बंधन है। प्रेम ईमानदारी, संपूर्णता, न्याय, अच्छी भावना और सफलता के साथ करिए। जीवन को सर्वश्रेष्ठ की खुश भरी चाहत के साथ जिएं और सर्वश्रेष्ठ निश्चय ही आपके पास आएगा।
4. भय के सुझाव को उसके विपरीत भाव से प्रभावहीन बनाएं, जैसे-"मैं सुंदर गाता हूं; मैं संयमित, शांत और स्थिर हूं," यह अद्‌भुत लाभांश देगा।
5. मौखिक और लिखित परीक्षा के समय भूलने की बीमारी के पीछे भय है। इस पर आप निम्नलिखित वक्तव्य अक्सर दृढ़ता से स्वीकार करके काबू पा सकते हैं, "जिसको जानने की जरूरत है, उसके लिए मेरे पास उत्तम यादें हैं" अथवा आप अपने दोस्त को अपनी परीक्षा में अद्‌भुत सफलता के लिए बधाई देने की कल्पना कर सकते हैं। इसे बनाए रखें तो आप अवश्य जीतेंगे।
6. यदि आप नदी को पार करने के लिए तैरने से डरते हैं तो अपनी कल्पना में इसे आजादी और खुशी के साथ कीजिए। अपने को पानी के अंदर जाने की कल्पना कीजिए। उसकी ठंडक और तरणताल के आर-पार तैरने के रोमांच को महसूस करें। इसे सजीव बनाएं। जब आप इसे चेतन होकर करते हैं, तब आप पानी के अंदर जाने के लिए मजबूर होंगे और जीतेंगे। यह आपके मस्तिष्क का नियम है।
7. यदि आपको बंद जगह जैसे लिफ्ट, व्याख्यान हॉल इत्यादि से डर लगता है, तब मानसिक रूप से लिफ्ट के सभी पुर्जों और कार्य को आशीर्वाद देते हुए चढ़ें। आपको यह देखकर आश्चर्य होगा कि कैसे इतनी जल्दी डर गायब हो गया।
8. आप दो प्रकार के भय के साथ पैदा हुए थे, गिरने का भय और शोर का भय। जो अन्य सभी भय अर्जित किए गए थे, उनसे छुटकारा पा लें।
9. साधारण डर अच्छा होता है। असाधारण डर बहुत खराब और विनाशकारी भी। हमेशा डर से घिरे रहना-ऐसे विचार असाधारण डर, जुनून और जटिलता में परिवर्तित हो जाते हैं। लगातार किसी का डर आतंक और दहशत का कारण बनता है।
10. जब आपको ज्ञान होता है कि आपके अवचेतन मस्तिष्क की शक्ति

परिस्थितियों को बदलकर आपकी दिली इच्छा को पूरा कर सकती है तो आप असामान्य भय को दूर कर सकते हैं। अपनी इच्छा पर फौरन ध्यान और प्रेम दीजिए, जो आपके डर का उल्टा है। यह प्रेम है, जो डर को भगाता है।

11. यदि आप असफलता से डरते हैं तो अपना ध्यान सफलता पर दीजिए। यदि आपको बीमारी से डर लगता है तो उत्तम स्वास्थ्य का विचार कीजिए। यदि आपको दुर्घटना से डर लगता है तो ईश्वर से मार्गदर्शन की कामना करें। यदि आप मृत्यु से डरते हैं तो अनंत जीवन की कामना करें। ईश्वर जीवन है और अब आपका जीवन यही है।
12. भय का जवाब विकल्प का महान नियम है। जिस किसी चीज से आप डरते हैं, उसका हल आपकी इच्छा के रूप में है। यदि आप बीमार हैं तो आप अच्छे स्वास्थ्य की कामना करते हैं। यदि आप डर की जेल में हैं तो आप आजादी की इच्छा रखते हैं। अच्छे की उम्मीद करें। मानसिक रूप से अच्छे पर ध्यान केंद्रित करें और जानिए कि आपका अवचेतन मस्तिष्क हमेशा आपको जवाब देता है। यह कभी आपको निराश नहीं करता।
13. जिन चीजों से आप डरते हैं, वास्तव में उनका कोई अस्तित्व नहीं है, वे केवल आपके मस्तिष्क के विचारों में हैं। विचार रचनात्मक होते हैं। इसलिए जॉब ने कहा था, *जिनसे मैं डरता था, वही हुआ।* अच्छा सोचें तो अच्छा ही होगा।
14. अपने डर की ओर देखें; उन्हें कारण की रोशनी में देखें। अपने डर पर हंसना सीखें। यह सबसे उत्तम दवा है।
15. आपको अपने विचारों के अलावा अन्य कुछ भी विचलित नहीं कर सकता। सुझाव, वक्तव्य अथवा किसी दूसरे मनुष्य की धमकियों में कोई शक्ति नहीं है। शक्ति आपके अंदर है और जब आपके विचार उस पर केंद्रित होते हैं, जो अच्छा है, तब ईश्वर की शक्ति आपके अच्छे विचारों के साथ है। यहां केवल एक रचनात्मक शक्ति है और यह सामंजस्यता की तरह घूमती है। इसमें कोई विद्वेष अथवा विवाद नहीं है। प्रेम इसका स्रोत है, इसलिए ईश्वर की शक्ति आपके अच्छे विचारों के साथ है।

20

हमेशा युवा रहने का उत्साह कैसे हो

आपका अवचेतन कभी बूढ़ा नहीं होता। यह समय रहित, चिर युवा और अंतहीन है। यह ईश्वर के सार्वभौमिक मस्तिष्क का हिस्सा है, जो कभी पैदा नहीं हुआ और कभी मरेगा नहीं। थकान अथवा वृद्धावस्था की भविष्यवाणी किसी आध्यात्मिक गुण अथवा शक्ति के आधार पर नहीं की जा सकती। धैर्य, दया, सच्चाई, विनम्रता, अच्छी भावना, शांति, सामंजस्यता और भातृ प्रेम ऐसे गुण हैं, जो कभी भी पुराने नहीं होते। यदि आप जीवन के आयाम में इस प्रकार के गुणों को बनाते रहे, तो आप आत्मा से हमेशा युवा बने रहेंगे।

मुझे याद है, कुछ वर्ष पूर्व मैंने एक पत्रिका में लेख पढ़ा था, जिसके अनुसार ओहइयो के सिनसिनाती शहर के डी कोर्सी क्लिनिक के प्रख्यात चिकित्सकों के समूह ने सूचित किया कि शरीर में बढ़ते विकारों के लिए उम्र जिम्मेदार नहीं है जिसके कारण बढ़ती उम्र को हानिकारक माना गया। इन चिकित्सकों ने बताया कि यह समय नहीं, बल्कि समय का डर है, जिसका बुढ़ापे का हानिकारक प्रभाव हमारे शरीर और मस्तिष्क पर पड़ता है। इसके अलावा समय से पहले बुढ़ापे का कारण हमारी नसों में समाया उम्र के डर का प्रभाव भी हो सकता है।

सार्वजनिक जीवन के कई वर्षों के दौरान मुझे कई प्रसिद्ध पुरुषों और स्त्रियों की जीवनी पढ़ने का अवसर मिला, जिनकी फलदायी गतिविधियां उनके जीवन के बाद भी वर्षों जारी रही। कुछ अपनी वृद्धावस्था में महानता प्राप्त करते हैं। मेरा सौभाग्य रहा कि मैं कई ऐसे असाधारण व्यक्तियों से मिला, जिन्होंने यह साबित किया कि बुढ़ापा मन और शरीर को खत्म नहीं करता।

अपनी सोच में वह बूढ़ा हो गया था

कुछ वर्ष पूर्व मैं लंदन में एक पुराने दोस्त से मिला। उसकी उम्र अस्सी वर्ष से ऊपर थी। वह बहुत बीमार था और जाहिर है, वह आने वाले समय के आगे झुक रहा था। हमारी बातचीत से जाहिर हुआ कि उसकी शारीरिक कमजोरी, उसमें हताशा का अहसास और अन्य सब कुछ बिगड़ रहा था, जीवन निष्क्रिय हो रहा था। उसकी शिकायत थी कि वह बेकार है और उसकी किसी को जरूरत नहीं है।

निराश होकर उसने अपनी मिथ्या दार्शनिकता को प्रकट किया, "हम जन्म लेते हैं, बड़े होते हैं, बूढ़े हो जाते हैं, हम किसी काम के नहीं हैं और यहीं पर सब कुछ समाप्त हो जाता है।"

इस प्रकार की निरर्थकता और नाकाबिलियत की मानसिक भावना ही उसकी बीमारी का कारण थी। वह केवल बुढ़ापे के बारे में ही सोच रहा था और उसके बाद शून्य था। जाहिर है, वह अपने जीवन की सोच में बूढ़ा हो गया था और उसका अवचेतन मस्तिष्क उसकी दैनिक विचारधारा को साकार कर रहा था।

उम्र ज्ञान की सुबह है

दुर्भाग्य से बहुत से व्यक्तियों की सोच इस दुःखी व्यक्ति की तरह है। वे 'बुढ़ापे' यानी अंत और विलुप्त होना जैसे पारिभाषिक शब्द से डरते हैं, जिसका तात्पर्य है कि वे जीवन से डरते हैं, मगर जीवन अंतहीन है। उम्र वर्षों की उड़ान नहीं, बल्कि ज्ञान की सुबह है। आपके अवचेतन मस्तिष्क की शक्तिशाली शक्ति की जागरूकता और किस प्रकार इन शक्तियों का उपयोग अपने जीवन को संपूर्ण और खुशहाल बनाने में उपयोग करें, यह ज्ञान है। यह विचार अपने मस्तिष्क से हमेशा के लिए निकाल दें कि पैंसठ, पिचहत्तर अथवा पिच्चासी वर्ष का अर्थ आपका अथवा किसी अन्य का अंत है। यह एक गौरवशाली, फलदायक, सक्रिय और सबसे उत्पादकतापूर्ण जीवन पद्धति है, जैसा कि आपने पहले कभी अनुभव किया था, उससे कहीं बेहतर। इस पर विश्वास करें, ऐसी ही अपेक्षा रखें और आपका अवचेतन इसे सार्थक करेगा।

परिवर्तन का स्वागत करें

वृद्धावस्था कोई दु:खद घटना नहीं है। हम जिसे बुढ़ापे की प्रक्रिया कहते हैं, वास्तव में वह परिवर्तन है। इसका स्वागत हंसकर और खुशी के साथ करना चाहिए, क्योंकि मानव जीवन की हर अवस्था को रास्ते में एक कदम आगे जाना है, जिसका कोई अंत नहीं है। मनुष्य के पास शक्तियां हैं, जो उसकी शारीरिक शक्तियों को ऊंचा उठाती है। उसके पास विवेक है, जो उसकी पांच भौतिक इंद्रियों तक पहुंचता है।

वैज्ञानिकों को आज ऐसे सकारात्मक निर्विवाद प्रमाण मिल रहे हैं कि मनुष्य के चेतन में कुछ ऐसा है, जो उसके वर्तमान शरीर को छोड़कर हजारों मील दूर तक देख, सुन, स्पर्श और लोगों से बात कर सकता है, यद्यपि उसके भौतिक शरीर ने उस सोफे को नहीं छोड़ा था, जहां वह लेटा था। मनुष्य का जीवन आध्यात्मिक और शाश्वत है। उसे जीवन-भर बूढ़ा होने की जरूरत नहीं है, ईश्वर बूढ़ा नहीं हो सकता। बाइबिल कहती है कि ईश्वर जीवन है। जीवन स्वयं का नवीनीकरण करने वाला, शाश्वत और अविनाशी है और यह सभी मनुष्यों की सच्चाई है।

जीवित रहने का साक्ष्य

ब्रिटेन और अमेरिका के कई मनोवैज्ञानिक शोध संस्थानों द्वारा एकत्रित साक्ष्य बहुत ज्यादा हैं। आप किसी भी महानगर के पुस्तकालय में जाकर मनोवैज्ञानिक शोध की कार्यवाहियों के ग्रंथ देख सकते हैं। इन खोजों का मुख्य आधार विशिष्ट वैज्ञानिकों की मृत्यु के बाद जीवित हो जाना है। यह मृत्यु के बाद जीवन के सत्य पर किए गए वैज्ञानिक प्रयोग हैं और इसकी रिपोर्ट चौंका देने वाली है। इन्हें अमेरिकन मनोवैज्ञानिकीय संस्थान के निदेशक हेरेवार्ड कैरिंगटन द्वारा प्रकाशित किया गया है।

जीवन

एक महिला ने विद्युत के जादूगर थॉमस अल्वा एडिसन से पूछा, "मिस्टर एडिसन, विद्युत क्या है?"

उनका जवाब था, "मैडम, विद्युत का प्रयोग करके इसे जानें," विद्युत एक ऐसी अदृश्य शक्ति है, जिसे हम पूरी तरह नहीं जान पाते, लेकिन हम पूर्ण रूप से विद्युत के सिद्धांत और इसके उपयोगों को जान सकते हैं। हम इसका उपयोग अनगिनत तरीके से करते हैं। एक वैज्ञानिक इलेक्ट्रॉन को आंखों से नहीं देख सकता, फिर भी इसे एक वैज्ञानिक सत्य की तरह स्वीकार करता है, क्योंकि यही एक अकेला मान्य निष्कर्ष है, जो उसे अन्य प्रायोगिक साक्ष्यों के साथ मिलता है। हम जीवन को देख नहीं सकते। यद्यपि हमें पता है, हम जीवित हैं। जीवन को हम इसकी सभी खूबसूरती और गौरव के साथ दिखाने के लिए हैं।

मन और आत्मा कभी बूढ़ी नहीं होती

बाइबिल के अनुसार, *यह जीवन अनंत है, इसका ज्ञान उन्हीं को है, जिन्हें पता है कि आप स्वयं ही ईश्वर हैं। जॉन, 17:3,* वह व्यक्ति जो सोचता और विश्वास करता है कि जीवन का अर्थ जन्म, बचपन, जवानी, परिपक्वता और बुढ़ापा एक सांसारिक चक्र है तो वह निश्चय ही दया का पात्र है। इस प्रकार के मनुष्य के पास कोई सहारा, कोई आशा, कोई दृष्टि नहीं है और उसके लिए जीवन का कोई अर्थ नहीं है।

इस तरह की धारणा हताशा, निष्क्रियता, सनकीपन और निराशा की भावना को जन्म देती है, जिसके फलस्वरूप सभी प्रकार की विक्षिप्तता और मानसिक विकृतियां होती हैं। यदि आप अपने बेटे की तरह एक तीव्र गति का टेनिस का खेल नहीं खेल सकते, उसकी तरह तेजी से तैर नहीं सकते अथवा आपका शरीर धीमा हो गया है अथवा आप छोटे-छोटे कदमों से चल रहे हैं तो स्मरण रहे, जीवन हमेशा स्वयं को नया वस्त्र पहनाता रहता है। मनुष्य जिसे मृत्यु कहते हैं, वह कुछ नहीं, वरन् एक नए शहर की यात्रा है, जो जीवन का एक दूसरा आयाम है।

मैं अपने व्याख्यान में पुरुषों और महिलाओं से कहता हूं कि उन्हें अपना बुढ़ापा उत्तम ढंग से स्वीकारना चाहिए। शांति, प्रेम, खुशी, सुंदरता, प्रसन्नता, ज्ञान, अच्छी भावना और समझदारी ऐसे गुण हैं, जो कभी बूढ़े नहीं होते और न ही कभी मरते हैं।

कवि और दार्शनिक राल्फ वाल्डो इमर्सन ने कहा था, "हम मनुष्य के वर्षों को नहीं गिनते, जब तक उसके पास और कुछ गिनने के लिए नहीं है।" आपका चरित्र, मन की गुणवत्ता, आस्था और विचार कभी नष्ट नहीं होते।

जितना युवा आप स्वयं को समझते हैं, उतने ही युवा आप हैं

मैं वर्षों से इग्लैंड में लंदन के केक्स्टन हॉल में जन-संबोधन करता रहा हूं। इन व्याख्यानों में आने वाले एक शल्यचिकित्सक ने मुझसे कहा, "मैं चौरासी वर्ष का हूं। मैं हर सुबह ऑपरेशन करता हूं, दोपहर में मैं मरीजों के पास जाता हूं और संध्या में मैं चिकित्सकीय और अन्य वैज्ञानिक पत्रिकाओं के लिए लिखता हूं।"

अपने विश्वास के अनुसार, वह लोगों के काम आ रहा था और अपनी सोच के अनुसार युवा था। उसने मुझे बताया, "आपने जो कहा, वह सत्य है। मनुष्य अपनी सोच के अनुसार शक्तिशाली है और उतना ही मूल्यवान, जितना वह अपने को समझता है।" इस शल्य चिकित्सक ने बढ़ते हुए वर्षों के आगे हिम्मत नहीं हारी। उसे पता है कि वह अमर है।

मेरे लिए उसका अंतिम वाक्य था, "यदि मैं कल मर जाता हूं, तो जीवन के अगले आयाम में शल्य क्रिया कर रहा हूंगा, लेकिन एक सर्जन के औजारों से नहीं, बल्कि मैं मानसिक और आध्यात्मिक शल्य चिकित्सा कर रहा हूंगा।"

आपके सफेद बाल एक पूंजी हैं

कभी भी यह कहकर नौकरी मत छोड़िए, "मैं सेवानिवृत्त हूं; मैं बूढ़ा हूं, मैं खत्म हो गया हूं। यह निष्क्रियता, मृत्यु और आप खत्म हो जाएंगे।" कुछ व्यक्ति तीस की उम्र में ही बूढ़े हो जाते हैं और कुछ अस्सी की आयु में भी युवा रहते हैं।

मस्तिष्क एक निपुण बुनकर, एक वास्तुकार, एक डिजाइनर और एक मूर्तिकार है। जॉर्ज बर्नाड शा नब्बे की उम्र में भी सक्रिय थे, उनके मस्तिष्क के कलाकार गुण ने उन्हें सक्रिय ड्यूटी से मुक्त नहीं किया था। मैं कई पुरुषों और स्त्रियों से मिलता हूं, जो बताते हैं कि कुछ नियोक्ता उनके चेहरे के सामने यह कहकर दरवाजा बंद कर लेते हैं कि आपकी उम्र चालीस के पार है। नियोक्ता की ओर से इस तरह का रवैया एक बेरुखा, कठोर, दुष्टतापूर्ण और किसी भी प्रकार की समझदारी से पूर्णतया रहित है। ऐसा प्रतीत होता है कि पूरा जोर

युवाओं पर है, उदाहरण के तौर पर–आपकी नौकरी के लिए योग्यता तीस वर्ष से कम होने पर है। इस तरह की सोच निश्चय ही बहुत छोटी है। यदि नियोक्ता रुककर सोचे तो उसकी समझ में आएगा कि कोई भी पुरुष अथवा स्त्री अपनी उम्र अथवा श्वेत केश नहीं बेच रहा/रही, बल्कि वह तो अपनी प्रतिभा, अपना अनुभव और अपना ज्ञान जो इतने वर्षों के बाद अपने जीवन में अर्जित किया है, उसे देने को तैयार है।

उम्र एक संपत्ति

स्वर्णिम नियम व प्रेम और अच्छी साख के सिद्धांत के अनुसार, किसी भी संगठन के लिए आपकी उम्र एक विशिष्ट परिसंपत्ति होनी चाहिए। इतने वर्षों के आपके अभ्यास और इसके उपयोग के अनुभव के कारण यदि आपके बाल सफेद हैं तो आप ज्ञान, कुशलता और समझदारी के पात्र हैं। आपकी भावनात्मक और आध्यात्मिक परिपक्वता किसी भी संगठन के लिए एक मजबूत आशीर्वाद की तरह होनी चाहिए। एक व्यक्ति जिसकी उम्र पैंसठ वर्ष की हो गई हो, उसे इस्तीफा देने के लिए नहीं कहना चाहिए। जीवन के इस पड़ाव में वह निजी परेशानियों को हल करने में, भविष्य की योजना बनाने में, निर्णय लेने में और अपने अनुभवों और व्यवसाय की प्रकृति के अनुसार लोगों के रचनात्मक विचारों पर उनका मार्गदर्शन कर सकता है।

अपनी उम्र का रहिए

एक हॉलीवुड के चलचित्र के लेखक ने मुझे बताया कि उसे बारह वर्ष की मानसिकता वाले के लिए स्क्रिप्ट लिखनी थी। यह एक दयनीय अवस्था है, यदि ज्यादा-से-ज्यादा व्यक्तियों से अपेक्षा की जाए कि वे भावनात्मक और आध्यात्मिक रूप से परिपक्व रहें। इसका अर्थ है कि जोर युवाओं पर है, जबकि वास्तविकता यह है कि युवा का अर्थ अनुभवहीनता, विवेक की कमी और जल्दबाजी में लिए गए निर्णय हैं।

मैं सर्वश्रेष्ठ की बराबरी कर सकता हूं

मैं एक ऐसे पैंसठ वर्षीय व्यक्ति के बारे में सोच रहा हूं, जो अपने को युवा रखने की भरसक कोशिश कर रहा है। वह प्रत्येक रविवार युवा व्यक्तियों के साथ तैरता है, साइकिल पर लंबी दौड़ लगाता है, टेनिस खेलता है और अपनी मजबूती और शारीरिक शक्तियों की यह कहकर डींगे मारता है, "देखो मैं उनमें से सर्वश्रेष्ठ का मुकाबला कर सकता हूं!"

उसे इस महान सत्य को याद रखना चाहिए: *मनुष्य जैसा अपने दिल में सोचता है, वह वैसा ही होता है। प्रोव 23:7।* किसी भी प्रकार का आहार नियंत्रण, अभ्यास और सभी प्रकार के खेल इस व्यक्ति को युवा नहीं रखेंगे। उसके लिए यह ध्यान रखना जरूरी है कि वह अपनी वैचारिक प्रक्रिया के अनुरूप बूढ़ा अथवा युवा बना रह सकता है। आपका अवचेतन आपकी सोच से संचालित होता है। यदि आपके विचार हमेशा सुंदर, नेक और अच्छे हैं तो आपकी उम्र कितनी भी हो, आप युवा बने रहेंगे।

बुढ़ापे का डर

जॉब के अनुसार, *जिन चीजों का मुझे डर था, वही मेरे साथ हुआ।* कई व्यक्तियों को बुढ़ापे से डर लगता है और वे भविष्य के बारे में अनिश्चित हैं, क्योंकि वे उम्र के बढ़ने के साथ मानसिक और शारीरिक क्षय जैसे विचार रखते हैं। जैसा वे सोचते और महसूस करते हैं, वैसा ही होता है।

जब आपकी अपनी जिंदगी में दिलचस्पी कम हो जाती है, तब आप सपने देखना बंद कर देते हैं। नए सच को जानने के लिए आपकी भूख और नए संसार को जीतने की इच्छा आपके अंदर खत्म हो जाती है, तब आप बूढ़े हो जाते हैं।

जब आपका मस्तिष्क नए विचारों, नए शौक अपनाता है और जब आप परदे उठाकर रोशनी और जीवन के नए सत्य की प्रेरणा को अंदर आने देते हैं, तब आप जवान और जीवंत रहेंगे।

आपके पास देने के लिए बहुत कुछ है

यदि आपकी उम्र पैंसठ अथवा पिच्चानवें की है तो आपको समझना चाहिए कि आपके पास देने के लिए बहुत कुछ है। आप युवा पीढ़ी में स्थिरता ला सकते हैं, उन्हें सलाह और उनका मार्गदर्शन कर सकते हैं। आप उन्हें अपने ज्ञान, अनुभव और बुद्धिमत्ता का लाभ दे सकते हैं। आप हमेशा आगे देखते हैं और आपकी नजर अनंत जीवन पर है। आप पाएंगे कि आप जीवन की अद्‌भुत और वैभवशाली खूबसूरती को खोलते हुए थकते नहीं, तब आपको अपना मन हमेशा जवान लगेगा।

एक सौ दस वर्ष की उम्र

कुछ वर्ष पूर्व जब मैं भारत के मुंबई शहर में व्याख्यान दे रहा था, मेरा परिचय एक व्यक्ति से कराया गया, जिन्होंने कहा कि उनकी उम्र एक सौ दस वर्ष की है। उनके जैसा खूबसूरत चेहरा मैंने आज तक नहीं देखा। ऐसा प्रतीत होता था कि जैसे उनके अंदर की रोशनी की चमक ने उनकी काया पलट कर दी हो। उनकी आंखों में दुर्लभ सुंदरता थी, जो यह दर्शा रही थी कि वह खुशी के साथ उम्रदराज हो रहे थे और ऐसा कोई संकेत नहीं था कि उनके मन की रोशनी कहीं से भी कम हुई हो।

सेवानिवृत्तिः एक नया उद्यम

इस सत्य से निश्‍चित रहें कि आपका मस्तिष्क कभी सेवानिवृत्त नहीं होता है। यह एक पैराशूट की तरह होता है, जो जब तक खुलता नहीं, किसी काम का नहीं होता। अपने को खोलें और नए विचारों के लिए ग्राह्य रहें। मैंने पैंसठ और सत्तर वर्ष के व्यक्तियों को रिटायर होते हुए देखा है। उनकी हालत खराब होते हुए देखी और कुछ महीनों में काल का ग्रास होते हुए देखा। जाहिर है, उन्हें ऐसा लगा, जैसे उनका जीवन समाप्त होने वाला था। सेवानिवृत्ति एक नया उद्यम हो सकता है, एक नई चुनौती हो सकती है, एक नया रास्ता, एक लंबे सपने को पूरा करने की शुरुआत। जब व्यक्ति निम्नलिखित वाक्य कहता है, तब बहुत निराशा होती है, “अब मैं क्या करूंगा, मैं तो रिटायर हो गया हूं?” वास्तव में वह कह

रहा है, "मैं मानसिक और शारीरिक रूप से मृत हूं। मेरा मस्तिष्क विचारों से दिवालिया हो गया है।"

यह सब एक झूठी तस्वीर है। सच यह है कि जो काम आप साठ वर्ष की उम्र में करते थे, उससे कहीं ज्यादा काम आप नब्बे की उम्र में कर सकते हैं, क्योंकि अपने नए अध्ययन और दिलचस्पी के द्वारा हर दिन आपके अंदर जीवन और ब्रह्मांड के बारे में ज्ञान और समझदारी बढ़ती जाती है।

वह बेहतर काम करने लायक बना

एक अधिकारी जो मेरे घर के पास रहता है, उसे जबदस्ती कुछ महीने पहले सेवानिवृत्त कर दिया गया, क्योंकि वह पैंसठ वर्ष का हो गया था। उसने मुझसे कहा, "मैं अपनी सेवानिवृत्ति को नर्सरी कक्षा से पहली कक्षा में प्रोन्नत किए जाने की तरह देखता हूं।" उसने इस प्रकार उपदेश दिया, "जब मैंने स्कूल छोड़ा, तब वह कॉलेज की सीढ़ी चढ़ा। उसे अहसास हुआ कि यह उसकी पढ़ाई और सामान्य जीवन को समझने के लिए एक कदम आगे बढ़ाने की तरह था," फिर उसने कहा, "अब वह उन चीजों को कर सकता था, जिन्हें वह हमेशा से करना चाहता था", इसलिए उसका रिटायर होना उसके जीवन और बुद्धिमत्ता की सीढ़ी पर एक कदम आगे चढ़ने जैसा है।

वह एक ज्ञानपूर्ण निष्कर्ष पर पहुंचा कि अब वह अपना ध्यान जीवन को जीने पर केंद्रित करेगा। वह एक शौकिया फोटोग्राफर है और उसने इस विषय पर अतिरिक्त कोर्स किया। वह विश्व-भ्रमण पर गया और प्रसिद्ध स्थानों पर फिल्में बनाईं। वह अब विभिन्न समूहों, जगहों, क्लबों में व्याख्यान देता है और लोगों में उसकी बहुत मांग है।

अपनी दुनिया से बाहर भी बहुत कुछ ऐसा है, जिसमें दिलचस्पी लेकर आप सार्थक कार्य कर सकते हैं। नए विचारों के लिए उत्साहित रहें, आध्यात्मिक रूप से प्रगति करें और नई चीज सीखते हुए विकास करें। इस तरीके को अपनाकर आप दिल से जवान बने रहेंगे, क्योंकि आपके अंदर नए सच के लिए पिपासा और भूख है और आपका शरीर आपके विचारों को हमेशा प्रतिबिंबित करता रहता है।

आपको उत्पादक बनना चाहिए, समाज का कैदी नहीं

समाचार-पत्रों का ध्यान इस तथ्य की ओर जा रहा है कि कैलिफोर्निया के चुनाव में वोट देने वालों की संख्या में वृद्धों की संख्या में अभूतपूर्व बढ़ोत्तरी हुई है। इसका तात्पर्य है कि उनकी आवाज को राज्य की विधायिका में और उनके विधायकों के सम्मेलन में भी सुना जाएगा। मेरा विश्वास है कि वे एक संघीय नियम को लागू करेंगे, जिसमें नियोक्ताओं को पुरुषों और महिलाओं पर उनकी आयु के आधार पर किसी भी प्रकार के भेद-भाव पर प्रतिबंध लगेगा।

एक पैंसठ वर्ष का व्यक्ति मानसिक, शारीरिक और मनोवैज्ञानिक रूप से कई तीस वर्ष के युवाओं से ज्यादा युवा हो सकता है। यह कहना कि किसी व्यक्ति को नौकरी पर नहीं रखा जा सकता, क्योंकि वह चालीस वर्ष से ज्यादा उम्र का है। इसका मतलब तो यह है कि आप उसे कह रहे हैं कि वह कूड़ेदान की ढेरी अथवा फेंकने योग्य है।

एक चालीस वर्ष अथवा उससे ज्यादा उम्र के व्यक्ति को क्या करना चाहिए? क्या उसे अपनी प्रतिभा और अपने ज्ञान को किसी झाड़ी के नीचे छुपा देना चाहिए? वे व्यक्ति जिनको उनकी उम्र की वजह से नौकरी नहीं करने दी गई, उन्हें सरकार को किसी जिले, राज्य अथवा संघीय स्तर पर रखा जाना चाहिए। कई संगठन, जो उन्हें नौकरी देने से मना करते हैं और उनके ज्ञान अथवा अनुभव का लाभ नहीं लेते हैं, उनसे सरकार को टैक्स लेना चाहिए, जिससे ऐसे व्यक्तियों की सहायता की जा सके। यह एक तरह की आर्थिक आत्महत्या है।

मनुष्य यहां अपनी मेहनत के फल के स्वाद का मजा लेने के लिए है और यहां वह उत्पादक बनने के लिए है, किसी समाज का कैदी बनने के लिए नहीं, जो उसे निष्क्रिय रहने पर मजबूर करे। जैसे-जैसे उम्र बढ़ती है, मनुष्य का शरीर ढलने लगता है, उसकी गति धीमी पड़ने लगती है, लेकिन उसके चेतन मस्तिष्क को काफी ज्यादा सक्रिय, जीवंत और अपने अवचेतन मस्तिष्क को प्रोत्साहन द्वारा तेज किया जा सकता है। वास्तव में उसका मन कभी भी बूढ़ा नहीं होता। जॉब के अनुसार, *"जैसा मैं अतीत में था, जैसा मैं उन दिनों में जब ईश्वर ने मुझे संरक्षित किया था; जब उसकी मोमबत्ती मेरे सिर के ऊपर चमक रही थी और जब उसकी रोशनी के सहारे मैंने अंधेरे को पार किया; जैसा कि मैं अपनी जवानी के दिनों में था, जब ईश्वर का रहस्य मेरे देवालय के ऊपर था। जॉब 29:2-4।*

जवानी का रहस्य

अपनी युवावस्था के दिनों को फिर से ताजा करने के लिए चमत्कारिक उपचार को महसूस कीजिए। इस बात का अनुभव कीजिए कि आपके अवचेतन मस्तिष्क की नवनिर्मित शक्ति आपके पूरे शरीर से होकर जा रही है। इस तथ्य को जानिए और महसूस कीजिए कि आप आध्यात्मिक रूप से प्रोत्साहित, उन्नत, फिर से युवा और शक्ति से भरे हुए हैं। अपनी युवावस्था के साथ की तरह आप उत्साह और खुशी से झूम सकते हैं। इन सबकी एक सरल वजह है कि आप हमेशा मानसिक और भावनात्मक रूप से खुशनुमा स्थिति को फिर से पा सकते हैं।

वह मोमबत्ती जो आपके सिर के ऊपर चमकती है, वह दिव्य बुद्धिमत्ता है और यह आपको वह सब कुछ बताती है, जिसे आपको जानने की जरूरत है; यह आपको आपकी अच्छाई की उपस्थिति को स्वीकार करती है, चाहे आप दिखने में कैसे भी हों। आप अपने अवचेतन मस्तिष्क के मार्गदर्शन के अनुसार चलते हैं, क्योंकि आपको पता है कि सुबह होने पर छाया अथवा अंधेरा लुप्त हो जाता है।

दृष्टि पाएं

यह कहने के बजाय कि "मैं बूढ़ा हो गया हूं," कहिए, "मैं दिव्य जीवन के मार्ग में बुद्धिमान हो गया हूं।" किसी भी कॉर्पोरेशन, समाचार-पत्र अथवा आंकड़ों को आपके बुढ़ापे, घटते वर्ष, पुरानेपन, वृद्धावस्था और बेकारीपन की तस्वीर अपने आगे मत दिखाने दीजिए। इसे अस्वीकार कीजिए, क्योंकि यह असत्य है। इस प्रकार के प्रचार से सम्मोहित होने से इंकार करें। जीवन को स्वीकार करें, मृत्यु को नहीं। अपने को एक खुश, दीप्तिवान, सफल, निर्मल और शक्तिशाली व्यक्ति की तरह देखें।

आपका मन बूढ़ा नहीं होता

पूर्व राष्ट्रपति हरबर्ट हूवर जिनकी उम्र अभी अस्सी वर्ष की है, वे अभी बहुत सक्रिय हैं और चिरस्मरणीय कार्य कर रहे हैं। मैंने कुछ वर्ष पूर्व न्यूयॉर्क शहर के वाल्डोर्फ एस्टोरिया में उनके कमरे में साक्षात्कार लिया था। मैंने उन्हें स्वस्थ, खुश, ऊर्जावान और उत्साह से भरा हुआ देखा था। उन्होंने कई सेक्रेटरियों को

अपने पत्राचार के काम में व्यस्त रखा हुआ था और वे स्वयं राजनीतिक और ऐतिहासिक प्रकार की पुस्तकें लिख रहे थे। महान व्यक्तियों की तरह ही मैंने उन्हें मिलनसार, सज्जन, सौम्य, प्रेमयुक्त और बहुत समझदारी वाले व्यक्ति की तरह पाया था।

उनकी कुशाग्र बुद्धि और चतुराई ने मुझे पूरे जीवन का रोमांच दिया। वे बहुत धार्मिक व्यक्ति हैं और उनका ईश्वर और जीवन के सनातन सत्य की विजय पर पूर्ण विश्वास है। वैश्विक मंदी के वर्षों में उन्हें बहुत आलोचना और तिरस्कार का सामना करना पड़ा, लेकिन उन्होंने इस तूफान को झेला और वे किसी नफरत, पछतावे, बैर भाव और कड़वाहट की भावना के साथ बूढ़े नहीं हुए। इसके बजाय वे अपनी आत्मा की शांति में चले गए और अपने अंदर मौजूद दिव्यता की उपस्थिति के साथ बातचीत करने लगे, वहां उन्हें शांति मिली, जो कि ईश्वर के हृदय (दिल) की शक्ति है।

उनका मस्तिष्क निन्यानवें की उम्र में भी सक्रिय है

मेरे पिता ने पैंसठ वर्ष की उम्र में फ्रांसीसी भाषा सीखी और सत्तर की उम्र तक वे इस भाषा में पारंगत बन चुके थे। साठ वर्ष की उम्र में उन्होंने गेलिक पर अध्ययन किया और इस विषय के प्रकांड ज्ञाता और प्रख्यात अध्यापक बने। उन्होंने मेरी बहन की उच्च शिक्षा के स्कूल में सहायता की और उन्होंने निन्यानवें की उम्र तक, जब तक उनका देहांत नहीं हुआ, उसकी सहायता करते रहे। उनका मस्तिष्क निन्यानवें वर्ष की उम्र में भी उतना ही स्पष्ट था, जितना जब वे बीस वर्ष के थे। यही नहीं, उनकी लिखावट और सोचने की शक्ति उम्र के साथ बेहतर हो गई थी। वास्तव में आपकी उम्र अपनी सोच के अनुसार होती है।

हमें अपने वरिष्ठ नागरिकों की आवश्यकता है

रोमन देशभक्त मारकस पोरसिस केटो ने ग्रीक भाषा अस्सी वर्ष की उम्र में सीखी थी। मैडम अर्नेस्टीन शूमैन हींक, जो एक महान जर्मन-अमेरिकन कोनट्राल्टो (इटली की संगीतकार) थी, वे दादी बनने के बाद अपने संगीत की चरम सफलता पर पहुंचीं। वरिष्ठ व्यक्तियों की उपलब्धियों को देखना अद्‌भुत है। जनरल डगलस मैकआर्थर, हैरी एस ट्रुमैन, जनरल ड्वाइट डेविड आइजनहावर और

अमेरिकी वित्तपोषक बनार्ड बारुच अभी भी दिलचस्प, सक्रिय और विश्व को अपनी प्रतिभा और ज्ञान बांट रहे हैं।

ग्रीक के महान दार्शनिक सुकरात ने संङ्गीत वाद्य यंत्र को बजाना सीखना अस्सी वर्ष की उम्र में शुरू किया। महान चित्रकार माइकल एंजेलो ने अस्सी वर्ष की उम्र में अपनी महान कृति बनाई। अस्सी वर्ष की उम्र में सिओस सिमोनाइड ने कविता में पुरस्कार जीता। जोहान वॉन गॉयथे ने अपनी पुस्तक *'फॉस्ट'* और लिओपॉल्ड वॉन रांके ने *विश्व का इतिहास* बयानवें वर्ष की उम्र में समाप्त किया। एल्फ्रेड टेनिसन ने अपनी शानदार कविता *क्रॉसिंग द बार* तिरासी वर्ष की उम्र में लिखी। पिचासी वर्ष की उम्र तक आइजैक न्यूटन कठिन कार्य कर रहे थे।

अट्ठासी वर्ष की उम्र में जॉन वेस्ले मैथोडिस्ट संगठन का मार्गदर्शन, निर्देशन और शिक्षण कर रहे थे। मेरे व्याख्यान को सुनने वालों में बहुत से व्यक्ति पिच्चानवें की उम्र के हैं और वे मुझे बताते हैं कि उनकी बीस वर्ष की आयु की अपेक्षा अब उनका स्वास्थ्य कहीं बेहतर है।

हमें अपने वरिष्ठ नागरिकों को उन्नत स्थितियों में रखना चाहिए और उन्हें अपने अनुभव रूपी स्वर्ग के फूलों को आगे लाने का मौका देना चाहिए। यदि आप सेवानिवृत्त हैं तो जीवन के नियमों और अपने अवचेतन मस्तिष्क के चमत्कारों में रुचि जाग्रत कीजिए। उन चीजों को कीजिए, जिन्हें आप हमेशा से करना चाहते थे। नए विषयों को पढ़िए, नए विचारों की खोज कीजिए। निम्नलिखित ढंग से प्रार्थना कीजिए: *हे ईश्वर, जिस प्रकार एक नर हिरन रेगिस्तान में पानी के लिए तरसता है, मेरी आत्मा भी उसी प्रकार आपके लिए तरस रही है। साल्म 42:1।*

बुढ़ापे के फल

उसकी त्वचा एक बच्चे से भी ज्यादा ताजगी भरी और नरम होगी। जॉब 33:25।
बुढ़ापे का वास्तविक अर्थ उच्चतम दृष्टिकोण से सच्चाई का चिंतन है। ऐसा अनुभव कीजिए, जैसे आप अंतहीन यात्रा पर हैं, जो एक निरंतर, अथक, जीवन के अनंत सागर की एक महत्त्वपूर्ण शृंखला है, फिर आप साल्मिस्ट के साथ कहें, *वे बुढ़ापे में भी फल देंगे और ताजे और हरे रहेंगे। साल्म 99:14।*

परंतु आत्मा का फल तो प्रेम, आस्था, विनय और संयम है: इसके विरोध में कोई नियम नहीं है। ग्लाटियन्स 5:22:23।

आप अनंत जीवन की संतान है, जिसका कोई अंत नहीं है, आप अनंत काल के बच्चे हैं।

लाभदायक सूत्र

1. धैर्य, दया, प्रेम, ख्याति, आनंद, सुख, बुद्धिमत्ता और समझदारी ऐसे गुण हैं, जो कभी भी पुराने नहीं पड़ते। इन्हें विकसित कीजिए, व्यक्त कीजिए और हमेशा मन और शरीर से जवान रहें।
2. कुछ शोध चिकित्सकों का कहना है कि समय से पहले बूढ़ा होने का सबसे बड़ा कारण मस्तिष्क में समय के प्रभाव का डर बने रहना है।
3. उम्र वर्षों का गुजरना नहीं, बल्कि मनुष्य के मस्तिष्क में बुद्धिमानी का उदय होना है।
4. आपके जीवन के सबसे उत्पादक वर्ष का समय पैंसठ से पिच्चानवें वर्ष के बीच होता है।
5. आगे आने वाले वर्षों का स्वागत कीजिए। इसका अर्थ है कि आप जीवन के पथ की ऊंचाइयों की ओर जा रहे हैं, जिसका कोई अंत नहीं है।
6. ईश्वर ही जीवन है और अब यही आपका जीवन है। जीवन स्वयं का नवीनीकरण करता रहता है, यह अमर और विनाशहीन है और सभी मनुष्यों की सच्चाई है। आप हमेशा ही जीते हैं, क्योंकि आपका जीवन ईश्वर का जीवन है।
7. मृत्यु के बाद जिंदा रहने के प्रमाण अथवा सबूत अपरिहार्य हैं। अपनी लाइब्रेरी में ब्रिटेन और अमेरिका के मनोवैज्ञानिक शोध संस्थान की कार्यवाही की अधिकृत रिपोर्टों को पढ़िए। कार्य का आधार पिछले पिचहत्तर वर्षों में प्रकांड वैज्ञानिकों द्वारा किए गए वैज्ञानिक शोध हैं।
8. आप अपने मन को देख नहीं सकते हैं, लेकिन आपको पता है कि आपके पास मन है। आप भावना को देख नहीं सकते, लेकिन आपको पता है कि खेल की भावना, कलाकार की भावना, संगीतज्ञ की भावना और वक्ता की भावना एक वास्तविकता है। इसी प्रकार जो अच्छाई, सच और खूबसूरती आपके मस्तिष्क और दिल में चल रही है, वह वास्तविक है। आप जीवन को देख नहीं सकते, मगर आपको पता है कि आप जीवित हैं।
9. बुढ़ापे को उच्चतम दृष्टिकोण से ईश्वर के सत्य का चिंतन भी कहा जा सकता है। वृद्धावस्था की खुशियां, जवानी की खुशियों से कहीं बड़ी हैं। आपका मस्तिष्क मानसिक दांव-पेंच और अध्यात्म में व्यस्त है। प्रकृति आपके शरीर की क्रियाओं को मंद कर देती है, जिससे आपको दिव्य चीजों पर अपना ध्यान ज्यादा केंद्रित करने का मौका मिल सके।
10. हम किसी भी मनुष्य के वर्षों को नहीं गिनते, जब तक कि हमारे पास

गिनने के अलावा कोई विकल्प न हो। आपकी आस्था और विश्वास खत्म होने वाले विषय नहीं हैं।

11. आप उतने ही युवा हैं, जितना आप स्वयं को मानते हैं। आप उतने ही मजबूत हैं, जितना मजबूत आप स्वयं को समझते हैं। आप उतने ही उपयोगी हैं, जितना उपयोगी आप स्वयं को मानते हैं। आप अपनी सोच के अनुसार युवा हैं।
12. आपके सफेद बाल आपकी पूंजी हैं। आप अपने सफेद बालों को नहीं बेच रहे हैं। आप अपनी प्रतिभा, कौशल और बुद्धिमत्ता बेच रहे हैं जिन्हें इतने वर्षों में आपने अर्जित किया है।
13. आहार और व्यायाम आपको युवा नहीं रख सकते। *जैसा मनुष्य सोचता है, वह वैसा ही होता है।*
14. बुढ़ापे का डर शारीरिक और मानसिक अवस्था को खराब कर सकता है। जिनका मुझे बहुत डर था, वही मेरे ऊपर आया यानी वैसा ही मेरा साथ हुआ।
15. जब आप स्वप्न देखना बंद करते हैं और जीवन में रुचि लेना छोड़ देते हैं तो आप बूढ़े हो जाते हैं यदि आप चिढ़े-चिढ़े, सनकी, तुनक मिजाज और झगड़ालू प्रकृति के हैं तो आप बूढ़े हो जाते हैं। अपने मन को ईश्वर के सत्य से भरिए और उसके प्रेम की रोशनी फैलाइए, यह यौवन है।
16. आगे देखें, क्योंकि हर समय आप अनंत जीवन की ओर देख रहे हैं।
17. सेवानिवृत्ति एक नया उद्यम है। नया अध्ययन और नई रुचि को अपनाएं। अब आप वह सब कर सकते हैं, जिनके बारे में आप तब सोचते थे, जब आप अपने जीवनयापन को निभाने में इतने व्यस्त थे। अपना ध्यान जीवन को भरपूर जीने में लगाएं।
18. उत्पादक बनिए, समाज के कैदी नहीं। अपनी रोशनी को किसी ढेरी के अंदर मत छुपाइए।
19. युवावस्था का रहस्य प्रेम, खुशी, आंतरिक शांति और हंसना है। उसके अंदर खुशी की संपूर्णता है, उसके अंदर किसी भी तरह का अंधेरा नहीं है।
20. कुछ महान दार्शनिक, कलाकार, वैज्ञानिक, लेखक और अन्य कुशल, पारंगत व्यक्तियों ने अपना महान कार्य उस उम्र में किया, जब वे अस्सी पार कर चुके थे।
21. बुढ़ापे का फल प्रेम, आनंद, शांति, धैर्य, दया, अच्छाई, आस्था, विनम्रता और आत्म-संयम है।
22. आप अनंत जीवन के पुत्र/पुत्री हैं, जिसका कोई अंत नहीं है। आप अनंत काल की संतान हैं।

    आप अद्भुत हैं।